아동문학과 함께 성장하기

"이 저서는 2021년도 건국대학교 교내연구비 지원에 의한 결과임"

목 차

작가의 말- 아동문학은 힘이 세다 ·· v

1부 서평

1. 장르별 읽기
- 누구 복으로 살지? 차복이 복에 살지! -『행운이와 오복이』················ 6
- 듣는다는 것의 진짜 의미 -『천하의 말 안 듣는 개구리』················ 11
- 판타지, 전복이 필요한 시간 -『분홍 올빼미 가게』,『강원두, 나랑 영화 볼래?』·· 16
- 외로움의 자화상을 보다 -『컵고양이 후루룩』································ 22
- 작품의 온도 -『인간만 골라골라 풀』·· 25
- 포스트휴먼시대를 맞이하며 -『리보와 앤』······································ 29
- 청소년문학의 진화, 즐겁지 아니한가 -「하늘의 파랑, 바다의 파랑」··· 32
- 진실이라는 몬스터 -『몬스터 콜스』·· 37
- 너의 무기는 무엇이냐? -『소년, 아란타로 가다』······························ 41
- 억울한 청춘들, 그러나 출구는 있다 -『첫 키스는 엘프와』············ 43

2. 가족과 사회 이야기
- 마음의 상처는 그리움이 되어 -『옥상정원의 비밀』······················ 50
- 마지막 인사를 할 수 있는 그곳 -『바다와 하늘이 만나다』·········· 54
- 기억과 만나는 그곳에서 -『동생을 데리고 미술관에 갔어요』······ 58
- 그렇게 아빠도 자란다 -『뭉치와 만도 씨』······································ 62
- 『제후의 선택』에는 뭔가 '특별한 것'이 있다 -『제후의 선택』········ 66
- 현실의 이면, 그 진실에 대하여 -『퀴즈 킹』······································ 70
- 아이, 일터로 마실을 떠나다 -『일과 도구』······································ 75
- 부리와 코를 맞대고 인사하기 -『긴긴밤』·· 77
- 게으를 때 보이는 그 매혹적인 세상으로 -『게으를 때 보이는 세상』·· 80

3. '아동'은 어떻게 그려지고 있는가
- ○ 무엇과 어떻게, 그리고 -『돌 씹어먹는 아이』 ·· 88
- ○ 동심, 반짝이다 -『쿵푸 아니고 똥푸』 ·· 94
- ○ 개구리와 두꺼비, '아동문학'을 논하다 -『개구리와 두꺼비가 함께』·· 98
- ○ 내가 좋아하는 책,『복길이 대 호준이』-『복길이 대 호준이』 ······ 101
- ○ '진짜' 그들의 이야기 -『우리 반 욕 킬러』 ·· 105
- ○ 파랑새는 우리 곁에 있듯이 -『일수의 탄생』 ······································· 110
- ○ 아동, 그들의 취향을 저격하라 -『쥐포 스타일』 ································· 113
- ○ '신고'와 '어퍼컷'의 차이 -『신고해도 되나요?』 ································· 116

2부 평론과 논문

- ○ 연대의 '이유' ·· 125
- ○ 방정환이 꿈꾼 희망의 세계 ·· 136
- ○ Winnie-the-Pooh에 나타난 카니발 세계 ·· 148
- ○ 충북의 안데르센, 이영두를 말하다 ·· 170

작가의 말

아동문학은 힘이 세다

어린이는 어떤 존재일까? 한마디로 설명하기는 어려운 듯하다. 천진난만하기도 하지만, 그들이 '천사'가 아니라는 것도 우리는 잘 안다. 하지만 확실한 사실은 어린이는 매우 작은 존재라는 것이다. 작다라는 신체적 특징은 어린이를 '약자'로 규정 짓게 만든다. 아동문학은 이러한 '약자'의 문학이기도 하다.

『황제와 연』(제인 욜런 글, 에드 영 그림)의 주인공 드조 소처럼. 황제의 넷째 딸인 드조 소는 아주 조그만 아이였고, 너무나 작아서 아무도 귀하게 여기지 않았다. 드조 소의 오빠와 언니는 모두 크고 강해서 태양과 달처럼 보인다. 하지만 드조 소는 '조그만 별'처럼 보일 뿐이다. 이 작품의 묘미는 이 작은 공주 드조 소가 아무도 못한 일을 해낸 것에 있다. 반역자들에게 황제가 납치되자, 드조 소는 자신이 가장 좋아하는 장난감 연을 이용해 황제를 구한다. 지혜와 용기는 강한 힘에 비례하는 것이 아니기에. 오히려 지혜와 용기는 강자와 험난한 상황에 맞설 수 있는 '약자'들의 강력한 무기다. 그리고 이는 우리 인생의 비유로 읽을 수도 있다. 물질과 권력보다 더욱 소중한 것들의 가치를 알려 주기 때문이다.

　이와 더불어 작은 것에 행복할 수 있는 소박함도 함께 전해 준다. 「나비를 잡는 아버지」 등으로 잘 알려진 현덕은 1932년 『동아일보』에 「고무신」이 당선되면서 본격적으로 아동문학 작품을 창작한다. 「고무신」에는 네다섯 살 정도된 영진이가 나온다. 아침에 눈을 뜨면서 "엄마, 나 일어날 테야."라고 어리광을 부리는 나이인 것이다. 영진이는 낡은 고무신 때문에 제대로 뛰지도 못하고 친구들에게 '땅거지'라고 놀림을 받는다.

　엄마에게 새 신을 사달라고 조르지만 어려운 형편 때문에 여의치 않다. 친구들은 나와 놀자고 불러도 신 때문에 쉽게 나갈 수도 없다. 결국 영진이는 엄마를 부르고 담을 향해 돌아앉는다. 엄마는 영진이의 낡은 신을 벗겨 가지고 방으로 들어간다. 홀로 남은 영진이는 울다가 제 풀에 그친다. 그렇게 눈물 어린 영진이의 눈에는 새 고무신이 자신에게 오는 상상을 한다. 그때 엄마가 고친 신발을 갖고 들어온다. 영진이는 "경주할 때 일등은 엿 먹기로 하겠"다며 좋아한다.

　이처럼 작은 것에 만족할 수 있는 낙천성은 그들의 작은 세계에서 기인한다. 작기 때문에 명료하며 단순하다. 그렇기 때문에 우리 삶의 보다 본질적인 것에 주목할 수 있게 된다. 영진이에게 필요한 것은 잘 뛸 수 있는 신발이지 누군가에게 과시하기 위한 멋진 신이 아니다. 영진이가 고친 신발을 신고 기뻐하는 모습은 물질 지향적 삶을 지향하는 우리 사회를 돌아보게 한다.

　『조금만, 조금만 더』(존 레이놀즈 가디너 글, 마샤 슈얼 그림)의 주인공 윌리는 열 살 소년이다. 윌리의 '작음'이 더욱 강조되는 이유는 쓰러진 할아버지를 대신해 농장을 경영해야 하기 때문이다. 그러나 윌리는 돈이 없어 말을 빌리지 못하자 집에서 키우는 개 번개를 데리고 무사히 수확을 마친다. 그렇게 문제가 일단락되는 듯 싶었으나 더 큰 일이 윌리를 기다리고 있었다. 오백 달러의 세금을 내야 했던 것이다.

마침 마을에서 열리는 개 썰매 경주 대회 상금이 오백 달러라는 사실을 알게 된다. 윌리는 희망을 걸고 번개와 함께 경주에 나갈 준비를 한다. 아직 아이인 윌리와 경주 경험이 전혀 없는 나이 많은 번개가 경주에서 이길 가능성은 얼마나 될까? 하지만 윌리에게 다른 방법은 없다. 그만큼 필사적이고 간절하다. 책을 읽는 독자들도 윌리와 번개를 응원하며 이들이 우승하는 기적이 일어나길 바라

게 된다. 결말이 명확하게 나와 있지는 않지만 아마도 윌리는 경주에서 이겼을 것이다. 하지만 진정한 기적은 우승이 아니라 '함께하는 마음'에 있다. 열 살인 윌리가 혼자 할 수 있는 일은 많지 않다. 윌리 곁에는 어린 시절부터 함께 지내 온 번개가 있다. 또 조언을 아끼지 않는 의사 스미스와 윌리의 상황을 알고 경주에서 이기도록 도와주는 얼음 거인까지 모두 윌리를 지지한다. 이를 하나의 '연대'라고 불러도 좋으리라. 아동문학에서 자연스럽게 다양한 연대가 등장하는 이유는 아직 혼자 힘으로 서기 어려운 아동들을 돕고자 하는 마음에서 비롯된다. 이와 같은 선한 마음과 다정한 세계는 아동문학의 대표적 특징이다. 아동문학을 접할 때 치유의 효과를 느낀다는 의견도 비슷한 맥락이다.

아동문학은 분명 '작고 약한 이들의 세계'다. 그러나 이는 표면적인 것이다. 그 안으로 발을 들여놓는 순간 우리가 잊고 살아가는 삶의 소중한 가치들을 품은 세계를 발견할 수 있을 것이다. 아동문학이 힘이 센 이유다.

에듀컨텐츠·휴피아
CH Educontents Huepia

아동문학과 함께 성장하기

이미정 · 著
(건국대학교 교수)

에듀컨텐츠 휴피아
CH Educontents Huepia

1부
서평

에듀컨텐츠 휴피아
CH Educontents Huepia

1. 장르별 읽기

누구 복으로 살지? 차복이 복에 살지!

김중미 글, 한지선 그림, 『행운이와 오복이』, 책읽는곰, 2018.

　그야말로 없는 게 없는 못할 게 없는 그런 세상처럼 보인다. 하지만 이상하게도 삶은 점점 더 힘들어진다. 그래서 더욱 노력을 요구한다. 노력을 있는 힘껏 했는데도 일이 잘 안 풀린다면? 내 자신이 운이나 복이 없기 때문이라는 생각을 하지 않을까?
　"천복을 가진 사주네요." 함께 사주를 보러 간 친구에게 한 말이다. 옆에서 듣던 나는 부러움 반, 놀라움 반의 눈으로 쳐다봤다. 그런데 정작 당사자인 친구는 덤덤했다. "그런 얘기 많이 들어요." 있는 자의 여유가 느껴졌다. 아닌 게 아니라 유난히 운이 좋은 친구긴 했다. 이모저모로 뛰어난 능력을 타고나기도 했지만 큰 어려움 없이 술술 일이 풀려나가는 것처럼 보였다. 대학 입시 때도 그랬다. 꼭 사범대를 가야 한다는 부모님 뜻으로 갑자기 바꾼 지망 학과의 경쟁률이 그 해 따라 갑자기 낮아지면서 '역시' 운 좋은 친구임을 다시 한번 증명했다.
　'사주 좋은 친구 옆 사주 좋은 친구'였으면 좋으련만 내 경우는 그렇지 않았다. 가장 압권이었던 것은 젖은 나무에 불을 붙이려니 얼마나 힘들겠냐는 말이었다. 젖은 나무에 불이 붙는 것이 가능은 할까라는 생각과 함께 이제까지 힘들었던 일들이 머릿속을 스쳐 지나갔다. '그래서 그랬구나'라는 비논리적인 인과관계가 내 삶을 설득력 있게 설명해 주었다. 사실 잘 알고 있다. 여러 번 사주를 본 결과, 그다지 좋은 사주는 아니라는 것을. 또 이제까지 적지 않은 삶의 시간을 겪어 보니, 성실하고 선한 사람이 반드시 잘 되기는커녕 오히려 힘든 처지에 놓이게 될 때가 많다는 것을, '나쁜' 사람이 잘 되는 경우가 많더라는 것도.

『행운이와 오복이』의 주인공 행운이도 나와 비슷한 고민을 하는 듯하다. 정말 타고난 복이 있는지, 아무리 열심히 일을 해도 가난한 사람은 계속 가난하고, 부자인 사람은 계속 부자인지. 행운이는 자신은 그저 이름만 행운일 뿐 조금도 행운이 따르지 않는다는 현실을 꽤 예리하게 파악하는 조숙한 5학년 아이다. 이름과 현실이 다르기는 친구 오복이도 마찬가지다. 오복은 장수하고, 부유하고 안락하게 덕을 베풀며, 천명을 다 살고 죽는다는 인간이 누릴 수 있는 행복한 삶을 상징한다. 하지만 오복이는 할머니와 단둘이 어렵게 살아가고 있다. 학교에서는 친구들에게 따돌림을 당한다. 그런데 아이러니하게도 이름과는 전혀 안 어울리는 힘든 처지에 놓인 이 둘이 만나면서 행운과 복이 찾아온다.

엄마 아빠의 별거로 행운이는 아빠를 따라 오복이가 사는 동네로 이사를 오게 된다. 모텔과 안마방까지 있는 동네. 그곳에서 행운이는 뇌병변 장애를 갖고 있는 기수와 아스퍼거 증후군을 앓고 있는 익수를 만난다. 언뜻 불행해 보이는 이들이지만 실상은 그렇지 않다. 기수와 익수는 각자 편의점과 슈퍼에서 열심히 일해 생계를 꾸려가며 오복이와 할머니를 식구처럼 보살핀다. 행운이 아빠도 만만치 않은 인물이다. 계속 사업에 실패해 별거까지 했으면서도 다른 사람의 어려운 처지를 그냥 보아 넘기지 못한다.

> "세상에, 저 사람들 좀 봐라. 사기를 당해 온 가족이 길로 쫓겨났단다. 저 승합차 안에서 산대."
> 아빠가 텔레비전을 보다 훌쩍거리며 스마트폰을 들었다. 수화기 너머에서 만 원이 후원되었다는 소리가 들린다. 엄마는 아빠가 텔레비전을 보다 후원 전화하는 것만 보면 불같이 화를 냈다. 엄마랑 살 때는 후원할 때마다 엄마 눈치를 봤는데, 이제는 누구 눈치도 안 본다. (49쪽)

인정 많고 자신도 가난하면서 더 가난한 친구들을 돕는, 정리 해고를 당한 상황에서도 퇴직금을 후배에게 빌려주는 행운이 아빠는 요즘 보기 드문 인물이다. 이에 반해 행운이와 아빠가 '슈퍼우먼'이라고 생각하는 엄마는 주변에서 흔히 볼 수 있는 현실을 '잘' 살아가는 것을 목표로 하는 인물이다. 행운이 엄마는 회사와 집안일 모두를 완벽하게 해낸다. 행운이는 엄마가 그런 슈퍼우먼으로 사는 것을 좋아하지 않았다고 생각한다. 항상 엄마는 화가 나 있었고, 쫓기는 듯 보였기 때문이다.

　행운이 생각처럼 엄마는 행복하지 않았을지 모른다. 하지만 행운이 엄마가 잘못했다고 생각하지 않는다. 경쟁은 부지불식간에 우리 사회에 스며들었다. 문제를 제기할 틈도 없이 경쟁은 당연하고 공정한 것이 되어버렸다. '이겨라. 그래야 살아남는다.'는 지금을 살아가는 우리 모두의 명제다. 이기기 위해서는 잠시도 쉬어서는 안 된다. 그 수단도 상관 없다. 행운이 아빠가 가짜 손님들인지 모르고 속아서 권리금을 주고 치킨 가게를 인수하고, 퇴직금으로 차린 프랜차이즈 카페 주변에 또 다른 카페들이, 심지어 같은 브랜드의 카페까지 생겨 문을 닫게 된 것이 그러한 예들이다.

　사람은 자신의 노력이 허사로 돌아갈 때, 더 이상 노력해 볼 힘도 없는 한계에 부딪쳤을 때 자신의 운명을 탓한다. 달리 설명할 방법이 없기 때문이다. 행운이 엄마가 사주를 보고 부적을 쓰고 행운이 할머니와 오복이 할머니가 자신이 박복해서 가족들 일이 잘 안 풀린다고 자책하는 것처럼. 그것은 무척 마음 아픈 일이다. 이제껏 삶의 무게를 힘겹게 버텨 온 자신에게 잔인한 화살을 겨누는 것이므로.

　작가는 이러한 이들을 위한 희망을 차복이 설화를 통해 전한다. 살림이 어려워 죽을 지경이었던 한 총각은 부지런히 나무를 몇 짐씩 해다 놓는다. 그런데 매번 나무 한 짐만 남아 있고 나머지는 사라져 버린다. 총각은 도대체 누가 나무 짐들을 훔쳐 가는지 알아 내기 위해 나무 짐 속에 숨는다. 밤이 되자 나무 짐은 하늘로 올라간다. 옥황상제를 만난 총각은 자기 복은 나무 한 짐이라는 사실을 알게 된다. 총각을 딱하게 여긴 옥황상제는 총각에게 아직 태어나지 않은 차복이의 복으로 살되, 차복이가 태어나면 그 복을 돌려주라는 이야기를 듣는다. 차복이 복으로 잘 살고 있던 총각 집에 한 여자가 나타나 아기를 낳는다. 그 아기가 바로 차복이었다. 총각은 여자와 차복이에게 함께 살자고 한다. 총각은 차복이 덕에, 여자와 차복이는 총각 덕에 행복하게 살게 된 것이다.

　차복이 설화에 나온 총각의 처지는 희한하리만큼 현재 우리의 모습과 닮아 있다. 죽을 힘을 다해서 노력해도 달라지지 않는 현실. 그 현실에서 느끼는 절망감까지도. 요즘 같으면야 너의 노력이 부족해서라든가, 더 노력을 해서 운명을 바꿔라라고 할 법하지만 차복이 설화에서는 다른 대안을 이야기한다. 너와 네가 아닌, 우리로 함께 살아가라고 말이다. 분명 노력으로 되지 않는 일들이 있다. 그리고 이 세상은 결코 혼자 살아갈 수 없다. "'한 사람이 구두를 만들며 살 수 있는 것은 다른 사람이 옷을 만들기 때문이다. 내가 그림을 그려서 밥을 먹을 수 있는 것은 누군가 농사를 짓고 있기 때문"[1]이니까. 그렇게 우리는 누군가의 차복이며, 또한 차복이의 덕으로 살아간다.

　『행운이와 오복이』에 나온 '박복'하게 보였던 인물들 역시 함께함으로써, 그 부족한 자리를 채워주며 행복한 결말을 맞는다. 행운이가 가졌던 왜 착한 사람들이 힘들게 사는지라는 질문에 대한 답, 착하게 살면 행복해진다는 작가의 자신 있는 답이기도 하다. 언제부턴가 착하다는 것이 칭찬이 아니게 되고, 오히려 자기만을 챙기며 조금은 '못되게' 사는 것이 잘 사는 것이 되어버렸다. 그래서 서글프게도 이러한 행복한 결말이 판타지처럼 느껴지기도 한다. 하지만 각박한 우리 삶에서 이 정도의 희망과 판타지는 필요하지 않을까.

　사실 『행운이와 오복이』를 이야기하는 데 조금은 망설여지기도 했다. 선명한 작가의 메시지가 있는 그대로 들렸기 때문이다. 이 점이 독자의 흥미를 떨어뜨릴 수 있다고 생각했다. 하지만 『괭이부리말 아이들』과 『종이밥』, 『모두 깜언』 등의 작품에서 보인 진정성과 어려운 이들에 대한 따뜻한 시선을 『행운이와 오복이』에서도 느낄 수 있어 좋았다. 작가의 말에 나온 이 세상이 그럭저럭 살 만한 것은 착한 사람들 덕분이며 내 것을 나눌 때 아주 작은 욕심이라도 들면, 내가 이만큼 사는 게 다 남들 덕분이라는 걸 떠올린다는 말이 마음에 와 닿는 것은 그의 삶의 실천에서 비롯된 진심 때문일 것이다.

　얼마 전 친구가 자신이 대운이라는 이야기를 했다. 그러니 자기 옆

---

1) 권윤덕, 『일과 도구』, 길벗어린이, 1997, 작가 후기.

에 딱 붙어 있으라고. 그 이야기를 들은 선배가 내년에는 자신이 대운이라며 그때는 내 옆에 딱 붙어 있으라는 말을 해 웃은 적이 있다. 지금 생각해 보니 나는 올해도 내년도 대운이 있는 해인 셈이다. 그러다 보면 또 모르지 않는가. 젖은 나무에 불이 붙을지도. 행운이와 오복이가 서로의 차복이가 되어 행복해진 것처럼. 우리 모두 그렇게 차복이의 복으로 살아가니까 말이다.

듣는다는 것의 진짜 의미

유순희 글, 김유대 그림, 『천하의 말 안 듣는 개구리』, 라임, 2015.

우리가 잘 알고 있는 청개구리 이야기. 엄마 말을 안 듣고 정반대로만 행동하던, 하지만 강가에 엄마를 묻어달라는 유언만은 지켜, 비가 올 때마다 엄마가 걱정되어 개굴개굴 운다는 그 이야기 속 청개구리가 엄마가 되었다면? 『천하의 말 안 듣는 개구리』(유순희 글, 김유대 그림, 2015, 라임)는 이런 조금은 엉뚱한 상상에서 시작하는 이야기다.

왕송 호수 근처에 사는 '세상에서 제일 말 안 듣는 청개구리'는 비가 와 엄마의 무덤이 떠내려가자 슬픈 마음에 날마다 강가에 앉아 운다. 그런데 매일같이 울다 보니 청개구리의 목청이 확 트이게 된다. '득음'의 경지에 오른 것이다. 우렁찬 목소리를 갖게 된 청개구리는 열심히 노력한 끝에 유명한 가수가 된다. 멋진 무지갯빛 옷에 빛나는 보석 반지를 끼고 무대에 오르는 청개구리는 자신이 무척 특별한 존재로 느껴진다. 반짝반짝 빛나는 존재가 된 이 청개구리를 더욱 특별하게 만들어 주는 일이 있었으니, 바로 자신의 분신이 생긴 것이다. 자신을 닮아 등이 아주 푸른 그 새끼 청개구리에게 '청군'이라는 이름을 지어주고, 다정하게 자장가도 불러준다. 엄마의 자장가 소리에 쌔근쌔근 잠든 새끼 청개구리. 하지만 한 폭의 그림처럼 이 평화로운 모습은 그리 오래 가지 않는다. 으레 부모와 자식 사이가 그렇듯 청군과 청군이 엄마는 하루가 멀다 하고 전쟁을 벌인다. 이유는 청군이 말을 안 듣는다는 것.

"엄마, 이제 나가도 되지?"
"공부해야지!"

"공부는 학교에서 실컷 하고 왔어. 그런데 무슨 공부를 또 해?"
"너, 엄마 말에 왜 자꾸 토를 달아? 고분고분하게 말을 듣지 않고."
"아까부터 약속이 있어서 나가겠다고 했는데, 엄마는 왜 맨날 내 말을 안 듣냐고!"
"공부가 먼저니까 그렇지! 그러니까 그 커다란 입 꽉 다물고 당장 공부해!"
"공부 싫어. 난 연못에서 헤엄치고 싶단 말이야."
청군이는 심통이 나서 소리를 꽥 질렀어. 청군이 엄마도 신경질이 뻗쳐서 붉으락푸르락해졌지.[2]

청군이 엄마는 청군이에게 공부를 하라고 하지만 청군이는 공부는 학교에서 실컷 했고, 연못에서 신 나게 헤엄을 치고 싶다. 하지만 청군이 엄마는 이 위험한 세상에서 살아남으려면 공부가 꼭 필요하다고 생각한다. 그러니까 공부하라고 혼내는 것도 모두 청군이를 위해서다. 엄마 마음도 몰라주고, 말 안 듣는 청군이가 야속할 뿐이다. 그런데 청군이 입장에서 보면 청군이 엄마도 말 안 듣기는 마찬가지다. 청군이는 하고 싶은 일은 모두 못하게 하는 엄마를 보고 자기 말을 "쥐꼬리만큼도 안 듣"는다고 생각한다. 아이들이 보기에는 어른들이야말로 자신들의 말을 듣지 않는 청개구리인 것이다.

청군이와 청군이 엄마가 펼치는 팽팽한 싸움의 승자는 언뜻 청군이 엄마인 듯했다. 청군이 엄마는 '힘'으로 청군이를 '제압'하려 한다. 청군이에게 화를 내거나 겁을 주는 것이다. 청군이 엄마는 바닥에 누워서 다리를 휘저으며 헤엄치고 있는 청군이를 본다. 물에서도 누워서 헤엄치기 위해 연습한다는 청군이의 설명을 듣고 화를 낸다. 청군이 엄마가 보기에는 너무나 '멍청한' 생각이었다. 청군이 엄마는 큰소리로 화를 내며 말한다. 죽을 때 자연스럽게 몸이 뒤집어져서 뜨게 되니까 연습할 필요가 없다고. 청군이 물에 누워 헤엄치는 연습을 하는 것은 누워서 하늘을 보고 싶다는 바람 때문이었다. 그러나 엄마는 청군이의 바람을 알지 못한다. 물어보지도, 아니 청군이의 말을 들으려고도 하지 않았기 때문이다.

게다가 엄마 말을 안 들으면 청군이가 제일 좋아하는 헤엄을 못 치

---

[2] 『천하의 말 안 듣는 개구리』, 21쪽.

게 할 것이라고 겁을 준다. 겁을 주어 청군이의 말 안 듣는 버릇을 고치려 한 것이다. 청군이는 어쩔 수 없이 엄마 말을 듣는다. 커다란 눈이 힘없이 축 처진 채로 "네, 엄마."라고 대답하는 청군이의 목소리가 청군이 엄마에게는 '아름다운 노랫소리'처럼 들린다.

> 얘야, 산에 갔다 오렴~.
> 네, 엄마!
> 얘야, 강에 갔다 오렴~.
> 네, 엄마!
> 얘야, 개골개골 노래를 부르렴~.
> 네, 엄마!
> 개골개골~ 개골개골~.3)

청군이 엄마는 자신이 원하는 대로 "네, 엄마."라고 대답하는 청군이를 보며 흡족해한다. 청군이의 말 안 듣는 버릇을 쉽게 고쳤다고 생각한 것이다. 하지만 세상 사는 일이 마음먹은 것처럼 쉽지는 않다. 그것도 어디로 '튈지' 알 수 없는 아이들에 대한 것이라면 더욱 그렇다. 불쑥불쑥 예상치 못한 일들이 터지고, 그때마다 청군이에 대한 오해가 깊어진다. 청군이 엄마의 오해가 깊어지는 만큼 청군이 역시 엄마에 대한 서운함이 커져 간다. 청군이는 오해를 풀기 위해 설명을 하려고 하지만 청군이 엄마는 듣지 않는다. 청군이 엄마에게 청군이는 엄마 말을 안 듣는 제멋대로 행동하는 '청개구리'일 뿐이다. 청군이는 자기 이야기를 조금도 들으려고 하지 않는 엄마에게 '최후통첩'을 남기고 집을 뛰어나간다.

> "엄마 싫어. 엄마는 왜 내 말을 안 들어 줘? 엄마는 왜 내가 눈에 안 보이는 것처럼 행동해? 엄마가 그럴 때마다 난 내가 세상에 태어나지도 않은 것처럼 느껴져……. 너무 외로워."4)

청군이가 자기 말에 귀 기울여 주지 않는 엄마에게 느낀 것은 바로

---

3) 『천하의 말 안 듣는 개구리』, 44쪽.
4) 『천하의 말 안 듣는 개구리』, 71쪽.

외로움이었다.

'듣다'에는 두 가지 뜻이 있다. 하나는 다른 사람의 말을 받아들여 그렇게 행동하는 것이고 다른 하나는 다른 사람의 말에 스스로 귀 기울인다는 것이다. 엄마를 강가에 묻고 날마다 울었다는 말 안 듣는 청개구리 이야기에서 '듣다'는 전자의 의미일 것이다. 그러나 이 작품에서 '듣다'는 상대를 이해하는 것, 즉 소통의 의미다. 상대의 이야기에 귀 기울임으로써 그 마음을 헤아리고 이해할 수 있는 것이다. 소통은 바로 상대의 목소리에 귀 기울이는 데서 출발한다.

하지만 청군이 엄마는 청군이 이야기를 들으려 하지 않음으로써, 그 소통의 끈을 외면했다. 상대의 마음을 헤아리지 못한다면 아무리 함께 있는 시간이 많아도 그 상대를 안다고 할 수 없다. 청군이 엄마는 청군이에 대해서 모르는 것이 하나도 없다고 생각하지만 청군이에 대한 퀴즈를 푼 결과는 겨우 '1점'이었다. 청군이 엄마는 청군이의 가장 친한 친구로 알고 있었던 참참이와 땡땡이가 벌써 오래전에 뱀에게 잡혀 먹혔다는 이야기를 듣고 깜짝 놀란다. 그제야 청군이가 외롭다고 한 말의 의미를 알게 된다. 그리고 오래전 세상을 떠난 엄마의 슬픈 눈빛이 무엇을 말하려고 했는지도. 청군이도, 청군이 엄마의 엄마도, 그들의 이야기에 청군이 엄마가 귀 기울여 주기를 바랐던 것이다. 가장 소중한 이들을 마음 아프게 했다는 후회는 청군이에 대한 미안함으로 이어진다. 청군이가 파란 대문 집에 사는 아이에게 잡혀 갔다는 이야기를 들은 청군이 엄마는 화려한 깃털 옷을 벗어 버리고, 빛나는 보석 반지도 빼 버리고, 청군이를 구하러 간다. 청군이 엄마는 노래를 부르러 가야 하는 일 때문에 청군이 이야기를 들어주지 못할 때가 많았다. 이런 청군이 엄마는 바쁘다는 이유로 아이들과의 대화를 나누려 하지 않는 우리 시대 부모들의 모습이기도 하다. 청군이 엄마가 화려한 가수의 옷을 망설임 없이 버리고 평범한 어른 청개구리가 될 수 있었던 것은 그 무엇과도 비교할 수 없는 청군이의 소중함을 깨달았기 때문이다. 그리고 이제 그 어떤 이유나 구실도 대지 않고 솔직한 모습으로 청군이와 소통하겠다는 마음의 표현이기도 하다. 청군이 엄마는 이제 청군이의 이야기를 들을 준비가 된 것이다.

청군이 엄마가 자신의 모든 것을 버리고 시도한 '청군이 구출 작전'

은 아슬아슬하게 성공한다. 청군이 엄마의 '무기'인 우렁찬 목소리의 힘으로. 그리고 청군이가 가장 바라던 물 위에 누워서 하늘을 보는 일도 현실로 이루어진다. 아, 절대로 청군이 엄마가 말했던 것처럼 죽어서 나뭇잎처럼 물 위에 둥둥 뜬 것이 아닌 다른 방법으로 말이다.

청군이가 엄마와 친구 들과 함께 물 위에 누워서 본 하늘이 유독 아름답게 느껴지는 것은 청군이 엄마가 청군이의 마음이 되어 함께 본 하늘이기 때문일 것이다. 청군이는 자신과 눈을 맞추고 목소리에 귀를 기울여 주는 엄마가 있어, 이제 청군이는 외롭지 않다. 이런 청군이를 보면서 '듣는다'는 것은 곧 상대의 마음을 헤아리는 일이라는 의미를 깨닫게 된다.

이처럼 듣다의 참된 의미를 전해 주는 이 작품에서는 현실의 부모와 교육의 모습을 비유적으로 그려내 또 다른 읽는 재미를 준다. 뛰어올라야 하는 본성을 가진 개구리들을 '교육'이라는 이름 아래 의자에 오랫동안 앉아있게 하는 장면은 지금의 획일적이고 강압적인 교육을 보여 준다. 또 청군의 문제 때문에 학교에 간 청군이 엄마가 노래를 부르러 다니느라고 청군이를 가르쳐야 할 때를 놓친 것이 아닌지 불안해하는 모습은 일하는 부모들의 걱정과 지나친 교육열을 반영한 것이다. 청군에 대해 잘 알고 있다고 자신만만하게 청군에 대한 퀴즈를 푼 결과가 '1점'이라는 것 역시 실상 자식이 무엇을 생각하고 바라는지는 모르는 부모들에 대한 따끔한 일침이다.

작가는 작품 속에 현실의 문제를 고스란히 담아냄으로써, 진짜 청개구리는 아이가 아니라 바로 우리 어른임을 이야기한다. 아이의 말을 들어주지 않고 내 생각만을 강요하는 그런 어른 말이다. 이 '청개구리' 어른들은 아이를 외롭게 한다. 『천하의 말 안 듣는 개구리』에서는 청개구리에서 벗어날 수 있는 해법을 알려 준다. 바로 '아이의 목소리에 귀 기울여 주는 것'이라는 단순한 듯하지만 무척 어려운 방법이다. 다른 사람의 이야기에 귀를 기울인다는 것은 나를 내려놓는 일이기에. 하지만 들어주기의 힘은 무척 세다는 것을 우리는 안다. 물 위에 누워 넓은 하늘을 보면서 행복해하는 청군이와 청군이 엄마가 이 힘을 보여주고 있으니까 말이다.

판타지, 전복이 필요한 시간

보린, 『분홍 올빼미 가게』, 비룡소, 2014. /
김옥, 『강원두, 나랑 영화 볼래?』, 낮은산, 2014.

판타지문학을 선뜻 손에 잡기 망설이는 경우가 종종 있다. 사건의 인과관계나, 문제의 해결을 판타지라는 요소로 '퉁 쳐버리는' 완성도의 부족에서 실망을 했던 때가 많았기 때문이다.

그리고 판타지에 쉽게 다가가게 되지 않는 또 하나의 이유는 판타지 세계로 이동하게 되는 '절실함'이 크게 공감되지 않았기 때문이다. 그러나 주인공의 절실함은 판타지 시공간 존재에 대한 정당성을 마련해 주며, 서사를 이끌어가는 핵심이 된다. 2003년 출간된 『영모가 사라졌다』(공지희, 비룡소)는 주인공의 절실함과 서사 구성면에서 이후 출간된 판타지 동화의 한 표준이 되었다. 특히 이 작품은 톨킨이 이야기하는 1차 세계와 2차 세계, 그리고 탈출과 회복, 위안이라는 판타지의 세 가지 기능을 정확히 대입하고 있다는 점에서 '톨킨류'라고 부를 수 있다.

이와 달리 『분홍 올빼미 가게』(이하 『분홍 올빼미』)와 『강원두, 나랑 영화 볼래?』(이하 『강원두』)는 '잭슨류'라고 명칭할 수 있다. 로지 잭슨이 환상적인 것의 장소로 설명한 '점근축' 영역이 공간으로 잘 표현된 작품이기 때문이다. 점근축의 영역은 '빛살이 굴절된 이후에 한 지점에서 다시 모이는 것처럼 보이지만, 실제로는 아무것도 없는 곳'이다. 즉 환상적인 것의 유령적 영역을 나타낸다.5) 『분홍 올빼미』의 '분홍 올빼미 가게'와 『강원두』의 '영화관'이 바로 이 접근축 영역이다.

『분홍 올빼미』의 주인공 꼭두와 살구는 보라의 생일 선물을 주기 위해 분홍 올빼미 가게를 찾는다. 그런데 이 분홍 올빼미 가게는 현실의 공간이 아니다.

> 보라는 소리를 버럭 지르다 말고 눈을 휘둥그레 떴어.
> '분명히 공터였는데… 여긴 어디야?'
> 맨 먼저 눈에 들어온 건 은빛 깃털이 잔뜩 그려진 분홍벽이었어. 그리고 깨끗하게 닦인 진열장이 보였지.6)

보라는 아무것도 없었던 공터에 있었는데 순식간에 분홍 올빼미 가게 안에 들어와 있는다. 살구의 말처럼 "못 보던 가게가 요술처럼 뿅 하고 나타난" 것이다. 존재하지만 실재하지 않는 환상적인 공간, 분홍 올빼미 가게에서 보라와 살구는 자신들에게 필요한 물건들을 구한다. 살구는 밸런타인데이 때 쓸 사랑의 파리채를, 보라는 급식 음식을 맛있게 먹게 만들어 주는 반짝이 돼지 지갑을 갖는다. 분홍 올빼미 가게는 현실에서는 이루기 힘든 소원을 성취하도록 도와주는 공간인 것이다.7) 부제목 '밸런타인데이 대소동'에서도 알 수 있듯이 밸런타인데이 날 사랑의 파리채 때문에 소동이 일어나고, 이를 해결하는 것이 주요 내용인데, 문제를 해결하는 물건 역시 분홍 올빼미 가게에서 얻게 된다. 분홍 올빼미 가게는 물물교환이라는 조건이 있기는 하지만, 등장인물들이 원하는 바를 이루어주는 환상적인 공간이다.

『강원두』에서 영화관은 분홍 올빼미 가게처럼 환상적 공간이지만 소원 성취보다는 주인공 원두의 심리가 투영되어 있다는 점에서 구분된다. 원두는 산내골에서 도시로 전학을 온 아이다. 도시의 환경에 적응하지 못하며, 산내골을 그리워하는데 이는 지나간 어린 시절을 놓지 못하는, 성장에 대한 두려움을 의미하기도 한다. 원두는 영화 제목

---

5) 로지 잭슨, 『환상성-전복의 문학』, 서강여성문학연구회, 2001.
6) 『분홍 올빼미 가게 1』, 보린 글, 박은지 그림, 비룡소, 16쪽.
7) 이러한 소원 성취는 랩킨이 제시한 소문자 환상(fantasy)의 역할, 소망충족이라는 프로이트의 정신분석적 사고와 궤를 같이한다. 또한 꿈과 판타지가 소망충족이라는 공통점을 갖고 있음을 알 수 있다.

「주인공의 모험」8) 그대로 판타지 공간을 오가는 모험을 통해 현실을 받아들이게 된다.

원두를 판타지의 세계로 이끄는 인물은 '친구인지 아닌지 헷갈리는' 은유이다. 원두는 호루라기9)를 받고 영화를 같이 보자는 은유의 부탁을 들어준다. 인기 있는 영화인데도 관객은 원두와 은유, 딱 둘이라는 데서 특별한 사건이 일어날 것임을 암시한다. 게다가 은유는 자신이 '마법사의 조카'라고 은근슬쩍 정체를 밝힌다. 그리고 원두가 화장실에 다녀와 다시 영화관으로 들어갔을 때 스크린은 사라지고, 판타지 공간이 갑작스럽게 펼쳐진다.

> 온통 하얀 세상이었다. 나는 팝콘처럼 하얀 눈발이 휘날리는 낯선 거리에 어리둥절한 채 서 있었다. 거리도 건물들도 눈으로 뒤덮여 있었다.…
> 이게 어찌 된 일이지? 6관으로 들어갔는데 밖으로 나와 있다니…….10)

원두는 영화가 상영되는 곳으로 돌아가려 하지만 판타지 공간에서 헤맬 뿐이다. 원두는 세 곳의 판타지 공간을 경험하는 데 첫 번째는 눈이 왔다가 봄바람이 부는, 전학을 온 원두의 마음처럼 혼란스러운 곳이다. 두 번째는 원두가 예전에 살았던 산내골이다.

> 그러다 서서히 내가 다니던 초등학교 울타리가 보이기 시작했다. 느티나무 지나서 바로 옆, 낮은 울타리 너머로 풀이 무성한 풀이 무성한 운동장이 환히 보였다.…

---

8) 원두가 보는 영화 「주인공의 모험」은 원두의 판타지 모험을 가리키는 것처럼 보인다. 이러한 메타픽션적 요소는 판타지 공간과 더불어 기묘하고 독특한 색채를 띠게 한다.
9) 호루라기는 누군가를 부른다거나 도움을 요청하는 물건의 의미를 갖는다. 은유가 원두에게 호루라기를 주었다는 것은 원두의 조력자를 자청한 것이다. 이는 이성적인 호감에서 비롯된 것으로 추측된다. 이성에 대한 관심은 성장의 한 코드로 유년 시절과의 분리를 경험하는 것과 함께 이 작품이 원두의 성장담이라는 데 힘을 실어 준다. 다만 성장이 주축인 작품임에도 출판사에서 이 작품을 '달콤쌉쌀래한 연애 이야기'로 소개하는 것에는 의문이 든다. 원두와 은유의 연애 이야기가 본격적으로 펼쳐지지도 않을뿐더러, 원두에 대한 은유의 호감은 원두에게 가깝게 가기 위한, 이성에 대한 호기심이라는 성장 코드를 나타내는 하나의 장치이지, 서사의 중심은 아니기 때문이다.
10) 『강원두, 나랑 영화 보러 갈래?』, 김옥 글, 허구 그림, 낮은산, 35쪽.

친구들이 내게 손을 흔들었다. 왈칵 눈물이 쏟아졌다. 반달곰 아저씨가 내 친구들을 찾아 주었다. 나는 기뻐서 말했다.
"고마워요, 아저씨. 저 여기서 내릴게요. 저기 내 친구들이 있어요."
그런데 아저씨가 무뚝뚝하게 대답했다.
"아직 목적지에 도착하지 않았습니다."11)

원두가 아무리 그리워해도 돌아갈 수도, 머물 수도 없는 어린 시절의 지나간 추억이기 때문에 택시에서 내릴 수 없는 것이다. 마지막 공간은 어른들만 있는 도시였다. 원두와 같은 아이가 단 한 명도 보이지 않는 그곳은 원두에게 소외감과 단절감을 느끼게 한다. 이 역시 낯선 곳으로 이사를 온 원두의 심리를 상징적으로 보여 주고 있다. 이때 원두는 은유가 준 호루라기를 간절한 마음으로 분다. 이때, 원두 앞으로 달려 온 택시, 어디선가 본 듯한 택시 운전사의 도움으로 무사히 영화관으로 돌아온다.

『분홍 올빼미』와 『강원두』의 판타지 공간은 실재하는 않는 환상성을 잘 드러내고 있다.12) 또한 이 두 작품을 관통하는 주제가 '성장'이라는 점도 유사하다. 『분홍 올빼미』의 보라는 이성을 좋아하는 마음을 잘 모른다. 여자아이들만 볼 수 있고, 갈 수 있는 분홍 올빼미 가게가 보라 눈에 보이지 않은 것은 아직 사춘기로의 성장이 이루어지지 않았기 때문이다.

"그럴 리는 없다고 생각하지만, 나 혹시 남자였던 거야?"
"아직 덜 커서 그래. 때가 되면 보일 거야. 어렵게 초대받은 거니까 구경 많이 해. 필요한 거 있으면 부르고."13)

그러나 보라는 밸런타인데이에 일어난 여러 소동들을 겪으며, 박하

---

11) 앞의 책, 64쪽.
12) 2차 세계가 구축되는 경우, 환상성보다는 현실성을 띠게 된다. 2차 세계 역시 세계로서의 요소를 충족해야만 그 세계에 대한 내용이 설득력을 가질 수 있기 때문이다. 또한 1차 세계로 귀환한다는 점에서 현실을 변화시키지는 못한다. 변화되는 것은 등장인물들이다. 등장인물들은 성장을 통해 현실을 이겨낼 수 있는 힘을 얻게 되는 것이다.
13) 『분홍 올빼미 가게 1』, 보린 글, 박은지 그림, 비룡소, 2014, 22쪽.

를 좋아한다는 것을 어렴풋이 의식하게 된다. 그런 보라의 눈에 전에는 보지 못했던 분홍 올빼미 가게가 보이게 된다. 『강원두』에서 원두는 자신의 심리를 판타지 공간으로 형상화하여 마주함으로써, 과거의 추억으로 돌아갈 수 없다는 것을 인정하고 지금의 현실을 받아들인다.

두 작품은 한때 판타지 동화의 주류였던 '톨킨류'에서 벗어나 '잭슨류'의 판타지를 보여 주고 있으며, 판타지적 요소를 통해 '성장'이라는 주제를 흥미롭게 풀어가고 있다. 그러나 판타지 공간이 제 역할을 충분히 해 내지 못하고 있다는 데 주목해야 한다.

분홍 올빼미 가게는 등장인물이 필요한 물건을 파는 곳으로 설정되어 있다. 가게 주인인 부우우와 우엉이 파는 물건 값은 돈이 아니라 이 둘이 좋아하는 특이한 물건이라는 것만 다를 뿐, 현실의 가게와 다르지 않다. 이 공간에서 환상성을 찾기는 어려운 것이다. 또한 가게에서 파는 물건들이 시간을 일 분씩 늘이는 지우개, 맛없는 급식을 맛있게 먹도록 해 주는 돼지 지갑, 시간을 되돌리는 모기약 등이라는 것은 현실의 문제를 해결하는 독특한 공간이지, 판타지 공간이라는 느낌을 주지 않는다. 현실을 변형하고 해체하는 것이 아니라 오히려 현실의 문제를 해결함으로써 현실 세계를 더욱 공고히 만들어 주는 역할을 한다. 『분홍 올빼미 가게』는 어린이들이 수상작을 선정하는 '스토리킹' 시리즈로 흥미에 초점을 맞춘 작품이다. 그렇기 때문에 더욱 통쾌한 전복이 구현될 가능성과 필요성이 큰 것이다.

『강원두』에서도 현실과 떨어지지 않는 판타지 공간을 확인할 수 있다. 원두는 영화관으로 가는 길을 잃고 헤매면서 자신의 심리가 투영된 미로와 같은 판타지 공간을 경험한다. 그러나 이 판타지 공간의 최종적인 도착점은 원두가 적응하지 못했던 현실이다. 또 다른 주인공이자 조력자인 은유는 계속해서 현실에 머물러 있고, 마지막에는 원두를 현실로 데려오는 것에서도 이 작품의 중심은 '현실'에 있음을 알 수 있다.[14]

잭슨이 이야기한 점근축 영역은 대상과 이미지 사이에서, 대상이 굴절되어 나타나는 것이며, 이 영역에서 대상, 즉 현실은 변형된다. 현

---
14) 현실을 전제로 한 판타지 공간을 통한 원두의 성장은 평면적이며 순응적이라는 느낌을 준다.

실의 변형은 잭슨이 판타지의 핵심이라고 보는 '전복'이라 할 수 있다. "환상적인 것을 도입하는 것은 친숙함과 안락함과 친밀함을 낯섦과 불안과 기괴함으로 대체하는 것이며, '인간적이고', '현실적인' 것에 대한 한정된 틀을 벗어나는 것"15)이라는 말처럼 점근축이라는 환상적 공간은 현실 질서에 대한 위반과 전복을 통해서 의미를 획득할 수 있다. 그러나 두 작품 모두 현실을 전제로, 또 현실의 연장선에서 판타지 공간을 구현하고 있어 환상성을 잘 드러내지 못하고 있다.

특히 현실과 판타지 세계의 거리가 가까운 경우, '전복'과 같은 판타지의 영향력이 발휘되지 않는다면 판타지는 장식적 요소에 그칠 우려가 있다. 판타지의 색채를 갖고 있으나, 사실주의 같은 느낌을 주는 작품들처럼 판타지가 현실에 침식당하는 것이다. 판타지는 수단이 아니라 목적이 되어야 한다. 이것이 판타지가 전복을 꾀해야 하는 이유다.

---

15) 로지 잭슨, 『환상성-전복의 문학』, 서강여성문학연구회, 2001, 235쪽.

외로움의 자화상을 보다

보린, 『컵고양이 후루룩』, 낮은산, 2014.

예전에 「친구가 화장실에 갔을 때」라는 꽤 인기가 있었던 시가 있었다. 친구가 화장실에 간 그 짧은 시간 동안 눈물을 흘렸고, 친구가 돌아왔을 때는 아무 일도 없었던 것처럼 웃고 있었다는 이 짧은 시를 많은 사람들이 좋아했던 것은 "너도 외롭냐? 나도 외롭다."라는 심정 때문이 아니었을까. 아무리 떨쳐버리려고 해도 끈질기게 쫓아오고, 복병처럼 불쑥 모습을 드러내기도 하는 외로움은 '나'와 '너'로 존재하는 이상 어쩔 수 없는 것인지도 모른다. 그리고 그 외로움은 아이라고 해서 예외는 아니다.

여기 외로움이 일상이 되어 버린 한 아이가 있다. 왜 그런 외로운 처지에 놓였는지, 얼마큼 외로운지 설명은 없다. 외로움을 담담하게 받아들일 정도로 혼자에 익숙해진 한 아이를 보여줄 뿐이다. 함께 사는 이모는 밤늦게 서야 오고, 아이는 배가 고파 견딜 수 없을 때까지 버티다가 밤에 편의점을 찾는 것이 자연스러운 일이 되었다. 밤과 허기는 외로움과 비슷한 이미지를 갖고 있다. 채워지지 않는 공허함. 끝이 보이지 않는 어두움. 그래서 허기를 달래기 위해 밤에 편의점으로 향하는 아이, 진이의 그림자는 더욱 짙게 느껴진다. 컵라면을 사러 편의점에 간 진이는 못 보던 자동판매기를 발견한다.

> 골목 쪽에 못 보던 자동판매기가 놓여 있었거든요. 게임 화면처럼 알롱달롱한 자판기 불빛 때문인지 골목은 훨씬 밝아 보였어요. 뭔가 재미있는 일이 일어날 것 같은 분위기가 풍겼지요. 나는 불빛에 이끌리듯 걸어갔어요. (9쪽)

진이의 마음을 끄는 자판기의 알록달록한 불빛은 '진짜 허기'를 채우고 싶다는 무의식적 욕망이다. 그래서 "3분이면 OK / 뜨거운 물만 부으면 나만의 친구 / 귀여운 애완동물이 나옵니다."라는 자판기 광고판의 글은 판타지임에도 비현실적으로 느껴지지 않는다. 외로운 이에게 가장 필요한 것은 그 외로움의 빈자리를 채워 줄 또 다른 존재니까 말이다. 진이는 자판기에서 뽑은 노란 고양이가 그려진 컵을 안고서도 '판타지'에 쉽사리 빠져들지 않는다. 누가 장난을 친 것은 아닌지, 뜨거운 물을 고양이에게 부으면 큰일 나지는 않을지 걱정을 한다. 판타지의 주인공이 겪는 '망설임'일 수도, 현실적인 걱정일 수도 있다. 그리고 외로움에 지친 사람들은 자신의 옆에 있어줄 존재에 대해 쉽게 확신을 가지지 못하는 까닭이기도 하다.

하지만 막상 컵에서 아기 고양이가 나오자 "가슴이 간질거리고 발끝이 붕붕 떠오르는 것 같고, 생일이랑 크리스마스랑 어린이날이 한꺼번에 찾아온 것 같다"라며 신나한다. 아기 고양이에게 컵에서 나왔으니, 후루룩이라는 이름도 지어준다. "세상에서 가장 깜찍한 동생"이 생겼으니 컵라면을 깜박해도 괜찮고, 혼자가 아니니까 집의 밥도 맛있게 느껴진다. 진이는 이제 더 이상 외롭지 않을 것 같았다. 하지만 자다가 후루룩이 이상한 것을 발견하면서부터 진이의 행복은 위태로워진다. 컵에 적힌 사용설명서를 보고 후루룩에 대해 알게 된 진이는 후루룩을 잃게 될까 봐 불안한 마음을 갖게 된다. 불안함이 커질수록 진이의 마음은 점점 더 후루룩에게 향하고 후루룩과 함께할 수 있을 것이라는 희망이 생긴 바로 그 순간, 진이는 가장 피하고 싶었던 잔인한 결말을 맞닥뜨린다. 그리고 후루룩의 가격의 비밀도, 돈을 넣지 않았는데 왜 자판기 버튼에 불이 들어왔는지도, 진이가 얼마나 외로웠는지도, 엉킨 실타래가 한 번에 풀리듯이 독자 앞에 펼쳐진다. 결국 모든 것은 진이의 외로움에서 시작되었던 것이다.

진이가 내 옆에 있다면 손을 내밀어 주었을 것이다. 머리를 쓰다듬기도 하고, 안아주기도 했을 것이다. 나도 그렇게 외로웠으니까, 또 지금도 외로우니까. 진이에게서 짙은 외로움을 느낀 것은 내 안에도 그런 진한 외로움이 있기 때문일 것이다. 우리 모두에게 있는 어쩔 수 없는 외로움. 그래서 진이는 우리의 자화상이기도 하다. 외로움의 자화상. 그래서일까. 진이의 외로움에 안쓰러움을 느끼면서도 나도 위로를 받은 느낌이 드는 건. 결국 외로움은 빈자리가 아니라 그 빈자리를 채워 줄 누군가를 원하는 데 의미가 있다. 그렇게 '나'와 '너'로만 살 수 없다는 것, 그것이 바로 외로움의 '정체'다. 외로웠던 진이가 후루룩을 필요로 했던 것처럼.

작품의 온도

최영희, 『인간만 골라골라 풀』, 주니어김영사, 2017.

강렬한 원색, 최영희 작가하면 떠오르는 색이다. 어떤 색이라도 '뜨겁게' 만들어 버리는 작가의 매력은 촛불 집회를 다룬 청소년소설 「점 하나」(『광장에 서다』, 별숲, 2017)에서도 확인할 수 있다. 포켓몬스터들도 아는 "궁금한 것이 있으면 알려 주는 것이 인지상정"이라는 당연한 이치가 받아들여지지 않는 우리 사회에 대한 분노. 그 세찬 분노는 내 마음도 벅차게 만들었다. 특히 최영희 작가가 청소년 소설에 '특화'되었다고 느껴지는 것은 그의 넘치는 뜨거운 에너지와 열정이 청소년과 닮아있기 때문이 아닐까. 마치 작가 자신이 여전히 청소년인 것처럼. 그런데 아동과 만날 때는 그 온도가 사뭇 달라진다. 최근작『인간만 골라골라 풀』에서 볼 수 있듯이 말이다.

『인간만 골라골라 풀』은 흑염소로 유명한 두룽마을에 사는 최풍이 위기에 처한 지구를 구하는, 그래서 자신도 한걸음 성큼 '진화'하는 SF동화다. 풍이는 평범한, 아니 그 또래보다 아주 조금 더 어린 구탄초등학교 3학년이다.

> 풍이는 학교가 끝나면 무조건 까치 문방구에 들렀다 가는 꼬맹이들 중 하나였다. 바가지 머리에 피부가 까무잡잡하고 앞니가 삐뚤빼뚤하던 고 녀석. 김 사장은 날마다 풍이의 티셔츠를 보고 그날 급식 메뉴를 알아맞히곤 했다. 티셔츠에 불그죽죽한 국물이 묻어 있는 날에는 육개장, 노르스름한 물이 들어 있는 날에는 카레였다. 쿠폰에 까치도장을 꽉 채울 때마다 풍이는 상품으로 포켓몬스터 카드를 골랐다. 시시한 카드가 나오면 금세 시무룩해져서는 인사도

않고 휙 나가 버리던 녀석, '라이츄 브레이크' 카드를 뽑는
게 인생의 목표라던 그 꼬맹이……. (9~10쪽)

까치문방구 김 사장은 지구를 구할 막중한 임무를 맡을 사람으로 풍이를 선택한다. 이유는 딱 하나다. 문방구에 자주 온다는 것. 자신의 메시지를 전달받아야 하는데, 방학이라 자주 못 오는 아이들이 많았기 때문이다. 물론 김 사장도 겨우 열 살인 풍이에게 무거운 짐을 맡기는 것을 미안해 하기는 한다. 그러나 열 살이면 '세상을 알만한 나이' 아닌가. '라이츄 브레이크' 카드를 뽑는 게 인생의 목표였던 풍이는 그렇게 지구 지키기 작전에 뛰어든다. 날카롭고도 가벼운, 이 세상에 단 하나밖에 없는 무기인 엄마의 뒤집개를 손에 든 풍이, 스프링 노트를 옆구리에 끼고 다니는 6학년 도아리, 두룽마을의 미친 염소 염맨, 그리고 까치 문방구 김 사장이 남긴 분홍색 왕구슬 목걸이 시크릿 코코도 함께. 지구를 지킬 '드림팀'이 만들어진 것이다.

이들에게는 빠른 속도로 지구를 뒤덮어가는 검은 풀, 거기에 인간만 골라 해치는 이 풀을 없애 지구와 인간을 구해야 할 막중한 임무가 주어졌다. 풍이를 비롯해 나오는 인물들은 빠짐없이 자신의 몫을 하면서 '인간만 골라골라 풀'의 비밀을 숨 가쁘게 파헤쳐 간다. 그리고 우여곡절 끝에 풀을 만든 외계인 아그리꼴라와 대면하기에 이른다. 탱탱볼처럼 단순하게 생겼지만 과학적인 두뇌를 가진 아그리꼴라를 풍이 역시 '논리'로 물리친다. 그것도 우리 속담을 이용해서. 그리고 지구, 두룽마을에는 평화가 찾아온다. 하지만 이전과 똑같다는 뜻은 아니다. 풍이는 도아리에 대한 오해를 풀었고, 염맨과는 한층 가까워졌다. 그리고 다시 지구로 돌아올 아그리꼴라로부터 지구를 지키겠다는 풍이야 말로 가장 큰 변화다. '라이츄 브레이크' 카드를 뽑는 것이 인생의 목표였던 풍이가 아니었던가. 위기를 겪고 극복해가면서 풍이는 '진화'한 것이다.

'내가 포켓몬이면 좋겠다. 그럼 멋지게 진화해서 아그리꼴
라들과 싸울 텐데.'
피카츄는 진화하면 라이츄가 되고 잉어킹은 진화하면 갸라

> 도스가 되고, 아라리는 진화하면 나시가 된다. 포켓몬들은 진화하면 강해진다. 하지만 풍이는 여전히 두룽마을 어린애 풍일 뿐이었다. (128쪽)

『인간만 골라골라 풀』은 이처럼 성장의 이야기이다. 또한 SF라는 장르의 성격을 뚜렷이 보여 준다. 판타지가 '이룰 수 없는 나의 욕망'에 대한 것이라면 SF는 '성찰해야 할 우리, 바로 인간의 윤리'에 대한 것이 아닐까. 고도로 발달된 사회, 더욱 '비인간적'인 그곳을 통해 우리의 여기를 반추해볼 수 있도록 하는 과학적 장치는 그래서 필요하다. 이 작품에서도 외계인 아그리꼴라, 연구 끝에 발명된 인간만 공격하는 풀, 공간 이동과 함께 인간에 대한 비판적 시각이 보인다. "지구의 지배자라던 인간이 풀의 먹이가 된 것이다. 만물의 영장이라던 인간이 말이다."(105쪽)와 "우리가 가축이 된 것 같아."(101쪽)라는 말처럼.

이러한 전형성은 이 작품을 새로울 것 없는 진부한 이야기처럼 보이게도 한다. 그러나 이야기는 익숙한 패턴을 갖고 있다. 해피엔딩이나, 선과 악의 대립, 고난의 극복 같은. 특히 SF라는 장르 문학의 특성상 전형성은 더욱 두드러질 수밖에 없다.

이 작품에서 아쉬운 점이 있다면 나는 그것을 '온도'라고 얘기하고 싶다. 더 이상 뜨겁지도, 차갑지도 않은 그런 온도. 이는 독자인 아동을 필요 이상으로 의식하기 때문이 아닐까. 더 나아가지 않고, 깊이 들어가지 않는 것이 말이다. 풍이가 동물들의 이야기를 알아듣게 되는 것은 문제 해결에서 중요한 비중을 차지한다. 그러나 그 계기가 동물의 말을 번역해 주는 물건이 있기 때문이라는 일차원적인 제시는 서사의 매력을 반감시킨다. 아이들을 괴롭히던 염맨이 왜 갑자기 풍이의 편으로 돌아섰는지도 명확하게 이해되지 않았다. 종종 쉽게 타협하는 듯한 서사의 전개는 이 작품의 온도를 '미지근하게' 만든다.

하지만 최영희 작가 특유의 장점은 여전히 유효하다. 풍이의 친구 목한수를 통해 팍팍한 현실을 반어적이면서도 익살스럽게 그려내는 것에서도 '최영희표 유머'를 볼 수 있다.

> 수학 스파르타 특강의 목표는 '수학을 조금 못하는 아이들을 데려다가 수학을 꼴도 보기 싫어하는 아이들로 만드는 것'이라고 했다.
> "진짜라니까. 휴게실에서 6학년 누나들한테 들은 거야. 난 벌써 목표 달성했어. 난 이제 수학 문제집에 침도 뱉을 수 있어. 풍아, 나 집에 가고 싶어."
> 한수가 울먹였다. (37쪽)

엄마 손에 끌려 억지로 서울 수학 스파르타 학원에 간 한수는 자신의 처지를 풍이에게 털어놓는다. 하루 종일 수학 문제집만 풀어야 하는 힘든 상황인 것은 분명한데, 한수의 말은 읽는 이에게 웃음을 안겨 준다. 물론 한수 역시 절망하거나 포기하지 않는다. 어려운 처지를 유머러스하게 표현하며 긍정적으로 받아들이는 것. 이것이 바로 최영희식의 유머다.

뛰어난 지성과 신체 능력을 가진 아그리꼴라가 땅을 빼앗아 농사를 짓기 위해 지구로 오려고 한다는 발상의 전환도 유쾌하다. 그리고 무엇보다 언뜻언뜻 보이는 삶을 바라보는 작가의 관조적 태도가 인상적이다. 개에 대한 트라우마가 있었던 한수가 개를 통해 위기를 넘기고 반려견을 키우는 것, 그리고 또 다른 트라우마에 시달리는 한수를 통해 인생의 작은 아이러니를 보여 준다. 풍이가 지구를 지켜야 하는 이유를 설명하는 문장에서도 삶에 대한 작가의 통찰력이 녹아 있다.

> 지구를 지키는 일은 말이다, 쳐들어온 놈들의 비밀을 알아차린 사람의 몫이란다. 비밀은 냇가에서 새알 줍듯이 주웠다가 제자리에 돌려놓을 수 있는 게 아니거든. 주운 사람이 책임져야 하는 거야. 두렵더라도 말이다. (64~65쪽)

인생의 한 부분을 주시하며 이를 문학적으로 비유하는 것은 작가의 개성이자 매력이다. 성장을 포켓몬스터들의 진화에 빗대어 표현하는 것도 마찬가지다. 그래서 나는 기대하는지도 모른다. 더욱 뜨거운 온도의 작품을. 그 열기가 내 가슴을 뜨겁게 벅차오르게 해 주기를 말이다.

포스트휴먼시대를 맞이하며

어윤정 글, 해마 그림, 『리보와 앤』, 문학동네, 2023.

원하든 원하지 않든 코로나는 우리의 많은 것을 바꾸어 놓았다. 특히 '비대면 만남'이라는 새로운 관계의 방식이 그렇다. 누군가와 직접 만나지 않아도 큰 문제가 없고, 어떨 때는 오히려 혼자가 더 편하다는 사실을 알아버리게 된 것이다. 그런데 정말 우리 이대로 괜찮을까? 『리보와 앤』이 던지는 질문이다.

작품의 주인공은 리보와 앤이라는 두 로봇이다. 리보는 도서관 안내 로봇이다. '즐거움과 안전을 책임지는 로봇 친구' 리보에게 정해진 스케줄대로 움직이는 도서관은 일상적이고 평화로운 공간이다. 그런데 어느 날 이 일상의 평화가 깨지는 사건이 일어난다.

'출근한 직원 0명, 방문객 0명, 사람과의 소통 0%'라는 수치는 평소와는 다른 상황임을 한눈에 보여 준다. 리보는 같은 로봇인 앤과 함께 함께 도서관에 남게 된다. 리보가 갖고 있는 단서는 사람들이 몸을 피하면서 남긴 '플루비아'라는 말뿐이다. 하지만 이 말만 가지고 어떤 문제가 생겼는지 알기는 어려웠다. 그래서 둘은 사람들이 오기만을 기다린다. 시스템에서는 대기 모드라고 부르는 기다림의 시간은 외롭고 쓸쓸하다.

리보와 앤은 인간친화적인 로봇으로 나온다. 인간을 돕기 위해 만들어진 존재인 것이다. 그러나 이들은 스스로 학습할 수 있는 능력을 갖고 있으며 직접 느끼지는 못하더라도 센서를 통해 즐거움과 갈등과 같은 다양한 감정의 종류를 알고 있다. 즉 이들은 인간과 소통할 준비가 충분히 되어 있는 존재들이다. 바로 이런 점에서 리보와 앤은 다른 작품에서 나온 로봇들과는 차별화된다.

대체로 SF에 나오는 로봇은 '인간'이 되고 싶어 한다. 그들은 인간보다 훨씬 강한 '포스트바디'를 갖고 있고, 죽음을 넘어서는 '포스트데스'의 존재임에도 말이다. 아이러니하게도 이들 로봇이야말로 인간의 우월함을 증명해 준다. 인간의 모든 약점을 보완한 로봇이 오히려 나약하고 불완전한 육체와 감정을 지닌 인간이 되고 싶어하다는 것은 물질로는 평가할 수 없는 인간다움의 진정한 가치를 인정하는 것이기 때문이다.

그러나 리보와 앤은 인간이 되고 싶어 하지 않는다. 다만 그들과 소통하고 싶어 한다. 도서관 직원이 도서관에만 있는 리보에게 바깥세상이 궁금하지 않냐고 묻는다. 리보는 "도서관에 오는 사람들이 저의 세상입니다. 수많은 이야기를 들려주니까요."라고 대답한다. 이 짤막한 문장에서 우리는 소통의 의미를 발견할 수 있다. 타인을 통해 더 넓은 세상을 발견할 수 있다는 것이다. 그러나 플로비아로 도서관에 사람이 오지 않게 된 지금, 리보의 세상도 이렇게 끝나는 것일까.

소통의 힘은 세상을 보여 주는 데서 그치지 않는다. 소통은 더욱 상대에게 가까이 다가서게 한다. 이해하고 공감하기 때문이다. 도서관에서 '대기 모드'의 시간을 견디고 있는 리보에게 한 아이가 찾아온다. 리보에게 하이파이브를 가르쳐주었던 아이가. 리보는 언제나 그랬듯이 "무엇을 도와드릴까요?"라고 묻는다. 그것이 리보의 역할이었기 때문이다. 그런데 이제는 아이가 리보를 걱정한다. 둘 사이를 가로막은 유리벽을 넘어서려는 것처럼 "괜, 찮, 냐, 고!" 힘주어 묻는 아이에게 리보는 분명 특별한 존재다.

리보는 감정 은행에 들어가 아이가 지었던 여러 표정과 목소리와 비슷한 감정들을 찾아본다. 입력한 자료들을 바탕으로 '그리움'이라는 새로운 감정을 추가한다. 그리고 리보는 아이가 자신을 기다린다는 사실을 알게 된다. 자신이 아이를 기다렸던 것처럼.

그러나 리보가 처한 상황은 밝지만은 않다. 도서관에는 여전히 사람들은 오지 않고, 바깥으로 나갈 수도 없다. 앤마저 충전을 하지 못해 정지된다. 이제 오롯이 홀로 남은 리보. 그리고 리보 역시 '시스템 안정화'를 위해 기능들이 하나둘 멈춘다. 음성 앱과 카메라 앱이 제거되자 리보는 이제 아이와 이야기를 나눌 수도, 아이의 얼굴을 볼 수도 없게 되었다. 그때 어디선가 뛰어오는 발소리가 들려온다. 리보의 가슴에서 지르르 진동이 울린다.

　이 작품이 갖는 중요한 미덕은 로봇과 인간의 동등한 관계를 설정하고 있다는 점이다. 리보와 아이는 서로 다른 종(種)에서 비롯되는 차이를 드러내지 않는다. 서로 외롭고 힘들 때 힘이 되어 줄 수 있다면 그것으로 족하기 때문이다. 이러한 둘의 관계는 포스트코로나 또는 포스트휴먼으로 이야기되는 앞으로 우리 사회에 의미 있는 시사점을 보여 준다. 중요한 것은 인간과 비인간과 같은 구분이 아니라 함께 살아가야 하는 방법의 모색임을 말이다.

청소년문학의 진화, 즐겁지 아니한가

전삼혜, 「하늘의 파랑, 바다의 파랑」, 문학동네, 2014.

1

내일의 무게

청소년문학은 오랫동안 '청소년' 찾기에 주력해왔다. 그 '청소년'들은 갈등을 겪고 방황하며, 때로는 낯선 곳으로 떠나기도 했지만 대체로 마지막에는 상처를 회복하고 성큼 성장하는 모습을 보였다. 그러니까 어떤 인물, 어떤 갈등, 어떤 장소냐에 상관없이 청소년은 방황을 딛고 성장하는 인물로만 그려지고, 결핍에서 충족이라는 도식적 구도에 갇히게 되었다. 이러한 지점에서 청소년문학은 '문학'으로 시선을 돌렸다. 문학적 상상력은 청소년문학의 운신의 폭을 넓혀 주었고, 이 경향성을 보여 주는 대표적 작품이 『델 문도』(최상희/사계절/2014)다. 세상 어딘가에 있는 청소년들의 이야기를 그리고 있는 이 작품은 청소년들만의 삶을 이야기하지 않는다. 삶과 죽음, 기억 등의 보편적이면서도 추상적인 소재를 다루면서 분명 청소년문학의 외연을 확장시켰다. 그러나 문학이 전경에, 청소년이 후경에 위치함으로써 과연 이 작품을 청소년문학이라 할 수 있는가라는 의문에 부딪친다. 아동문학과 함께 청소년문학이 필연적으로 부딪칠 수밖에 없는 정체성에 대한 고민은 여전한 것이다. 물론 이 정체성에 대한 명료한 답은 내리기 어렵다. 또 바람직하지도 않다고 생각한다. 하나의 답은 다른 경우의 답들을 배제하기 때문이다. 어찌 보면 정체성을 찾아가는 과정, 그 속에서 잉태되고 태어나는 다양한 모습의 작품들에 의미가 있을 것이다.

2

2014년 출간된 청소년 테마 소설 『관계의 온도』, 『내일의 무게』, 『콤플렉스의 밀도』는 21명의 작가가 함께 이제까지 우리 청소년문학이 다져온 성과를 집약적으로 보여 주는 결과라는 데 큰 의미가 있다. 이 가운데 『내일의 무게』에 수록된 전삼혜의 「하늘의 파랑, 바다의 파랑」은 청소년문학의 또 다른 지형을 보여 준다. 바로 문학이라는 '외피'와 청소년의 감수성이라는 '내피'이다.

「하늘의 파랑, 바다의 파랑」은 세 권의 청소년 테마 소설 중 유일한 SF다. 작가가 자신만의 독창적 세계를 창조한다는 점, 여기에 작가의 상상력이 여실히 발휘된다는 점에서 SF는 강력한 문학적 도구가 된다. 작품의 배경은 미래의 공중도시와 해저중앙도시다. 지구 환경의 변화로 생존에 위협을 느낀 사람들은 살길을 찾아 하늘과 바다에 도시를 건설한다. 이 두 무리는 점점 다르게 변해 간다. 공중도시에 살고 있는 가하는 우연히 해저도시에 살고 있는 여자아이 나루를 만나고, 사랑의 감정을 느낀다. 하지만 이 둘은 섞일 수 없는 존재들이다. '하늘'과 '바다'가 섞일 수 없는 것처럼. 고민 끝에 가하는 더 높은 곳으로 올라가고자 하는 자신의 꿈을 포기하고 나루와 가까이 있는 길을 선택한다. 로맨스를 가미한 SF라는 느낌을 주는 이 작품은 공중도시와 해저도시라는 낯선 세계를 그리고 있다. SF는 낯선 세계를 그리고 있지만 근본적으로 '지금, 여기'의 문제들을 비유적으로 객관화시키는 역할을 하는데, 「하늘의 파랑, 바다의 파랑」역시 이 점을 충실히 살리고 있다. "높고 부유한 사람은 높은 곳에, 낮고 가난한 사람은 낮은 곳에 사는 것이 공중도시의 질서였다."(90쪽), "높은 곳에서 일할수록 좋은 직업이라는 게 공중도시 사람들의 일반적인 생각이었다."(110쪽)와 같은 부분에서도 잘 나타난다. 지금과는 다른 시간, 다른 공간이지만 그들이 겪는 빈부와 사회적 격차는 지금 우리의 모습이다. 단편이라는 짧은 분량의 제한에도 작가는 하나의 세계를 설득력 있게 창조해 냄으로써, SF 문학의 색채를 드러내고 이 작품의 외피를 성공적으로 완성하고 있다. 그러나 더욱 중요한 것은 그 외피 아래 숨겨져 있는 '청소년'이다.

「하늘의 파랑, 바다의 파랑」에서도 청소년문학에서 자주 나오는 소재, 미래와 진로에 대한 고민이 나온다. 공중도시 가장 낮은 곳에 사는 가하는 높은 곳을 동경한다. 그래서 가장 높은 곳, 인공위성 관제센터에서 일하기를 꿈꾼다. 나루와의 만남을 통해 이성에 눈뜨는 것 역시 청소년문학에서 빠질 수 없는 소재다. 하지만 이 작품을 더욱 '청소년문학답게' 만드는 것은 청소년의 감수성이다.

가하는 오랫동안 꿈꿔왔던 인공위성 관제센터에 가는 것을 포기한다. 그리고 나루 곁에 가까이 있을 수 있는 경비대를 선택한다. 경비대는 공중도시의 가장 어둡고 낮은 곳에서 도시와 사람들을 지키는, 아무도 원하는 일이다. 가하는 자신을 돌봐주는 비오 수사에게 자신이 경비대를 선택한 이유를 말하기 위해 많은 생각을 한다. 하지만 가하가 할 수 있는 말은 단 한마디였다.

> 인정받고 싶어서, 더 이상 낮은 곳에 살고 싶지 않아서 관제 센터에 들어가서 인공위성을 만들고 싶었어요. 그런데 이제 제가 저를 인정해도 되지 않을까 싶어서요. 제가 바다를 좋아한다는 거. 제가 좋아하는 여자애가 바다에 산다는 거. 그러니까 바다와 가장 가까운 곳에서 일하고 싶다는 거.
> "그 애가 정말 좋아요." (112쪽)

정말 좋다는 감정 때문에 미래의 꿈을 포기하는 가하를 비현실적이라고 이야기할 수 없는 것은 단 하나의 감정이 자신의 모든 것이 될 수 있는, 그 맹목적인 감정 외에는 아무것도 보이지 않는 바로 그때, 청소년기에 가하가 서 있기 때문이다. 가하에게는 "더 나은 삶을 향한 집착, 높은 곳을 향한 동경, 신을 향한 숭배, 한 여자애를 향한 설렘"이 모두 같은 것이며 그래서 "애정으로 장래를 선택하는 것"이 이상한 일이 아닌 것이다.

하지만 가하는 나루 곁에 가까이 있을 수는 있어도 같이 살 수는 없다. 그들은 하늘과 바다에 사는, 그 거리만큼 먼 섞일 수 없는 다른 종족이기 때문이다. 자신의 꿈을 포기하면서 얻는 대가는 겨우 나루 가까이에 있는 것, 나루가 사는 바다 곁에 있는 것이다. 그래도 가하는 절망하지 않는다. 오히려 새로운 희망을 갖는다. 언젠가는 가하 자신과 나루가 섞일 수 있는 그런 미래가 오기를 꿈꾸며, 그 미래를 '진화'라고 부른다.

만약, 우리가 더 진화한다면, 그래서 우리가 서로 섞일 수 있게 된다면, 사람들은 그걸 뭐라고 부를까? 흐름은 우리를 독립된 개체로 만들려 하는데, 우리는 서로 닮아지기를 바라고 있어. 그럼에도 불구하고, 너랑 나는, 우리가 섞일 수 있는 그 미래를 진화라고 부르기로 하자.
우리는 진화할 거야. (115쪽)

가하의 이런 희망은 청소년들이 갖고 있는 또 다른 감수성, '어쩔 수 없는 긍정성'이라 부를 수 있다. 도식적이기는 하지만, 많은 청소년문학에서 청소년을 갈등과 방황을 극복하는 주체로 그리는 것 역시 긍정성을 청소년 상을 이루는 하나의 요소로 보고 있기 때문이다. 초기 청소년문학이라 볼 수 있는 조흔파의 『얄개전』이나 『에너지 선생』 등의 작품이 명랑소설의 성격을 띠는 것 역시 이런 청소년 상과 관계가 있다. 청소년들이 갖는 긍정성은 미래를 꿈꿀 날들이 더 많기 때문에, 또 아직 현실의 실패를 상대적으로 덜 겪었기 때문이기도 하다. 그래서 그들은 무모하고, 맹목적이며 희망적이다. 바로 가하처럼.

3

개인적으로 '청소년 테마 소설' 21편 가운데 「하늘의 파랑, 바다의 파랑」이 가장 좋았다. 가하가 내 마음을 울컥하게 만들었기 때문이다. 하지만 이 작품에 대해 '순정만화' 같다는 이야기도 있었다. 마음을 울컥하게 만든 것과 순정만화 같다는 것의 공통점은 '감수성' 또는 '감성'이 아닐까 한다. 이 감수성을 어떻게 받아 들이냐는 독자의 몫이겠으나, 청소년문학이라는 퍼즐을 맞추는 데 필요한 한 조각임은 확실하다. 「하늘의 파랑, 바다의 파랑」에서 볼 수 있듯이 청소년의 감수성은 한층 더 '청소년문학다운' 색채를 갖도록 해 주고 있었다. 이제 청소년의 외형적 생활과 사건에서 그들의 감성으로 깊이 있게 다가가야 한다.

청소년문학은 청소년에서 문학으로, 또 다른 어떤 모습으로 계속해서 '진화'하고 있다. 어쩌면 계속해서 우리는 청소년문학의 정체성을 명료하게 이야기하지 못하고 "청소년문학, 넌 누구냐?"라고 물을 수도 있다. 진화의 끝이 없는 것처럼. 하지만 그 끊임없이 이루어지는 진화, 또 그 속에서 함께하는 것은 분명 즐거운 일일 것이다. 그것은 꿈을 향해 나아가는 것과 비슷한 것이기 때문이다. 그래서 나는 계속되는 청소년문학의 진화를 기대한다. 청소년문학의 진화, 즐겁지 아니한가.

진실이라는 몬스터

시본 도우드, 패트릭 네스 글, 짐 케이 그림, 『몬스터 콜스』, 웅진주니어, 2012.

흔히 "꿈은 반대다"라는 말을 한다. 어쩌면 이 말은 무의식 속 진실을 인정하고 싶지 않은 심리를 보여 주는 것은 아닐까. 생각도 하지 않았던 잔인함과 폭력들이 꿈속에서는 자유롭게 펼쳐진다. 그리고 깨어나서는 의아하게 생각한다. '왜 이런 꿈을 꾸었을까. 나는 폭력적인 사람이 아닌데….' 하지만 내면 속 어딘가에 존재하는 또 다른 나의 모습일 수 있다. 이런 진실은 쉽게 인정하기 어렵다. 이제까지 믿어온 내 모습과는 다르기 때문이며, 받아들이기에 잔인하고 추악하기 때문이다. 그래서 사람들은 이 진실을 억압하거나 은폐하고 왜곡하려 한다. 하지만 진실은 누를수록 더욱 몸부림치며 우리를 고통스럽게 한다. 마주할 수도, 완전히 제압할 수도 없는 진실이라는 '몬스터'.

패트릭 네스의 『몬스터 콜스』는 열세 살의 코너가 진실에 다가서기 위해 겪는 자신과의 치열한 싸움을 그리고 있다. 암 치료를 받는 엄마와 이혼 후 새 가정을 이루고 사는 아빠, 게다가 엄마의 치료 때문에 맞지 않아도 어쩔 수 없이 함께 지내야만 하는 외할머니, 학교에서 자기를 괴롭히는 해리 일당들, 엄마가 아프다는 사실을 모두에게 알려버린 어린 시절 친구 릴리, 모두 코너를 힘들게 하는 사람들이다. 출구 없는 생활을 하는 코너에게 어느 날 자정 무렵, 몬스터가 찾아온다. 몬스터는 세 가지 이야기를 들려주고 코너가 할 네 번째 이야기가 진실이 될 것이라고 한다. 이렇게 진실에 다가서는 코너의 이야기가 시작된다.

하지만 몬스터가 들려주는 이야기들은 코너를 더욱 혼란스럽게 한다. 무엇이 진실인지, 선인지 그 경계가 모호해지는 것이다.

> 항상 좋은 사람은 없다. 항상 나쁜 사람도 없고. 대부분 사람들은 그 사이 어딘가에 있지.
>
> 진실이지. 진실은 속임수처럼 여겨질 때가 많다. 백성들은 자기들에게 걸맞은 왕을 갖게 되고, 농부의 딸은 억울하게 죽고, 때로는 마녀도 구원을 받지. 사실 그럴 때가 꽤 많아. 알면 놀랄 거다.

몬스터의 약제사와 목사 이야기도, 보이지 않는 사람 이야기도 모두 모순된 진실에 대해 말하고 있다. 그리고 코너가 말하는 네 번째 이야기도 그렇다. 코너가 숨길 수밖에 없었던 잔인한 진실, 스스로를 벌을 주게 만든 그 비밀 역시 진실이면서 진실이 아니었다. 몬스터가 말한 것처럼 엄마의 병 때문에 겪는 고통과 소외감을 끝내고 싶은 "지극히 인간적인 바람"이었다. 그리고 "하루에도 수백 번 모순을 일으키는 복잡한 짐승인 인간"에게 중요한 것은 "무엇을 하느냐"라고 말한다.

> 삶은 말로 쓰는 게 아니다. 삶은 행동으로 쓰는 거다. 네가 무얼 생각하는지는 중요하지 않다. 오직 네가 무엇을 하느냐가 중요하다.

결국 코너는 진실을 마주 보고 "말함"으로써, 자신을 끊임없이 괴롭혀온 내면의 전쟁을 끝내게 된다.

> 코너는 지금이라는 걸 알았다. 이제 돌아갈 수 없다는 것을. 무얼 바라든, 어떤 심정이든 간에, 결국 그렇게 되리라는 것을.
> 그리고 자기가 이것을 이겨내리라는 것도 알 수 있었다.
> 끔찍할 것이다. 끔찍한 것 이상일 것이다.
> 그렇지만 코너는 버텨 낼 것이다.
> 그걸 위해 몬스터가 온 것이다. 틀림없었다. 코너는 몬스터가 필요했고 그래서 몬스터를 불러냈다. 그래서 몬스터가 걸어왔다. 바로 이 순간을 위해서.

진실을 인정하는 것이 끔찍함 이상임을 예감하면서도 코너는 버텨내겠다고 결심한다. 그러기 위해서 자신이 몬스터를 불러냈음을 깨달는다. 몬스터는 진실을 외면하면서도, 진실을 알고자 하는 코너의 욕망이 불러낸 환상인 것이다.

진실은 생각보다 아름답지도 순수하지도 않다. 그래서 추악한 진실보다 달콤한 거짓을 선택한다. 그럼에도 우리 마음속에는 진실에 대한 끊임없는 열망이 존재한다. 그렇기 때문에 코너가 그랬듯이 몬스터라는 진실을 소환하는 것이다. 몬스터는 모순된, 아름답지 않은 진실을 상징화하면서도 진실에 맞서는 거대한 힘과 용기를 가시화하는 역할을 한다. 그런데 이 몬스터가 강력한 힘으로 진실을 알려 주는 것이 아니라 '이야기'를 통해 진실을 알려 주는 데 주목할 필요가 있다.

작품에서 '진실'과 함께 또 다른 열쇳말이 '이야기'이다. 몬스터가 코너에게 들려주는 이야기들, 코너가 말하는 완전한 진실, 마지막 이야기 등을 통해서도 알 수 있다. 이야기는 상대와의 소통을 전제로 한다. 상대와의 소통을 통해서 진실을 알게 되고, 말할 수 있게 된다. 코너가 몬스터와의 이야기를 통해, 엄마와의 대화를 통해 진실과 마주 서고 말하게 된 것처럼 몬스터라는 진실을 불러낼 수 있는 용기를 갖게 되는 것이다.

『몬스터 콜스』는 주목나무로 형상화된 몬스터와 속도감 있는 사건 전개로 한 편의 영화를 보는 듯한 느낌을 준다. 그러면서도 진실을 대하는 인간의 복잡한 심리를 흥미로운 이야기를 통해 설명하고 있어, 재미와 문학이라는 두 마리 토끼를 잡는 데 성공한 작품으로 보인다. 다만 아쉬운 점은 몬스터의 입을 통해 작가의 생각이나 주제를 자세하게 설명하고 있어, 독자가 생각할 수 있는 여지를 축소시키고 있다는 것이다. 그렇기 때문에 진실의 이면을 상징하는 사악하고 잔인한 몬스터의 매력이 반감되기도 한다.

이 책을 접했을 때 처음에는 일본 만화 『데스노트』의 류크가 많이 떠올랐다. 이처럼 추악한 인간 내면을 몬스터와 연관시키는 것은 어제오늘의 일도, 몬스터가 타자가 아니라 자아의 한 부분이라는 것이 특별한 관점도 아니다. 이 작품의 독특함은 몬스터가 아니라 몬스터를 불러낸 코너에게 있다.

코너는 진실을 마주 보는 것의 고통을 알면서도 몬스터를 불러냈다. 그리고 결국 당당히 잔인한 진실을 받아들였다. 『몬스터 콜스』는 진실이라는 몬스터에 대한 이야기가 아니다. 진실에 맞설 수 있는 용기에 대한 이야기이다. 이 책의 제목이 '몬스터'가 아닌 '몬스터 콜스'인 까닭도 여기에 있다. 또한 독자들은 작품 전반에서 말하고 있는 모순된 진실을 책을 읽으면서 발견할 수 있다. 코너에게서 볼 수 있는 추하고 아픈 진실임에도 진실을 알고자 하는 아이러니, 여기에도 진실의 모순이 존재하기 때문이다.

너의 무기는 무엇이냐?

설흔, 『소년, 아란타로 가다』, 생각과느낌, 2008.

『소년, 아란타로 가다』는 가상 인물인 최청유가 여러 사건을 겪으면서 성장하는 과정을 담은 책이다. 대부분의 성장소설이 청소년의 일상생활과 밀접한 관련을 맺고 있는 데 비해 이 책은 조선 후기를 배경으로 최천종 살인사건과 최청유 아버지의 죽음에 얽힌 비밀과 같이 추리 구조를 갖는 점이 이채롭다. 그러나 성장소설의 큰 특색인 어려움을 극복하고 자아를 찾아가는 과정이 매우 뚜렷하게 드러나 있다.

주인공 청유는 큰돈을 벌기 위해 어렵게 조선통신사의 일원이 되어 일본으로 간다. 부자가 되어 아버지처럼 믿고 따르는 이정의 딸, 연희와 결혼을 하고 싶다는 꿈을 이루기 위해서다. 이때 청유가 수행하게 된 역관이 이언진이다.

이언진은 몰래 숨긴 인삼 때문에 목숨을 잃을 뻔한 청유를 구해주고 그의 아버지를 죽음으로 몰고 간 장본인이 이정이라는 사실도 알려준다. 청유가 어려움에 처했을 때 구원의 손길을 보낸 것도, 청유의 아픔을 이해하고 위로해준 사람도 이언진이었다.

또한 이언진은 부자가 되겠다는 막연한 꿈을 갖고 현실에 안주하려던 청유의 생각을 바꾸어준 사람이기도 했다. 자신의 '시'를 무기로 현실의 문을 부수고 뒤엎겠다는, 즉 세상을 변화시키겠다는 이언진의 말을 들으며 청유는 자신의 무기는 무엇인지 고민하게 된다.

여정을 마치고 청유와 이언진이 부산으로 돌아왔을 때, 모든 상황은 예전과 같지 않았다. 좋아하던 연희는 혼례를 치렀고, 할아버지는 돌아가셨다. 그토록 믿었던 이정은 자신의 욕심을 채우는 데만 급급한 천박한 인물일 뿐이었다. 고향에 돌아왔지만 의지할 곳이 없어진 청유는 이언진을 따라 한양으로 떠났다. 그리고 연희나 연희 아버지를 위해서가 아닌 세상의 문을 부수기 위해 열심히 살겠다는 결심을 한다.

그러나 한양으로 온 이언진은 자신의 재능을 인정받지 못하자 점점 좌절에 빠진다. 청유가 왜 문을 부수지 않고 자꾸 두드리기만 하냐고 불만을 토로해도 이언진은 의욕을 되찾지 못한다. 결국 이언진은 죽음을 맞게 되고 청유는 새로운 문을 찾기 위하여 아란타(네덜란드)로 떠난다. 자신을 이끌어주고 힘이 되어주던 이언진 없이 홀로, 이언진이 못다 이룬 꿈을 펼치기 위해 아란타라는 새로운 세상을 향해 나아가는 것이다.

이언진이 새로운 세상을 변화시키려는 꿈을 가졌다면 청유는 새로운 세상을 찾아나가는 자신만의 꿈을 찾은 것이다.어려운 상황에서도 결코 좌절하지 않고 새로운 삶을 개척해나가며 성장하는 청유의 모습을 통해 청소년들은 현실의 어려움을 이기고 새로운 문을 찾을 수 있는 힘을 얻을 것이다.

또한 최천종 살인 같은 실제 사건과 이언진, 박지원, 조엄 등의 실존 인물이 생생하게 묘사되어, 청소년 독자의 역사 지식을 넓히는 데 도움을 줄 수 있다는 점 역시 이 책의 또 다른 미덕이다.

억울한 청춘들, 그러나 출구는 있다

최영희, 『첫 키스는 엘프와』, 푸른책들, 2014.

세상사는 일, 참 마음처럼 되지 않는다. 마음대로 되지 않는 것은 둘째 치고 억울한 일도 얼마나 많은가. 얼마 전 내가 겪은 '억울한 일'도 그랬다. 내 의지와는 상관없이 일어난 일, 그 앞에서 할 수 있는 일은 없었고 그저 억울해만 해야 했다. 죽을 만큼 힘들다고 느꼈던 시간은 흘러갔지만 그 억울함은 해소되지 않은 채 마음속에 남아 있다. 지금도. 그러니 『첫 키스는 엘프와』에 나오는 청춘들의 '억울함'에, 아니 더 정확히 말하면 그들이 그 억울함을 어떻게 풀어가는지에 '꽂힐' 수밖에.

작품에 나오는 인물들의 억울한 상황은 다양하다. 연두(「꽃 찾으러 왔단다」)는 반의 '여왕' 지니의 따돌림을 당하고, 현진(「똥통에 살으리랏다」)은 고향 마을의 학교를 '똥통'이라고 생각하는 부모 때문에 서울로 전학 갈 위기에 처한다. 표제작 「첫 키스는 엘프와」의 채아는 키스를 해 보지 못했다는 이유로, 친한 친구 다나와 멀어지게 돼 '종의 분리'를 느낀다. 반 친구에게 날마다 '삥'을 뜯기는 해달(「우리들의 라커룸」), 포장마차를 하는 엄마와 단둘이 힘겹게 살아가는 암울한 현실, 게다가 성추행 당했다는 사실을 아무도 믿어주지 않는 상황에 놓인 해나(「별의 연산」), '신사임당 두 장' 때문에 공사다망한 임시 이장 노릇을 해야 하는 영길(「인기 절정 영길이」)도 만만치 않은 억울한 청춘들이다. 그러나 이들이 억울함을 풀어가는 방법은 상당히 건강하고 재기발랄하다. 푸릇푸릇한 청춘들답게 말이다.

「꽃 찾으러 왔단다」의 연두는 반에서 따돌림을 당하지만 담담해 보인다. 그러나 마음속에는 자신만의 '꽃'을 찾고 싶다는 절실한 바람을 갖고 있다.

> 그런데도 나는 거기만 갔다. 화원 이름 때문이었다. 우리 집에 왜 왔니? 꽃 찾으러 왔단다, 왔단다……. 아이들은 늘 다그치며 물었다. 너 왜 왔어? 넌 뭔데? 너도 끼려고? 그러면 나는 아무 말도 못 했다. 그저 맘속으로 꽃 찾으러 왔단다, 왔단다 노래만 불렀다. 난 꽃을 찾고 싶었다. 나도 꽃을 찾고 싶어 왔다고!
> 내 맘속 대답 같던 꽃집이 사라졌다.

연두에게 '꽃'은 자신과 마음을 나눌 수 있는 친구였을 것이다. 그렇기 때문에 지니의 무리한 요구를 들어주려 했다. 지니가 무서워서가 아니라 자신의 꽃을 찾고 싶어서. 그리고 연두의 바람은 이루어진다. 전학을 와 새롭게 왕따로 '등극'한 축구라는 별명을 가진 혜란을 만나게 된 것이다. '덩치'가 아닌 연두라는 이름을 불러주고, 짧은 치마 때문에 곤란해하는 연두에게 체육복 바지를 선뜻 벗어주고 교복 치마 차림으로 씩씩하게 축구를 하는 혜란이 바로 연두의 꽃이었다.

> 학교 담벼락 덩굴장미는 꽃잎이 거의 다 졌는데, 축구의 얼굴은 붉디붉게 피어나고 있었다.

이처럼 관계를 통한 상처는 관계를 통해 치유된다. 「첫 키스는 엘프와」에서 채아가 키스를 한 다나와 종의 분리를 느낄 정도로 거리감을 느끼지만 구자라는 비슷한 종의 친구를 만나 자신을 이해받는 것처럼 말이다.

「우리들의 라커룸」에서 이러한 관계는 확장된다. 나와 너가 아니라 우리의 관계를 이야기하고 있기 때문이다. '삥'을 뜯는 도하, '삥'을 뜯기는 해달의 '원만이 리그'는 역전의 역전을 거듭하고, 결국 반 소동으로 번진다. 그리고 해달은 반 아이들 모두가 '그들만의 리그'에서 있음을 깨닫는다.

> 돌이켜 보니 반장이 각성제 먹는 걸 여러 번 본 것 같다. 반장이 고군분투하는 저 리그는 어떤 곳일까? 원만이 리그에서 내가 그랬던 것처럼

반장도 누군가가 도와주기를, 힘들지 않느냐고 알은체해 주기를 기다리는 건 아닐까?

자신이 원만이 리그에서 치열하게 뛸 때, 다른 이들도 그들의 리그에서 힘들게 달리고 있었음을 느낀 해달은, 타인을 위로하고 우리를 걱정할 수 있는 마음을 갖게 된다. 나만 혼자 힘든 것이 아니라, 우리 모두가 힘든 시간을 보내고 있으며, 언젠가는 우리 모두가 '맘에 드는 리그'에서 뛸 수 있기를 바라는 해달은 한층 성숙된 모습을 보인다. 억울함이라는 상처는 다른 이들의 상처를 보듬어줌으로써 치유되기도 하는 것이다.

「인기 절정 영길이」에서 임시 이장 노릇을 하게 된 영길이는 마을 노인들의 사소한 일들에까지 불려나가는 것이 억울하다. 마을 노인들의 쉬임없는 호출에 지친 영길은 마을에서 도망치려고 한다. 그러나 자신이 엄마아빠의 마을을 '부탁'한다는 말을 받아들인 순간, 학생의 봉인은 깨지고 마을에서 유일한 젊은이가 되었음을 떠올리게 된다. 마을 일에 나서야 하는 것은 학생의 입장에서는 억울할 수 있지만, 마을 젊은이로서는 당연한 일인 것이다. 이러한 정체성의 자각은 혼자만의 생각이 아닌 타인과의 관계에서 비롯된다.

「똥통에 살으리랏다」와 「별의 연산」은 현실 긍정 인식이 돋보이는 작품들이다. 「똥통에 살으리랏다」라는 제목에서 '똥통'은 현진네 가족이 살고 있는 하동이다. 곶감 농사를 망친 현진의 부모는 현진이 만큼은 이 똥통에서 벗어나 서울에서 성공하기를 바란다. 그리고 서울 답사를 나선다. 현진은 자신의 의사와는 상관없이 서울로 이사하려는 부모에게 울컥한 마음을 갖는다. 현진이 본인의 미래건만, 그 선택의 열쇠를 부모가 갖고 있으니. 서울로 전학을 시키려는 부모에게 현진은 '촌에서 살아도 뽀대 나게 살게 된다'든지, '깔판이 되느니 이곳 평안고의 주역이 되겠다'는 말로 설득한다. 현진의 선택을 빼앗은 부모에 대한 억울함을 현실 긍정이라는 무기로 되받아치는 격이다. 물론 현진의 말 때문에 서울로 이사 가는 것을 포기했는지 분명치 않다. 중요한 것은 현진의 이런 말들은 자신이 딛고 서 있는 현실에 대한 애정이 바탕이 됐다는 것이다. 마지막 입학식 장면에서 현진이 '똥통은 없다'

고 말하는 데서도 이러한 애정을 볼 수 있다. 어쩌면 현진의 부모 역시도 '똥통은 없다'고 생각했는지 모르겠다. 우리가 "가시방석처럼 여기는 그 자리가 사실 꽃자리"이니까 말이다.

「별의 연산」에 나오는 해나는 이 책에서 가장 억울한 청춘이다. 성추행을 당했지만 아무도 믿어주지 않고, '꿈은 ☆ 이루어진다'는 엄마의 포장마차 이름은 현실을 더욱 비참하게 만들 뿐이다. 꿈도, 의욕도 없이 그저 하루하루를 흘려보내던 해나는 오히려 절망의 끝에서 희망을 갖는다. 바닥의 끝까지 내려간 사람은 올라올 길밖에 없는 것처럼.

> 고약한 별의 연산을 푸는 심정으로 그림을 그리고 또 그리다 보면 언젠가는 나도 꿈을 말할 수 있게 될지도 모른다.
>
> 어쩌면 내일은 금반지 사건보다 더 고약한 사건에 휩쓸릴지도 몰라. 그때마다 별의 연산을 기억할게. 그 연산을 해결하면 우리의 주어는 술어를 만나 쌩한 문장이 될 거야.

'꿈은 ☆ 이루어진다'는 별의 연산은 말 그대로 해나 자신의 꿈을 이루기 위해 풀어야 하는 삶의 숙제다. 이 숙제를, 어려운 연산을 풀 수 있는 열쇠가 그림임을 깨닫는 순간, 해나는 희망을, 삶의 의지를 찾는다.

이런 삶에 대한 의지는 반갑기도 하면서 애처롭다. 이제 열여섯 살인 해나가 삶의 절망을 겪어가며 얻은 답이기 때문이다. 그러나 암울한 현실을 받아들이고, 언젠가 꿈을 가질 수 있다는 희망을 갖는, 현실에 대한 긍정은 해나의 삶을 빛나게 해 줄 것을 믿는다. 그것은 억울한 삶에 대한 정당한 복수기도 하다.

가끔 왜 이런 억울한 일이 생겼을까라는 생각이 들 때가 있다. 하지만 중요한 것은 억울함이 아니라 그것을 어떻게 풀어가냐는 것이다. 세상은 내 뜻대로 되지 않을 때가 훨씬 많으니까. 풀어가야 한다면, 『첫 키스는 엘프와』에 나오는 이들처럼 건강하고 밝게 맞서고 싶다. 타인과의 관계가, 내가 서야 하는 현실이 그러한 힘을 줄 것이다. 그러다 보면 나만의 '꽃'을 찾을 수 있고, 막막하게만 보였던 인생의 '연산'을 풀 수 있음을, 내가 사는 현실이 적어도 '똥통'은 아니라는 것을 청춘들이 말하고 있지 않은가.

2. 가족과 사회 이야기

마음의 상처는 그리움이 되어

박영란 글, 이경하 그림, 『옥상정원의 비밀』, 북멘토, 2016.

불편하거나 마음 아픈 일은 피하고 싶다. 나와는 상관없는 일, 지나간 일이라고 애써 외면하다 보면 그 일은 떠올리기조차 '무서운' 일이 되고 만다. 그렇게 나도 모르게 마음의 상처를 하나씩 만들게 된다. 하지만 꾹꾹 덮어놓은 그 상처는 어떤 식으로든 모습을 드러낸다. 『옥상정원의 비밀』에서 수정이의 손가락에 싹이 돋아난 것처럼.

『옥상정원의 비밀』의 주인공은 꽃이 나온 태몽 때문에 '여자애' 이름을 갖게 된 11살의 수정이다. 어느 날 수정이 형은 수정이 "손가락 끝을 콕 찔러" 싹을 심는다. 수정이의 형은 구조되지 못한 아이다. 작가는 수정이 형에게 있었던 그 '사건'을 자세하게 설명하지는 않는다. 하지만 '구조'라는 말, 그리고 형과 누나를 떠나보낸 수정이와 친구들만으로도 2년 전 잔인했던 4월, 그때의 일이라는 것을 바로 느낄 수 있었다. 마음의 상처는 시간이 흘러도 과거의 기억이 아니라 현재로서 존재하고, 그래서 불현듯 한순간에 상기되는 까닭이기도 하다.

- 나중에……싹이 자랄 거다. 그때 보자.
- 손에서?
- 잘 지켜라. 난 간다.
- 어디로 가는데?
- 원래 있던 곳.
왜 가는데…….
- 지구에서 일어나는 일이라면 이제 궁금한 게 없다. 그래서 가는 거다.
하여간 형의 허세는 알아줘야 한다. (8쪽)

이제는 지구에서 일어나는 일은 궁금한 게 없어서 원래 있던 곳으로 가버린 수정이의 형. 수정이 손가락의 '싹'은 형을 만날 수 있는 하나의 통로다. 손가락에서 싹이 튼다는 것이 황당무계한 상상처럼 보이지만 '싹'에는 여러 의미가 담겨 있다. 이야기할 때는 싹을 안테나처럼 뽑아 올리고 다른 사람 눈에 띄지 않게 접어놓는 것이다. '아날로그 안테나'인 이 싹을 수정이 형은 수정이와 둘만 사용하는 통신 장치라고 이야기해 준다. 식물에 관심이 많았고 '우주정원사'가 꿈이었던 수정이 형을, 그러나 결국 그 꿈의 싹을 틔우지 못하고 떠나간 수정이 형의 미래에 대한 은유기도 하다. 그리고 떠난 형과 만나고 싶다는 바람, 만날 수 있다는 믿음의 근거기도 하다. 수정이는 어렸을 때 죽은 병아리를 형과 함께 뒷산에 '심어 준' 적이 있었다. 수정이의 형은 병아리에서 싹이 틀지도 모르니까 묻지 말고 '심어' 주자고 한다. 수정이는 형의 말을 믿지 않았다. 하지만 나중에 병아리를 '심은' 곳을 다시 갔을 때 수정이가 본 것은 온 산에 무성한 풀과 나무들이었다.

> 학교에서 오는 길에 혼자 병아리 심은 곳에 갔다. 비가 너무 많이 와서 병아리 심은 곳을 찾을 수 없었다. 정확하게 어디인지 알 수 없었다. 온 산에 풀과 나무가 무성했다. 바로 며칠 전만 해도 없던 풀들이 울창했다. 세상에 싹이란 싹은 다 자라나고 있었다.
> 그렇다면.
> 병아리도 싹이 튼 것이다. 분명 병아리도 싹이 터서 자라고 있는 것이다. (20쪽)

　수정이는 병아리를 '심은' 곳을 찾을 수는 없지만 그 울창한 풀들 속에서 병아리가 틔운 싹도 있을 것이라고 믿게 된다. 죽은 병아리에서 싹이 돋아난 것처럼 자신의 손가락도 싹을 틔울 수 있다는 생각이 든 것이다.
　수정이는 학교에서 혹시 손가락에 싹이 돋아나 다른 사람들에게 들킬까 봐 걱정이 된다. 들키는 것보다 다른 아이들이 자신을 이해할 수 없다는 것이 마음에 걸렸던 것이다. 그래서 장갑을 끼는 방법을 생각해 낸다. 그런데 문제는 5월이라는 것이었다. 친구들은 수정이를 놀리기도 하고 장갑을 벗기려 든다. 수정이는 싸우면서까지 장갑 속에 있는 싹을 지켜낸다. 수정이로서는 "질 수 없는 싸움"이었기 때문이다. 수정이는 모든 사람들에게 이해받는다는 것은 어려운 일이라는 것을 깨닫는다. 그래서 누군가 왜 장갑을 끼냐고 물으면 "손이 시려요."라고 대답한다. 따뜻한 날씨에 장갑을 끼는 것이 형과의 비밀보다는 덜 이상한 일인 것이다. 그렇게 수정이는 자신의 상처를 이해받는 것을 포기한 듯했다. 하지만 수정이는 딱 한 사람, 친구 국이에게 싹에 관한 비밀을 이야기한다. 비밀을 털어 놓은 이유는 국이를 믿어서가 아니다. 국이가 '손가락에서 돋아난 싹이 자라서 나무가 되고 그 나무가 자라 오르면 형의 목소리를 들을 수 있다'는 자신의 말을 믿지 않을 것이라고 생각했기 때문이다. 자신의 비밀 이야기를 안 믿어줄 것을 알면서도 말한 것은 혼자 감당하기에는 벅찬 마음의 상처 때문이었을 것이다. 또 단 한 명만에게라도 이해받고 싶다는 외로움 때문이었을 것이다.

하지만 그러한 외로움과 상처를 가진 것은 수정이뿐만이 아니었다. 수정이는 형의 여자친구, 연희 누나와 자신처럼 형과 누나를 떠나보낸 친구들을 만난다. 조금만 손을 뻗치면 하늘에, 그곳에 있는 그리운 사람들에게 닿을 것 같은 '옥상의 정원'에서. 그들이 원하는 건 똑같았다. 수정이처럼 그리운 사람과 만나는 것이었다. "간절한 마음의 상상은 기적을 만들어 우리를 새로운 차원으로 데려다"(116쪽) 준다는 연희 누나의 말은 아이들에게 희망을 준다.

> 그런데 그때 손가락이 간질거렸다. 손 전체가 찌릿찌릿했다. 손가락 끝에서 싹이 올라오고 있었다.
> "싹 올라온다."
> 손을 들어 올리면서 내가 외치듯 속삭였다. 손끝에서 나무가 자라나고 있었다. 곁가지가 한 쌍씩 허공을 향해 올라가고 있었다.
> "나무다!"
> 내가 작게 탄성을 질렀다. (167쪽)

아이들은 옥상 정원에서 서로의 손을 잡고 시간과 공간을 넘어 그리운 사람을 만날 수 있는 기적을 꿈꾼다. 무엇보다 진짜 기적은 마음 속에만 꼭꼭 숨겨두었던 마음의 상처라는 비밀을 꺼내놓을 수 있었다는 것이 아닐까. 나 혼자만이 아팠던 것이 아니라 우리가 함께 아팠다는 사실을, 아픔을 함께 나눌 수 있다는 것을 알게 된 것도. 그것은 바로 '성장'이라는 이름의 기적이기도 하다. 수정이와 아이들은 상처를 피하지 않고 마주하는 것이 아픔에서 벗어날 수 있는 시작임을 보여 준다. "…울기 시작하면 치유가 시작되는 거야."(170쪽)라는 수정이 형의 말처럼.

『옥상정원의 비밀』의 또 다른 미덕은 그 문학적 형상화에 있다. '사회 속 아이, 수정이'의 이야기면서도 '사회'의 이야기를 최소화함으로써 문학적 감성에 무게를 둔다. 또한 수정이의 아픔, 그 아픔과 마주하는 과정을 손가락에서 돋아난 싹과 하늘 높이 자라 오르는 나무처럼 은유적으로 나타내 서정적인 느낌을 더한다. 작품에서 묘사된 상처에는 물론 슬픔과 아픔이라는 정서가 깃들어 있다. 하지만 서정적으로 표현된 이러한 정서는 '아름다운 슬픔'이라는 일면 모순적인 느낌을 갖게 한다. 이렇게 한마디로 설명하기 어려운 복잡성은 문학이 주는 매력이다. 그리고 상처를 마주하는 일은 결코 슬프거나 무섭기만 한 일이 아니라는 것을 깨닫게 해 준다.

아마도 따뜻하고 완연히 봄이었을 그때, 많은 아이들이 떠나버린 일을 어떤 이는 잊지 말아야 한다고 하고 또 다른 이들은 이제 놓아주어야 한다고 이야기한다. 하지만 우리 마음속에 새겨진 상처는 잊지 말아야 하는 당위의 문제도, 놓아 주고 극복해야 하는 의지의 문제도 아니다. 그저 '잊혀 지지 않는 것'이다. 책에 실린 단 한 문장의 작가의 말, "어떻든, 나는 이 일에 대해 또 쓰게 될 것 같다."(174쪽)에도 같은 뜻이 담겨 있는 것이 아닐까. 그리고 더욱 중요한 것은 잊혀 지지 않는 것을 마주하는 일이다. 수정이가 그랬던 것처럼. '잊혀 지지 않는 상처'를 외면하지 않는 것은 또 다른 '수정이들'에게 분명 힘이 될 것이다. 혼자가 아니라 함께 아파하고 슬퍼했다는 많은 사람들이 있다는 사실이 말이다. 수정이와 아이들이 겪은 마음의 기적도 '함께'에서 비롯되지 않았던가. 그리고 그것은 '잊혀 지지 않는 것'에 대해 우리가 보일 수 있는 최소한의 예의일지도 모른다.

마지막 인사를 할 수 있는 그곳

테리 펜·에릭 펜, 『바다와 하늘이 만나다』, 북극곰, 2018.

그림책을 고르는 일은 즐겁다. 처음에는 표면적인 이야기를 읽는 재미가, 그림을 꼼꼼히 보면서 숨겨진 이야기를 찾는 또 다른 재미가 있다. 빨리 끝을 내고 다음으로, 또 그 다음으로 끝없이 이어지는 삶의 속도전 속에서 가만히, 또 몇 번씩 그림책을 손에 잡는 그 시간과 공간은 특별하다. '무엇을' 위해서도 아닌 '나'를 위한 시간과 장소가 된다. 그림책의 이야기들도.

테리 펜과 에릭 펜, 이 두 형제가 함께 만든 그림책 『바다와 하늘이 만나다』를 처음 봤을 때 신비롭고 환상적인 표지 그림이 한눈에 들어왔다. 바다 같기도 하고 하늘 같기도 한 그 푸른색의 공간에는 열기구와 배, 그리고 해파리가 떠다닌다. 가운데 커다랗게 그려진 나침반 안에는 이 글의 제목이자 이야기가 펼쳐지는 장소가 적혀 있다. '바다와 하늘이 만나다' 그러나 바다와 하늘이 만날 수 있는 공간은 없다. 그 둘이 맞닿는 것처럼 보일 수는 있지만 실제로 바다와 하늘의 거리는 무척 멀다. 주인공 호와 세상을 떠난 호의 할아버지의 거리만큼.

일곱 살이나 여덟 살쯤 되었을까? 아직 죽음을 현실로 느끼기에는 어린 호. 호는 바다를 보며 할아버지를 떠올린다. 배 타기 좋은 날이라고 바다를 보며 말하곤 했던 할아버지. 그 할아버지의 목소리를 호는 기억하고 있다. 모든 것은 그대로이지만 비어 있는 의자는 할아버지의 죽음을 보여 준다. 하지만 호는 할아버지의 죽음이 실감나지는 않는다. 더욱이 오늘은 할아버지의 아흔 번째 생일이다. 호는 할아버지가 더 많이 보고 싶다. 지금 이곳에는 할아버지가 없지만, 호는 할아버지와 가기로 했던 여행을 떠나기로 마음먹는다.

그리고 나무로 된 창문과 방문으로 선체를 만들고, 기워진 천으로

돛을, 아래에는 타이어와 튜브를 달고 줄무늬 티셔츠 깃발을 펄럭이는 배를 만든다. 뒤편에 꽂아 있는 노도 눈에 띈다. 약간은 허술해 보이기도 하는 이 배는 호가 생각한 크고 튼튼하지는 않다. 하지만 호가 할아버지를 생각하며 만든 배라는 데 의미가 있다. 이 매우 평범한 물건들은 우리가 떠난 이들을 기억하는 것은 특별한 말과 행동이 아닌 일상적인 행위임을 알려 준다. 호는 그렇게 할아버지를 마음에 담고 여행을 시작한다. 도착지는 할아버지가 있는 그곳, 하늘과 바다가 만나는 곳일 것이다.

밤이 되자 호는 외롭다고 느낀다. 호가 무서움이나 불안함이 아닌 외로움을 느낀 것은 할아버지가 없기 때문이다. 외로움은 홀로에서 비롯되는 것이며, 누군가와 함께하고 싶다는 마음의 또 다른 표현이기 때문이다. 호는 바다는 너무 외롭다고 말한다. 바다는 호가 살아가고 있는 삶의 공간이자, 할아버지가 없는 현실이다. 할아버지 없이 호가 혼자 있는 바다이기 때문에 외로운 것이다.

그 외로움에 응답이라도 하듯이 황금물고기가 나타난다. 메기를 닮은 이 커다란 물고기의 수염이 왠지 익숙하다. 황금물고기는 호를 하늘과 바다가 만나는 곳으로 데려다 준다고 한다. 이제 호는 황금물고기와 함께 다시 여행을 시작한다. 도서관 섬과 소라 껍데기 섬을 지나간다. 그리고 해파리들이 있는 바다도 건너간다. 바닷속에서 헤엄치는 황금물고기는 황금색과 푸른 바다의 색이 섞여 초록빛을 빛내고, 그 위로 호가 탄 배가, 곳곳에 떠다니는 투명한 해파리들을 위에서 조망하듯이 그려낸 이 장면은 마치 내가 호가 되어 바다를 여행하는 듯한 환상적인 느낌을 생생하게 전달해 준다.

더욱 놀라운 장면은 다음 장에 펼쳐진다. 해파리가 떠오르고 배와 기구들이 함께 떠다니는 바다와 하늘이 만난 그곳에 호가 도착한 것이다. 한쪽에 작게 보이는 호의 배, 조그맣게 꼬리만 보이는 황금물고기를 빼고 양쪽에 가득 펼쳐진 바다와 하늘이 만나 하나를 이룬 공간은 무척이나 아름답고 신비하다. 반짝이는 별들이 가득했던 밤하늘과 끝도 없이 펼쳐지는 푸른 바다가 떠오른다. 커다란 고래와 배들, 용과 고양이와 같은 갖가지 모양의 열기구들, 해파리들이 화면 가득 떠다니는 바다와 하늘의 경계가 없어진 그곳은 분명 초현실적인 공간이다.

작가 에릭 펜이 사랑하다고 한 '불가능한 꿈'이기도 하다. 그리고 또 하나의 불가능한 꿈이 이루어진다. 호는 그리운 얼굴을 만나고 인사를 전한다. 그곳은 바다와 하늘이 만나는 불가능한 일이 이루어지는 공간이기 때문이다.

『바다와 하늘이 만나다』는 호가 세상을 떠난 할아버지를 만나러 가는 판타지 여행을 그린 작품처럼 보인다. 그러나 조금 더 시간이 있다면 다시 처음으로 돌아가 그림을 하나하나 읽어보기를 권한다. 그렇다면 호가 여행한 공간들이 호가 할아버지를 기억하는 것과 다르지 않았다는 것을 발견하게 될 것이다. 조금 거창하게 이야기한다면 애도와 추모의 한 방식이었다는 것을.

처음 이 작품을 보았을 때 아름다우면서도 소박한 그림이 좋았다. 특히 펜으로 스케치한 듯한 선들이 친근하게 다가온다. 강하지 않으면서도 고운 느낌의 색채들은 작가의 따뜻한 마음을 그대로 전달해 준다. 그리고 무엇보다 무거울 수 있는 주제를 담담하게 애정 어린 시선으로 표현해낸 것이 마음에 들었다.

책에서 "호도 따라갔지요. 인사를 하고 싶었거든요."라는 구절이 나온다. 이상하게 이 부분을 나는 마지막 인사라고 읽었다. 몇 번을 다시 보고서야 내가 잘못 봤다는 것을 알았다. 나는 호가 어떤 이유인지는 모르지만 할아버지에게 마지막 인사를 전하지 못했다고 생각한다. 할아버지에게 인사를 하고 싶은 호의 마음이 불가능한 여행이 이루어지게 했다. 그리고 그 여행은 할아버지를 하나하나 기억하는 일과 똑같은 것이었다.

아직 어린 호이기 때문에 할아버지에 대한 좋은 기억들만 있는지 모른다. 시간이 흐르고 사람에 대해 남는 좋은 기억들은 행복한 일만 떠올리려는 심리 때문이라고도 한다. 하지만 시간이 흘러 남게 되는 그 좋은 기억들이 그 사람에 대해 갖는 솔직한 마음이 아닐까. 어떤 이해관계에도, 복잡한 심리에도 영향받지 않는 알맹이와 같은 것 말이다.

『바다와 하늘이 만나다』는 상실과 애도의 과정을 보여 줌으로써 우리를 따뜻하게 위로해 준다. 우리가 미처 돌아보지 못하는 삶의 중요한 테마를 아름다운 그림과 글을 통해 마법처럼 전해 주는 것은 이 두 형제 작가의 특기인 듯하다. 전작『한밤의 정원사』에서도 자고 나면 새로운 나무 조각들이 나타나는 마법과 같은 이야기가 펼쳐진다. 이 작품에서도 삶에 대한 작가의 따뜻한 시선을 느낄 수 있다. "『한밤의 정원사』에 대한 독자들의 반응을 보면서 저희는 이야기의 주제가 중요하다는 결론을 내렸어요."16)라는 인터뷰를 통해 이들이 주제에 대해 갖고 있는 생각을 짐작할 수 있다. 물론 이러한 주제가 특별하거나 새로운 것은 아니다. 하지만 "상투성은 문장에서 발휘되면 민망하지만 주제가 되면 핵심 요소로 변화한다."17)는 말처럼, 또 우리가 많은 작품에서 느끼듯이 주제는 특별한 것은 아니다. 그래서 우리가 잊고 살기 쉬운 것이기도 하다. 앞으로 또 어떤 마법을 통해 우리에게 삶의 중요한 이야기를 들려줄지 이들 작가의 새로운 이야기가 기대된다.

---

16) "[작가 인터뷰] 『바다와 하늘이 만나다』의 작가 펜 형제" https://blog.naver.com/codathepolar/221330681753
17) 잭 하트, 『논픽션 쓰기』, 유유, 2015, 511/965

기억과 만나는 그곳에서

박현경, 『동생을 데리고 미술관에 갔어요』, 해와나무, 2016.

"시각장애인 동생과 미술관에 가게 된 은이의 특별한 하루." 『동생을 데리고 미술관에 갔어요』를 설명하는 이 문장처럼 작품에는 장애 아동이 나온다. 하지만 '장애'에 중심을 두고 있지는 않다. 이 작품은 은이와 찬이의 '기억'에 관한 이야기기 때문이다. 평소에는 잊고 있다가도 갑자기 생생하게 떠오르는, 그때의 감정까지도 고스란히 상기시키는 기억. 이 '기억'은 은이와 찬이의 하루를 매우 특별하게 만들어 준다. 하지만 기억을 찾아가는 이 둘의 시작은 순탄치는 않다.

> 카드를 찍고 내가 먼저 개표구를 빠져나왔어요. 그런데 찬이가 쇠막대 앞에 멀뚱멀뚱 서 있었어요.
> "여기로 들어와."
> 손을 뻗어서 찬이 팔을 잡아당겼어요. 찬이가 앞을 가로막고 있는 쇠막대를 더듬었어요. 나는 얼른 카드를 찍고 쇠막대를 당겼지요.
> 개표구를 통과한 찬이는 얼굴이 딱딱하게 굳어 있었어요. (10쪽)

엄마의 부탁을 받고 어쩔 수 없이 찬이와 미술관에 가게 된 은이. 은이는 찬이와 외출하는 것이 싫다. 사람들이 시각장애를 갖고 있는 찬이를 쳐다보는 것도, 사람들이 물어도 입을 꾹 다물고 대답하지 않는 찬이도 마음에 들지 않는다. 그렇지만 찬이를 두고 개표구에서 혼자 나왔을 때나, 전동차를 탈 때 넓은 틈새에 혹시 찬이 발이 빠질까 봐 걱정하기도 한다. 겨우 전동차에 탔지만 입을 꾹 다물고 아무 말도 하지 않는 찬이. 또 찬이를 챙기기에는 아직 어린 은이. 무사히 미술관에 갈 수 있을까 걱정이 되기도 한다. 단지 은이가 전동차 창문에 그린 웃는 얼굴만은 괜찮다고 대답하는 듯하다.
 미술관에는 그림들이 손으로 만져볼 수 있게 낮게 걸려 있었다. 은이는 찬이의 손을 그림에 가져다 대어 준다. 그렇게 은이와 찬이는 함께 그림을 본다. "나는 눈으로 보고 찬이는 손끝으로 보았어요."(26쪽)라는 은이의 말처럼 단지 보는 방법만 다를 뿐이다. "눈으로 보는 것은 중요하다. 하지만, 그게 전부는 아니"18)니까 말이다. 그림을 '보며' 찬이는 자신의 기억을 더듬어간다. 여섯 살 때 시력을 잃은 찬이에게 여러 사물들은 기억 속에 머물러 있기 때문이다. 그리고 그 기억은 찬이에게 말을 하게 한다.

> '가을 아침'이라는 작품을 만지면서 오늘 처음으로 찬이가 입을 열었어요.
> "누나, 이거 나무 맞아?"
> "응. 그런데 꼭 삼각형을 거꾸로 세워 놓은 거 같네."
> "나무 꼭대기가 평평했었나? 예전에 내가 본 나무들은 안 그랬는데……." (27쪽)

 찬이는 예전에 보았던 나무를 떠올린다. "바람이 불면 나뭇잎들이 막 춤을 췄는데 꼭 머리를 흔드는 것 같았"다는 찬이의 기억은, 과거가 아니라 지금 눈앞에서 나무를 보고 있는 것 같은 느낌을 준다. 찬이는 그림을 보며, 계속해서 기억을 떠올린다. 마음 깊은 곳에 숨겨두었던 아픈 기억도. 바로 '빨간 풍선'에 대한 기억이다. 찬이가 시력을 잃기 전 갔던 놀이공원에서 보았던 빨간 풍선이 인상 깊게 남아 있는 것이다. 아마도 마지막으로 찬이가 보았던 물건이었으리라. 그래서 빨간 풍선은 찬이에게 아련하면서 아픈 기억으로 남아 있다.
 하지만 기억은 한곳에 머무르는 듯하지만 부유하는 특징을 갖는다. 찬이는 곧 동물원과 식물원에서 보았던 공작의 무지갯빛 날개를, 선인장의 빨간 꽃을 떠올린다. 빨간 풍선이 찬이에게 아픈 기억이라면 공작의 날개와 선인장 꽃은 볼 수 있었던 그때로 돌아가게 하는 아련하고 그리운 기억이다. 그리고 이 기억들은 자연스레 은이에게도 기억을 떠올리게 한다.

---

18) 에이다 바셋 리치필드, 『흰 지팡이 여행』, 사계절, 2008.

찬이와 눈 감고 가는 놀이를 했던 그때를. 그리고 찬이가 어렴풋한 빛도 못 보게 되자, 다시는 하지 않게 된 그 놀이를.

찬이의 기억이 놀이공원과 동물원, 식물원이라는 공간을 하나로 묶고 있다면 은이의 기억은 찬이가 점점 시력을 잃게 되기까지의 시간을 하나로 묶는다. 이처럼 기억은 때로는 공간을, 때로는 시간을 재구성하면서 결국은 하나의 느낌으로 남는다. 은이와 찬이가 무엇을 기억하고 있느냐는 달라도 아픔과 상처라는 기억을 공유하는 것처럼. 그래서 이 책은 아픈 기억에 대한 이야기다. 동시에 기억은 아픔으로 간직되는 것만이 아니라 공감의 매개가 됨을 보여 주는 이야기기도 하다.

찬이는 혼자 공원에 갔다가 집에 겨우 돌아왔던 일을 이야기한다. 찬이가 타는 버스가 오면 알려 주기로 했던 아저씨는 말도 없이 가버리고, 겨우 버스를 탔는데 안내 방송을 잘못 알아들어 엉뚱한 곳에 내렸다는 것. 그런데 다시 버스를 타기 힘들어서 집까지 걸어왔다는 찬이의 이야기를 듣자, 은이는 그때의 찬이 모습이 그려진다.

> 저만치 앞에 찬이가 보였어요. 아무도 없는 버스 정류장에 혼자 서 있는 찬이, 버스 오는 소리를 듣고 엉거주춤 달려가는 찬이, 흰 지팡이로 길을 쓸며 밤길보다 더 어두운 마음으로 집을 향해 걸어오고 있는 찬이……. (54쪽)

찬이의 기억이 고스란히 은이에게 전해지는 것이다. 모습뿐 아니라 그때 힘들고 아팠던 찬이의 마음까지 더해서. 은이는 찬이를 두 팔로 꼬옥 안아주고 싶어진다. 그리고 그때 하지 못했던 말을 건넨다. "너, 제법이다. 잘했어. 무사히 집에 찾아와서 정말 다행이고."(54쪽)라는 칭찬을 말이다. 은이의 칭찬을 듣고 환하게 웃는 찬이에게는 이제 그때의 기억이 상처로만 기억되지는 않을 것이다. 힘들었던 자신의 기억에 공감해 주는, 따뜻한 말을 건네는 사람이 있다는 것을 알게 되었으니까.

어쩌면 기억은 일어난 사실에 감정이라는 색을 입힌 것이 아닐까. 그래서 기억은 서정적인 성격을 갖는다. 기억의 공유와 공감이 서로 가까워지는 통로가 되는 까닭이기도 하다. 이 작품이 장애를 소재로 하면서도, '장애를 가진 동생을 이해하고 도와야 한다.'는 도덕적 주제를 반복하지 않을 수 있었던 이유 역시 '기억의 공감'이라는 '사람'과 '사람' 사이의 일을 그리고 있기 때문이다.

매일 매일 새로운 것이 쏟아지는 요즘, 지나간 일인 기억을 떠올릴 여유도, 또 그럴 이유도 없을지 모른다. 그러나 기억을 그저 과거의 일로만 넘길 수 없는 것은 찬이가 그랬던 것처럼 기억 속에 꽁꽁 숨겨둔 상처는 계속해서 무거운 짐이 되기도 하며, 은이처럼 다른 이의 기억에 공감함으로써 그에게 한층 가깝게 다가설 수 있기 때문이다. 그래서 우리는 가끔은 고요한 내면 속 기억과 만날 이유가 충분히 있는 것이다.

이렇게 기억과 만나는 장소로 미술관은 꽤 안성맞춤이라는 생각이 든다. 사람은 선천적으로 서사를 구성하는 능력이 있다고 한다. 하나의 장면을 본다면 그 장면의 앞뒤를 상상하며 이야기를 만들어 내려고 한다는 것이다. 그때 대부분은 우리의 기억들로 그 이야기를 채워가게 된다. 물론 그 기억의 편린들은 또 다른 나인 것이다. 그렇게 우리는 기억을 통해 나를, 타인을 색다른 방법으로 만나게 된다. 기억하고, 기억을 공유함으로써.

『동생을 데리고 미술관에 갔어요』는 글과 그림 모두에서 느낄 수 있는 고요함과 잔잔함은 독자에게 생각할 틈을, 또 독자 자신의 기억을 떠올릴 여유를 주는 듯하다. 쓸쓸함과 상처를 담은 찬이의 기억을 몽환적이면서도 아름답게 그려낸 삽화는 그 자체만으로도 뛰어난 미술 작품이라는 느낌을 준다. '장애'라는 소재에 매몰되지 않고 누나와 동생의 관계에 초점을 맞춘 서사가 신선하면서도 잔잔하게 펼쳐진다. 그리고 이 책의 가장 특별한 점은 마음에 울림을 준다는 것이다. 읽을 때마다 먹먹한 느낌이 들었다. 눈에 띄는 사건이 있지도 않고, 슬픈 결말이 아닌데도 말이다. 여러 번 책을 되풀이해 읽으면서 느낄 수 있었다. 찬이에 대한 작가의 애정과 이해를. 그래서 일상의 이야기 같아도, 충격적인 사건이 없어도 마음에 울림을 주는 힘을 갖는 것이다. 이 책은 기억에 관한 이야기며, 그 기억은 사람에 대한 이해로 이어졌다. 그렇다면 이를 그려내는 작가의 진심은 필연적인 출발점이 아닐까.

그렇게 아빠도 자란다

안미란 글, 정인하 그림, 『뭉치와 만도 씨』, 창비, 2018.

　벌써 몇 년 전이 되어 버린 드라마의 한 장면. 사장 아들에게 성추행당한 딸에게 오히려 왜 치마를 입었냐고 화를 내던 아버지. 그러나 잘릴 것도 각오하고 사장 아들을 때려눕힌다. 세월이 흘러 행복하기를 바랐던 딸이건만 가정폭력에 괴로워한다는 사실을 알고, 분노하며 사위의 차를 부수는 모습은 무척 감동적이었다. 몇 번을 돌려보기도 했으니까. 드라마의 내용을 담은 광고가 나온 걸 보면 나뿐 아니라 많은 사람들에게 인상적이었던 듯하다.
　무뚝뚝하고 표현은 없지만 알고 보면 혹은 숨겨진 깊은 애정을 간직한 아버지는 어머니와는 다른 색깔의 사랑을 보여 준다. 평소에 잘 드러나지 않기 때문에 어쩌다, 그것도 결정적 순간에 깨닫게 되는 아버지의 마음은 더욱 애틋하게 느껴진다. 그렇게 오랫동안 아버지, 아빠는 무뚝뚝함의 대명사였다. 가부장적 권위, 그러니까 가족 중 한 명으로서가 아니라 가족의 밖에서 그들을 이끌어 가는 입장에서 비롯된 것이기도 하다. 하지만 요즘 아빠의 모습은 예전과는 달라도 너무 다르다. 『뭉치와 만도 씨』의 최만도 씨가 바로 이런 '트렌디'한 아빠다.
　최만도 씨는 아영 양곡 상회 경영인, 조기 축구회 간사, 청년회 총무, 가덕 경로 회관 서포터즈 등등 나열하기도 힘든 직함처럼 바쁜 일상을 살아간다. "그런 건 개나 줘 버려."와 같은 나쁜 말을 가끔 하기도 한다. 만도 씨에게는 금지옥엽 외동딸 아영이가 있다. 고민이 있어 보이는 아영이가 걱정되어 말을 건넨 만도 씨가 들은 대답은 "내 문제예요."라는 말이었다. 이런 아이들의 선 긋기는 잘 자라고 있다는 의미일지는 몰라도 부모는 서운하다. 내 품을 떠나고 있다는 허전함,

"누구세요?"라고 물어보고 싶을 만큼 거리감이 느껴지는 낯섦 때문이다. 만도 씨의 서운함은 꽤 컸나 보다. 그의 바람이 판타지로 나타난 걸 보면. 만도 씨의 바람을 이루어 줄 이가 나타나니, 그 이름은 바로 뭉치다.

> "너는 왜 따라왔냐? 밥은 아까 줬잖아?"
> "멍…… 뭉……. 세탁기도 나한테 준다기에 왔어요."
> 만도 씨는 하마터면 뒤로 넘어져 빨래 바구니를 뒤집어 쓸 뻔했습니다. 그럴 수밖에 없는 게, 뭉치의 대답을 기대하고 한 말이 아니었으니까요. 뭉치는 개지 사람이 아닙니다. 만도 씨는 자기 볼을 세게 꼬집었습니다. (13쪽)

문제는 뭉치가 사람이 아니라 개라는 것. 뭉치는 평소 안 좋은 것은 모두 '개'에게 줘버리라고 했던 만도 씨에게 너무하다고 항의를 한다. 그리고 뭉치는 아영이의 고민을 알고 있다고 말해서 만도 씨의 귀를 솔깃하게 한다.

> 만도 씨는 빨래 바구니를 내팽개치고 뭉치 곁에 쪼그려 앉았습니다. 아영이가 곧잘 하는 자세를 갖춘 거지요.
> "우리 딸 고민이 뭔지 네가 안다고?"
> 하지만 뭉치는 시원스레 말해 주지 않습니다.
> "내가 이러쿵저러쿵해 봤자 뭐하나요. 아저씨가 직접 알아내야지." (14쪽)

만도 씨에게 없는 것을 뭉치가 가지고 있는 것이다. 이처럼 뭉치는 만도 씨의 '판타지'를 펼쳐 주는 역할을 한다. 만도 씨의 판타지는 소박하다. 아영이의 고민을 아는 것. 그래서 그 고민을 해결해 주고 싶은 것이다.

그런 만큼 만도 씨가 보여 주는 아버지 모습 역시은 무척이나 다정다감하다. 아영이를 부르는 "우리 공주님"이라는 호칭은 일상이다. 사람들에게 "딸바보"라는 말을 듣기도 한다. 만도 씨의 이런 다정한 모습은 감정 표현을 잘 하지 않았던 예전 아빠와도 다르지만 자식에 대한 무조건적 사랑을 돌직구로 날린다는 점에서 엄마의 모습과도 차이가 난다. 그렇다면 『뭉치와 만도 씨』는 달라진 아버지의 사랑을 보여주는 데서 그치는 작품일까? 표지로 돌아가 보자.

표지에는 쌀가게에서 신문을 읽고 있는 만도 씨와 그 옆에 앉아 있는 뭉치가 보인다. 쌀을 쪼아 먹고 있는 비둘기, 텔레비전 화면에 나오는 멧돼지, 제목 위쪽에 그려져 있는 앵무새는 장식처럼 보인다. 어울리지 않는 조합이니 말이다. 그런데 이 표지 그림에는 작품에서 보여주려는 두 개의 서사 축이 녹아들어 있다.

하나는 제목 그대로 뭉치와 만도 씨의 이야기임을 나타낸다. 뭉치는 만도 씨만 보면 꼬리가 빠질 정도로 흔든다. 만도 씨가 뭉치의 밥을 담당하기 때문이다. 만도 씨의 가장 여유로운 시간은 뭉치에게 신문을 읽어 주는 것이다. 만도 씨 혼자 있는 가게에서 뭉치는 외로움을 달래 주는 존재다.

다른 하나는 인간과 동물에 관한 서사다. 앞의 이야기가 작품의 중심축이라면 뒤의 이야기는 만도 씨의 캐릭터가 바탕이 된 것이다. "개에게나 줘 버려."라든가 "새대가리"와 같은 말을 하곤 했던 만도 씨의 평소 모습이 바로 힌트다. 인간과 동물의 이야기는 작품의 내용을 풍성하고 입체적으로 만들어 준다. 특히 비둘기와 멧돼지를 통해 지금 우리 사회에서 일어났던 문제들을 떠올리게 한다. 그리고 이 동물들과 어떻게 함께 살아가야 하는지 생각해 보는 계기가 되기도 한다.

물론 『뭉치와 만도 씨』의 주요 서사는 무엇보다 뭉치와 만도 씨가 한 팀이 되어 벌이는 유쾌한 에피소드들이다. 뭉치의 말을 들을 수 있는 유일한 인물인 만도 씨. 만도 씨는 모르는 아영이에 대해 알고 있는 뭉치. 만도 씨의 판타지일 수 있는 뭉치의 목소리에는 딸 아영이에게 한층 가까이 다가서고 싶은 아빠의 마음이 담겨 있다. 만도 씨는 아영이의 고민을 알고 싶고, 아영이에게 힘이 되어 주고 싶다. 자식에 대한 아버지의 사랑, 그 이면에는 이제 가족 속으로 들어오고자 하는 아버지들의 적극적인 '구애'를 볼 수 있다.

꽤 오랫동안 '아버지'는 가족이면서 가족 같지 않은 데면데면하고 어색한 존재였다. 그들은 집안일 대신 '바깥 일'에 신경 써야 했고, 다정함은 가장의 권위를 낮추는 것으로 보이기도 했으니까. 엄마와 자식의 관계가 끈끈해지고 가까워질수록 상대적으로 아빠와의 거리는 멀어질 수밖에 없다. 하지만 멀어진 그 거리를 적극적으로 채우려고 하는 것이 만도 씨와 같은 요즘 아빠들이다.

만도 씨 전에도 다양한 아빠들의 모습이 그려져 왔었다. 아들에게 인생 별것 없다는 이야기를 하곤 했던 아버지(유은실, 『일수의 탄생』, 비룡소, 2013), 현실에 지친 아버지(송미경, 「아버지 가방에 들어가신다」, 『어떤 아이가』, 시공주니어, 2013), 경제적으로 무능력한 아버지(임지윤, 『앵무새 돌려주기 대작전』, 창비, 2014), 그리고 정의를 위해 싸우는 아버지(서화교, 『퀴즈 킹』, 상상의힘, 2016). 이들은 어떤 의미에서는 여전히 가족 밖에 있는 아버지들이다. 현실에 대한 은유와 상징, 지향해야 하는 가치로 표현되는 측면이 강하기 때문이다.

『뭉치와 만도 씨』에서는 가족과의 관계를 중심으로 아버지 만도 씨를 보여 준다. "최만도 씨는 최아영 어린이의 아버지"(7쪽)이며 아영이의 문제는 곧 자신의 문제이다. 산속에서 멧돼지가 나타날까 봐 덜덜 떨어도 아버지이기 때문에 용기를 발휘해야 한다. 완벽하고 카리스마 넘치는 아버지와는 거리가 먼 것이다. 하지만 만도 씨가 가부장적 권위 대신 얻은 것은 '성장'이다.

완벽하지 않다는 것은 미완이라는 의미이다. 더 성장할 수 있는 여지가 있다는 뜻이기도 하다. 성장은 꼭 거창한 계기를 통해서만 이루어지는 것은 아니다. 한층 넓어지고 커지는 것에 성장의 핵심이 있다. 그래서 충분히 우리의 일상 속에서 자신도 모르게 이루어지기도 한다. 만도 씨는 동물들에 대한 자신의 생각이 변화한 것에 대해 스스로 "성숙한 어른"이 된 것 같아 대견해한다. 『뭉치와 만도 씨』는 딸 아영이가 아닌 아버지 만도 씨의 성장 이야기라는 점에서 독특하다. 아버지가 더 이상 강하고 보호해 주기만 하는 존재가 아니라는 것을 보여 주니까. 아영이를 떠올리며 "무사히 잘 자라는 게 제일 기쁜 일"(123쪽)이라고 했던 말은 만도 씨 자신에게도 들어맞는다. 자라는 것이 기쁜 이유는 어제와는 다른 나를 발견할 수 있기 때문이며, 부족해도 조금씩 채워가려는 긍정의 힘 때문이리라. 아이들이 하루하루 자라는 것처럼, 어른도 아빠도 그렇게 자란다. 우리가 가끔씩 잊고 있을지라도 말이다.

『제후의 선택』에는 뭔가 '특별한 것'이 있다

김태호 글, 노인경 그림, 『제후의 선택』, 문학동네어린이, 2016.

'거짓'일 수도 있는 우리의 현실과 인간의 이기심을 담은 단편모음집 『네모 돼지』(창비어린이, 2014)는 작가 김태호의 이름을 확실히 각인시켰다. 동물 주인공과 사회 비판적인 시각은 확실히 파격적으로 느껴졌다. 그러나 김태호 작가를 주목하게 된 이유가 단지 파격 때문이었을까? 신작 『제후의 선택』은 그의 작품에서 느낀 '특별한 무엇'을 더욱 구체적으로 보여 준다.

『제후의 선택』에 실린 아홉 편의 단편들은 다채로운 색깔을 갖고 있다. 독자의 예상을 뛰어넘는 반전을 보여 주기도 하고 정면으로 우리 사회 문제를 응시하기도 한다. 그런가 하면 타고난 이야기꾼의 면모를 유감없이 발휘하며, 동화적 은유로 삶의 메시지를 전하기도 한다. 이런 다양한 시도는 매우 성공적으로 보인다. 마치 '날이 좋아서, 날이 좋지 않아서, 날이 적당해서 모든 날이 좋았다'라는 드라마 대사 같달까? 그러나 이 역시 내가 느꼈던 '특별한 것'의 모두는 아니다. 다만 이 각각의 개성 강한 작품들을 살펴보는 것은 특별한 것을 드러내는 과정이 될 것임은 분명하다. 그 자체만으로도 읽는 즐거움을 준다는 것 역시도.

첫 번째로 실린 「남주부전」은 제목에서도 알 수 있듯이 「별주부전」을 현대적으로 패러디한 작품이다. 담이와 담이 아빠 앞에 '구 과장'이 나타나면서 사건은 시작된다.

> 구 과장은 다시 작업을 시작했다. 키에 비해 유난히 목이 길어서 고개만 빼꼼히 내민 모습이었다. 잔뜩 굽은 어깨와 기다란 목이 왠지 불편해 보였다. 얼굴에도 땀인지, 물인지 알 수 없는 액체가 계속 흘러내리

고 있었다. (10쪽)

"유난히 목이 길어서 고개만 빼꼼히 내민" 구 과장의 외모는 그가 용궁에서 온 거북이임을 알려 준다. 그의 타깃은 '75년 토끼띠' 담이 아빠다. 구 과장은 '금은보화' 대신 '취직'으로 담이 아빠를 꾀어낸다. 물론 담이 아빠의 건강, 특히 간에 문제가 없는지 확인하는 것은 필수다. 아빠는 구 과장이 제안한 사장 면접을 받아들인다. 아빠가 회사에 가지 않고 집에 있는 것을 싫어하는 담이 때문이다.

담이 아빠가 만난 용왕, 아니 용 사장은 한눈에 봐도 아픈 사람 같았다. 용 사장은 자신이 아픈 것은 '간' 때문이라며, 담이 아빠를 잡아넣으려고 한다. 하지만 담이 아빠에게는 간이 없다. "땅 위 세상을 살라 카면 간 같은 거 다 내줘야"하니까 말이다. 이런 담이 아빠의 항변을 듣고도 용 사장은 눈 하나 깜짝하지 않는다. 그에게 토끼는 예전에도 자신을 속이고 달아난 조금도 믿을 수 없는 존재다. 용 사장은 급기야 펄펄 끓는 커다란 가마솥을 가져오라고 명령한다. '간'을 두고 펼쳐진 일생일대의 위기. 과연 담이 아빠는 목숨을 구할 수 있을 것인가? 작가는 '영리한' 해결책, 예상을 벗어난 반전으로 이 사건을 해결한다. 결말을 알고 나면 작품 곳곳에 이 반전이 암시되어 있음을 깨닫게 된다.

반전은 「나목이」에서도 나타난다. 집에서 쫓겨난 두 형제의 대화는 독자의 마음을 애잔하게 만든다.

> 일곱 시간째였다. 나목이와 동생은 현관문 옆 벽에 붙어 앉아서 문이 열리기만 기다리고 있었다. 계단을 따라 올라온 찬 바람이 복도 창문을 흔들었다. 그 틈으로 슬그머니 새어 들어왔다.
> "문 좀 열어 주세요. 제발요."
> 나목이는 한참 동안 문을 두드리며 소리쳤다. 가족들은 냉정했다. 집 안은 아무도 없는 것처럼 조용하기만 했다. 쉽게 다시 문을 열어 주진 않을 것 같았다. (105쪽)

그들의 대화로 추측하자면 친엄마에게 버림받은 두 형제는 더부살이로 지내고 있다. 그러다가 주인집 아이와 싸워 쫓겨나 문이 열리기만 기다리고 있다. 만약 독자가 추위에 떠는 애처로운 두 형제는 따뜻한 집으로 들어갈 수 있을지, 또는 친엄마를 만나게 될지 '진지한' 고민을 했다면, 그 끝에서 만나는 반전은 더욱 큰 놀라움을 줄 것이다. 더불어 처음부터, 그것도 정면으로 이 반전의 정체를 '폭로'하고 있음을 알게 되었을 때, 독자의 즐거움은 배가된다. 반전은 독자가 몰입해 있던 이야기를 단숨에 허구로 만들어 버리는 또 다른, 더욱 극적인 허구이기 때문이다.

이러한 반전들은 이야기꾼으로서의 작가의 재능을 증명하고 있다. 「우리! 사랑하게 해 주세요」에서도 개와 그 주인들의 깜찍한 연애라는 소소한 소재를 맛깔스럽게 풀어내고 있다. 그러나 작가의 관심은 단지 이야기를 만들어내는 데 있지만은 않다. 전작 「네모 돼지」에서 보여주었던 '지금 여기'에 대한 그만의 시각은 여전히 유효하다.

40대 실직 가장(「남주부전」)과 엄마 아빠 가운데 누구를 따라가야 할지 '선택'을 강요당하는 이혼 가정의 아이(「제후의 선택」), 다친 고양이를 '이 시대'의 방법으로 돕는 아이들(「창 안의 아이들」, 게임에 빠진 아빠(「게임 중」), 그리고 사고로 가족을 잃고 자신만의 마음속 상처를 간직한 남겨진 이들(「구멍 난 손」)은 우리 모두 자유로울 수 없는 이 시대의 자화상이다.

「나리꽃은 지지 않는다」와 「꽃지뢰」는 단순한 이야기를 통해 삶의 메시지를 전하는, 우리가 익숙한 '동화'에 잘 어울리는 작품들이다. 특히 「나리꽃은 지지 않는다」는 엘리너 파전의 「보리와 임금님」(『작은 책방』, 길벗어린이, 2005)[19]이 연상되는 작품이다.

> 대장은 햇살을 받아 반짝 은빛을 내는 흰 나리꽃들을 내려다보며 말했다.
> "그래, 우리 군인들에게 도움이 되겠어."
> 대장은 입꼬리를 살짝 올리며 미소를 지었다. 더 큰 상처로 쓰러져 있는 군인들을 이곳까지 데려올 수는 없었다. 그렇다면 꽃을 가져가야 했다. 대장이 어린 군인에게 명령했다.

---

19) 재력을 과시하는 이집트 왕과 보리밭을 가진 아버지가 이집트에서 제일 부자라고 생각하는 주인공 '나'의 이야기. 이집트 왕은 보리밭을 불태우지만, '나'가 몰래 심은 보리 이삭은 시간이 흘러 예전처럼 황금빛 물결을 이루는 보리밭이 된다.

"꽃을 꺾어 간다." (146쪽)

　나리꽃을 괴롭히는 대장으로 대변되는 약자와 강자의 구도와 결국 승자는 면면히 그 생명력을 이어 가는 약자라는 결말이 그렇다. 동화는 보편적 가치를 이야기하는 듯하지만 또 한편으로는 매우 현실적이다. 자신들은 꽃 따위에게 사과하지 않는다며 "기다려! 시간이 가면 꽃들은 진다."(150쪽)는 대장의 말은 "촛불은 촛불일 뿐, 바람이 불면 꺼질 것이다."라는 정치인의 말을 떠올리게 한다. 동화는 삶에 대한 은유이며 한 편의 시이지만, 그 속에는 끊임없이 되풀이되는 인간사에 대한 성찰과 관조가 들어있기 때문이리라. 「꽃지뢰」 역시 전쟁의 원인과 전쟁이 가져오는 고통과 피해라는 인간사에 대한 성찰을 SF 장르에 담아내고 있다. 꽃과 지뢰라는 어울리지 않을 것 같은 조합에서 알 수 있듯이 작가 특유의 상상력을 엿볼 수 있다. 또한 전쟁에서 진정한 승자는 없다는 메시지는 승자와 패자라는 이분법적 사고에서 벗어나 더욱 깊이 있는 성찰을 안겨 준다.

　각각의 개성 뚜렷한 단편들이 수록된 『제후의 선택』에는 폭넓은 스펙트럼 말고도 또 다른 특별한 무엇이 있다. 바로 아동에 대한 '시선'이다. 보통 아동에 대해 갖는 시선은 보호와 통제가 아닐까 싶다. 이는 동전의 앞뒷면 같은 것으로 결국 그들을 '타자'로 인식한다는 점에서 동일하다. 그래서 자주 아이들이 함께 살아간다는 사실을 잊곤 한다. 함께 살아간다는 말의 의미는 많은 것을 공유한다는 것이다. 아동을 타자로 바라보는 시선은 공유하기보다 그들에게 어울릴 것이라고 생각하는 것들을 '만들어'낸다. 이는 곧 교훈적 의도로 이어지기 쉽다. 『제후의 선택』은 타자의 시선이 아닌 '함께'의 시선을 보여 주는 작품이다. 그래서 「남주부전」은 실직한 아빠와 그런 아빠를 바라보는 담이, 이 둘의 이야기가 된다. 마음 아픈 우리 사회의 단면도, 숨기고 싶었던 어른의 이기심과 그로 인한 아이의 상처도 덤덤하게 풀어낼 수 있다. 함께 바라보는 세상은 더욱 풍성하고, 살아내야 하는 하루하루가 힘들더라도 함께할 수 있으면 그것만으로도 든든하지 않던가. 『제후의 선택』에서 느껴지는 함께의 시선이 특별한 이유다.

현실의 이면, 그 진실에 대하여

서화교 글, 김숙경 그림, 『퀴즈 킹』, 상상의힘, 2016.

오디션 프로그램은 무척 매력적이다. 언뜻 평범해 보이는 참가자들이 무대에서는 돌변하듯이 다른 사람이 되어 자신의 재능을 발휘할 때 그들에게서는 빛이 난다. 그 빛은 평범한 나도 저들처럼 특별한 사람이 될 수 있다는 판타지이기도 하다. 그들의 숨겨진 이야기는 또 어떠한가. 불행했던 가족 이야기, 먹고 살기 힘들어도 꿈은 포기할 수 없었다는 고백은 보는 이의 가슴을 뭉클하게 만든다. 하지만 오디션은 냉정한 경쟁의 세계기도 하다. 단 한 번의 실수로 어렵게 잡은 기회를 잃을 수 있는 아슬아슬한 상황은 팽팽한 긴장감을 만들어 낸다.

진솔한 삶의 이야기가 펼쳐지는 동시에 누가 승자가 될지 쉽게 예측할 수 없는 '대본 없는 드라마'가 오디션 프로그램이다. 그러나 종종 들려오는 '악마의 편집'처럼 의도적인 연출과 대본 유출과 같은 이야기들은 우리가 보는 것이 진실일까라는 의문을 들게 한다. 바로 이 의문이 『퀴즈 킹』의 중심축이다.

'퀴즈 킹'은 지상 최대의 어린이 퀴즈 쇼를 캐치프레이즈로 내세운 오디션 프로그램이다. 예능 시청률 1위로 큰 인기를 끌고 있는 '퀴즈 킹'에 승요가 참가하게 된 것은 순전히 우연이었다.

> "우리 정식이는 걱정할 것도 없고. 이제는 우리 정우가 판검사 돼서 이 할머니 소원⋯⋯."
> "저 퀴즈 킹 나가요."
> 모든 사람의 얼굴이 승요한테 향했다.
> '으악! 내가 무슨 말을 한 거야! 어떡해!'

> 승요는 할머니의 저 말 뒤에 이어질 '남자는 여자를 잘 만나야 한다.'라는 말을 막고 싶었다. (21쪽)

승요는 엄마 탓을 하려는 할머니 말을 막고 싶었던 것뿐이었다. 그런데 자기도 모르게 퀴즈 킹에 나간다는 말이 툭 튀어나온 것이다. 금세 후회를 했지만 때는 늦었다. 많은 사람들이 알게 되었으니 이제 와서 거짓말이라고 할 수도 없는 노릇이었다. 결국 퀴즈 킹에 참가하기로 한 승요는 7단계를 통과해야 하는 우승은 꿈꾸지도 않았다. 승요의 목표는 그저 창피하지 않을 정도, 3단계 통과다. 물론 이 3단계도 쉽지 않은 일이지만. 우승이 아닌 3단계 통과를 위해 승요의 일과는 퀴즈 킹을 중심으로 맞춰진다.

보기만 해도 기운이 솟는 337번이라는 번호를 달고 참가한 승요. 운 좋게 O× 퀴즈도 통과하고, 탈락할 뻔했지만 차점자로 다음 단계로 올라가는 반전을 맞이하면서 퀴즈 킹에 점점 가까이 다가선다. 어느덧 승요는 원래 목표였던 3단계를 훌쩍 넘어 마지막 7단계 문제 앞에 서게 된다. 퀴즈 킹이라는 명예와 상금이 눈앞에 있는 것이다. 이쯤 되면 두 가지 결말을 예상할 수 있다. 우승의 영광을 안느냐, 아쉽게 석패하느냐라는 결말을 말이다. 어느 쪽이든 퀴즈 킹이 되기 위해 쏟았던 노력과 오디션에서 일어났던 에피소드들로 전개되는 것이 우리에게 익숙한 서사다.

그러나 『퀴즈 킹』에서 중요한 것은 우승도, 그 안에서 일어난 문제와 해결도 아니다. 우리가 너무나 당연하게 진실이라고 믿고 있었던 것들의 이면이다. 그래서 작품에서는 '퀴즈 킹'이 아니라 어떻게 퀴즈 킹이 됐는지, 더욱 정확히는 퀴즈 킹이 어떻게 '만들어지는가'를 이야기한다. 승요는 우승의 문턱 앞에서 이 진실의 문제에 맞닥뜨리게 된다. 함께 오디션에 참가했던 친구에게서 우승자가 승요로 정해졌다는 말을 들은 것이다.

> "나 그때 너무 힘들었어. 단계를 올라갈수록 내가 아닌 것 같다는 생각도 들고 엄마랑 싸우기도 많이 싸우고. 물론 상금이 탐나기는 했지만. 그러다가 현진이가 자기 엄마한테 우승자가 너로 정해진 것 아니

냐고 하는 소리를 들었어." (178쪽)

　승요는 엄마가 퀴즈 킹 전문 학원에서 받아왔던 문제들을 다시 살펴보았다. 3단계까지는 60% 이상의 문제가, 6단계까지는 90% 정도의 문제가 그대로 나와 있었다. 다른 아이들도 모두 문제를 산다는 승요 엄마의 설명도 승요를 납득시키지 못했다. 그렇다면 왜 다른 아이들이 아닌 자신만 마지막 단계에 올라왔는가라는 문제가 남기 때문이다. 승요는 그 답을 듣기를, 진실을 알기를 원했다. 녹화도 하지 않고 방에서 꼼짝 않는 승요에게 퀴즈 킹의 책임자 최인호 CP가 찾아온다. 그가 승요에게 들려준 답은 간단했다. 시청자들이 승요를 원했기 때문이라는 것이다. 승요는 눈에 띄지는 않지만 소신 있게 최선을 다했다. 그러자 승요를 응원하는 사람들이 점점 많아졌고, 그들이 원하는 대로 승요를 퀴즈 킹으로 '만들' 생각이었다.
　승요는 대중의 판타지가 투영된 존재가 된 것이다. 판타지는 결여에서 시작된다. 아직 우리에게 정의처럼 달달한 것이 남아있느냐는 영화의 대사가 오랫동안 기억에 남았었다. 묘한 모순의 느낌 때문이었다. 그 자조적이고 체념한 듯한 대사는 오히려 더욱 강렬하게 정의를 바란다는 말처럼 들렸다. 대중은 순수하고 솔직한 승요의 모습에서 결여를 충족시킬 수 있는 판타지를 찾았던 것이다.
　중요한 것은 순수함과 솔직함이라는 가치조차도 자본의 수단으로 만들어내는 대중매체의 힘이다. 방송은 승요의 순수함과 솔직함을 시청률로 바꾸어낸다. 대중은 그들의 판타지를 '눈'으로 확인하기 위해 기꺼이 시청률이라는 대가를 치르고, 방송은 이를 위해 판타지를 만들어내는 이 자본의 논리 속에서 승요는 자신도 모르게 꼭두각시가 되어 있었던 것이다.
　최인호 CP는 퀴즈 킹은 보통 아이들의 도전이고 그 도전을 통해 특별한 아이가 된다고 했다. 그래서 승요에게도 특별한 아이가 될 수 있는 기회를 포기하겠냐고 되묻는 것이다. 하지만 자신이 만들어지는 줄도 모르고, 타인에 의해 움직여지는 그 아이를 특별한 아이라고 할 수 있을까? 승요는 진심으로 퀴즈 킹이 되고 싶은 것일까? 진실을 알게 되었어도 문제는 간단하지가 않았다. 꼬리에 꼬리를 물고 계속되는 승요 자신에게 되묻는 질문들. 하지만 결단의 순간이 다가왔다.

> "김승요, 어린이 이제 마지막 문제가 남았는데요. 김승요 어린이를 응원해 준 분들께 하고 싶은 말이 있나요?"
> 유홍석 MC가 승요의 곁으로 다가와 물었다.
> '예. 정말 저를 응원해 준 모든 분들께 감사드리구요, 사실 거짓말 때문에 퀴즈 킹에 도전하게 됐는데 저에게 퀴즈 킹은 많은 것을 선물했어요.'
> 승요는 대본에 쓰여 있던 대답들을 떠올렸지만 곧 지워버렸다.
> "제가."
> 갑자기 목이 메였다. (193쪽)

사람들이 모두 기다리는 최초의 퀴즈 킹이 되느냐, 포기하느냐라는 갈림길에서 승요는 자신이 옳다고 생각한 길을 선택한다. 그리고 최인호 CP로 대변되는 대중매체에게 시원하고 통쾌한 한 방까지 날린다. 멋있게 한 방을 날린 승요가 방송국에서 "자신만 움직이는 생물처럼 느껴"(195쪽)진 것은 꼭두각시에서 벗어났기 때문이리라.

『퀴즈 킹』은 대중매체의 문제점을 아동의 눈높이에서 풀어낸 작품이라는 점에서 눈길을 끈다. 그리고 대중매체에 '포획'되어 살아가다시피 하는 우리 현실을 시의성 있게 포착해 낸 점 역시 주목할 부분이다. 작가는 전작 『유령놀이』(서화교 글, 소윤경 그림, 살림어린이, 2014)에서 왕따와 자살 문제를 날카로운 시각으로 그려낸 바 있다.

아동문학에서 사회 문제를 다룬다는 것은 쉽지 않은 일이다. 어디부터 어디까지 이야기해야 하는지라는 범위의 문제와 어떻게 풀어나가야 하는지 방식에 있어 고민이 되기 때문이다. '날 것' 그대로 전할 수 없기 때문이기도 하다. 또 아동의 눈높이를 생각하다 보면 교훈적이거나 밋밋한 이야기가 되기 쉽다. 현실과 아동이라는 둘의 균형을 맞추어내는 것이 관건이 된다. 『퀴즈 킹』은 그 균형의 좋은 본보기를 보여 주는 작품이다. 아동의 시선에서 대중매체와 자본에 둘러싸인 현대 사회의 문제점을 포착해 내고 있는 것이다. 중간중간 나오는 퀴즈 문제들을 직접 푸는 쏠쏠한 재미와 승요에게 배달되는 익명의 하얀 편지를 누가 보냈는지 추리하는 즐거움도 작품을 한층 풍성하게 만들어 준다.

  다만 지극히 개인적인 궁금증이 하나 있다. 극성스럽게까지도 보였던 승요 엄마가 자신의 잘못을 깨닫는 등의 낭만적인 결말은 아동문학에서 필연적인 것인가 하는 것이다. 이 궁금증에 대한 답변은 작가의 다음 작품에서 찾고 싶다. 작가의 건필을 기대한다.

아이, 일터로 마실을 떠나다

권윤덕, 『일과 도구』, 길벗어린이, 2008.

좋은 책이 어떤 것인지 명확히 정의내리기는 어렵다. 객관적인 기준을 정할 수 없기 때문이다. 그러나 단순하게 생각하면 내 옆에 두고 싶은 책, 자꾸 읽고 싶은 책이 아닐까. 권윤덕 작가의 『일과 도구』는 곁에 두고 계속 읽고 싶은 책이다. 아마도 그림과 글에서 느낄 수 있는 작가의 정성스러운 마음 때문일 것이다.

한 여자아이가 고양이와 '마실'을 간다. 첫 장을 펼치면 양면에 걸쳐 펼쳐지는 그림지도가 나온다. 거기에 보이는 여러 건물들은 아파트와 같은 고층 건물이 아니다. 단독주택이나 상점들이 아기자기하게 늘어져 있어 친근감을 준다. 아이와 고양이가 앞으로 갈 건물 앞에 그려져 있어 어떤 곳을 가게 될지 미리 알 수 있다.

아이와 고양이가 마실을 간 일터는 농장, 병원, 구두공장, 목공소, 중국집, 의상실, 화실로 우리가 친근하게 느끼는 장소다. 구성 방식은 일곱 장소가 모두 동일한데, 처음 장에는 찾아간 일터와 그 속에 빼곡히 들어찬 도구들을 보여 주고 다음 장에서는 그 도구들을 사용해 어떤 일을 하는지 구체적으로 표현한다. 처음에는 도구만 보여 주어 어떤 일터를 갈 것인지 안내하면서 아이들의 호기심을 불러일으키는 것이다. 도구들뿐이지만 섬세하고 고운 그림은 아이들을 황홀한 도구의 세계로 이끌기에 충분하다.

그 도구들을 갖고 일하는 두 번째 장은 상상의 세계다. 수풀에서 호박 넝쿨이 열리고 고양이가 사람처럼 행동하고 다리미가 스스로 옷을 다린다. 이런 상상의 세계에서 구두가 공중에서 회전을 하며 구두가 만들어지는 과정과 톱이 혼자서 나무를 써는 장면 등을 보여 주어 지면의 한계를 넘어 좀 더 많은 도구와 그 사용 방법을 알려 주기도 한다. 이러한 구도의 '왜곡'에는 또 다른 이유가 있다. 일터가 꿈의 공간이 되기를 바라는 것이다. 실제로 작가는 각 장소에서 자기 일에 몰두하는 모습을 보며 꿈의 공간 같다는 느낌을 받았다고 한다.

이 책이 특별하게 느껴지는 것은 정보를 전달하는 차원에서 끝나는 것이 아니라 그 속에 세상에 대한 작가의 애정과 철학을 담았기 때문이다. 이러한 애정은 오랜 시간을 들여 비단에 그림을 그린 열정과 일터와 도구들을 섬세하게 그려낸 정교한 화법에서도 느낄 수 있다. 또한 각 일터를 소개하는 마지막 부분마다 아이의 모습을 사랑스럽게 표현하는 데서도 작가의 애정을 느낄 수 있다. 일터마다 고양이와 시계를 숨겨놓은 것도 아이들에게 또 다른 재미를 주고 싶은 작가의 배려다.

『일과 도구』에는 사람과 세상을 바라보는 작가의 따뜻한 시선과 일터가 꿈의 공간이 되기를, 아이들이 물건을 보면서 만든 사람의 정성을 느끼기를 바라는 바람이 함께 담겨 있다. 작가 후기에 "한 사람이 구두를 만들며 살 수 있는 것은 다른 사람이 옷을 만들기 때문이다. 내가 그림을 그려서 밥을 먹을 수 있는 것은 누군가 농사를 짓고 있기 때문이다"라는 말이 나온다. 이렇게 세상의 많은 사람은 서로 도움을 주고받으며 산다. 우리 역시 이 책을 통해 세상을 향한 애정 어린 시선을 배울 수 있는 것이 아닐까.

부리와 코를 맞대고 인사하기

루리 지음, 『긴긴밤』, 문학동네, 2021.

　동물원에서 탈출한 얼룩말이 화제가 된 적이 있다. 길거리를 활보하는 얼룩말이라니. SNS를 통해 빠르게 올라오는 사진들을 보며 많은 사람들의 놀라움과 걱정을 드러냈다. 이러한 감정은 곧 얼룩말의 이름이 세로이며, 부모가 죽은 후 정서적 불안감이 컸다는 기사가 나온 후에는 안타까움으로 바뀌었다. 세로는 큰 사고 없이 동물원으로 돌아갔지만 사람들의 관심은 여전했다. 그래서일까. '복귀 한 달 만에 스타로 등극'이나 '얼룩말 세로, 여자친구 생기다' 같은 제목의 기사가 연이어 나왔다. 그런데 조금만 생각해 보면 이런 기사들이 얼마나 인간 중심 시각에서 작성되었는지 알 수 있다. 『긴긴밤』은 흰바위코뿔소 노든의 이야기로, 인간이 아닌 동물의 관점에서 생각하고 느낄 수 있도록 해 주는 책이다.

　『긴긴밤』에서 주목할 점은 바로 종(種)의 해체다. 노든은 코뿔소이지만 어렸을 때 코끼리들과 지낸다. 가장 오래된 기억 역시 코끼리 코였다. 노든은 자신이 어디서 왔는지, 부모는 누구인지 몰랐지만 코끼리들의 긴 코는 기꺼이 노든의 가족이 되어 주었다. 그들은 노든이 긴 코 대신 뿔을 가지고 있다고 해서 배척하지 않았다.

　　"코가 자라지 않는 것도 별문제는 아니지. 코가 긴 코끼리는 많으니까. 우리 옆에 있으면 돼. 그게 순리야."

　할머니 코끼리는 다름을 큰 문제가 아니라고 생각한다. 함께 살아가는 것, 그것이 순리이며 삶의 의미라고 여긴다. 이와 함께 노든이 다른 인물을 만날 때 등장하는 문장도 이 책의 주제를 보여 준다. 노든이 떠날 때 코끼리 무리들이 해 준 이야기이기도 하다. "여기, 우리 앞에 훌륭한 한 마리의 코끼리가 있네. 하지만 그는 코뿔소이기도 하지. 훌륭한 코끼리가 되었으니, 이제 훌륭한 코뿔소가 되는 일만 남았군그래."라는 말에는 상대의 다름을 인정하고 존중하는 태도가 담겨 있다. 나중에 노든이 어린 펭귄에게 "훌륭한 코뿔소가 되었으니 이제 훌륭한 펭귄이 되는 일만 남았네."라며 고스란히 들려 주는 모습은 삶의 순환과 우리가 후손에게 남겨야 할 진정한 유산에 대해 생각해 보게 한다.

코뿔소인 노든과 코끼리, 그리고 펭귄으로 이어지는 다양한 종의 공존은 한데 어우러져 펼쳐지는 아름다운 자연 그 자체다. 그들은 어려운 상황에서도 서로를 도울 수 있는 준비가 되어 있다. 오히려 약자이기 때문에 서로의 고통을 아는 까닭이다.

노든은 인간들에게 아내와 딸을 잃고 동물원으로 잡혀 온다. 어두운 긴긴밤의 시작이다. 그곳에서 노든은 같은 코뿔소 앙가부를 만난다. 앙가부는 가족을 잃은 슬픔과 분노로 악몽을 꾸는 노든에게 이야기를 들려달라고 한다. 그렇게 기분 좋은 이야기를 하다가 잠이 들면 악몽을 꾸지 않는다고 했다. 노든은 앙가부에게 이야기를 하면서 점차 악몽을 꾸지 않게 되었고, 앙가부는 노든의 이야기를 듣고 철창이 없는 곳에 바람보다 빨리 달리고 싶다는 희망을 갖게 된다. 위안과 희망을 주고받는 친구가 된 것이다.

그러나 앙가부는 뿔을 노리는 자들에게 목숨을 잃고 다시 노든은 혼자 남는다. 그런 노든을 사람들은 '마지막 남은 흰바위코뿔소'라고 불렀다. 사람들에게 있어 마지막은 특별함의 의미다. 그러나 노든에게는 고독과 외로움이었다. 전쟁이 나고 노든은 동물원을 탈출할 수 있게 된다. 그때 버려진 알을 품고 있는 펭귄 치쿠를 만난다. 함께 알을 품었던 친구 윔보는 죽고, 치쿠 혼자 남은 것이다. 치쿠는 알에서 나올 펭귄을 위해, 또 자신을 위해 바다로 향한다. 치쿠마저 죽고 이제 알과 노든만이 남는다.

노든은 온 정성을 다해 알을 품었던 치쿠를 떠올리며 알을 보살핀다. 무사히 알에서 새끼 펭귄이 태어난다. 그가 처음 본 풍경은 새까만 밤하늘과 코가 뭉툭한 코뿔소 노든의 눈이었다. 새끼 펭귄은 이 이야기의 화자이기도 하다. 노든과 새끼 펭귄은 바다를 찾아 떠난다. 이 작품은 노든의 이야기기도 하며, 노든의 삶을 들려주는 새끼 펭귄의 이야기기도 하다. 어쩌면 책의 첫 페이지에 나온 것처럼 『긴긴밤』에 등장하는 모든 동물들이 주인공인지도 모른다. 그들의 삶, 하나하나가 마치 씨실과 날실처럼 그렇게 겹쳐 더욱 큰 삶을 만들어 내고 있다.

코끼리 무리는 노든을 따뜻하게 품어주었고, 노든은 버려진 알에서 태어난 펭귄을 정성껏 보살폈다. 그들은 다른 듯하지만 결국 하나였다. 오른쪽 눈을 다친 친구 윔보를 위해 항상 오른쪽에 서서 그를 지켜 주었던 치쿠도, 악몽을 꾸는 노든을 위해 기꺼이 이야기를 들어주었던 앙가부도 상대의 결핍을 채워줌으로써 함께 사는 삶을 실현하고 있다. 그런 삶에서 생물학적 종(種)은 무의미하다. 새끼 펭귄과 노든이 부리와 코를 맞대고 작별 인사를 할 수 있었던 이유기도 하다.

게으를 때 보이는 그 매혹적인 세상으로

우르슐라 팔루신스카, 『게으를 때 보이는 세상』, 비룡소, 2018.

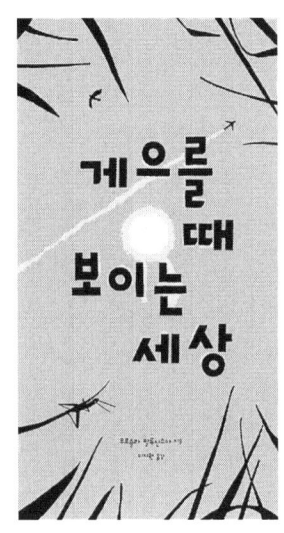

'멍 때리기 대회'가 있다는 이야기를 들은 적이 있다. 3시간 동안 아무것도 하지 않아야 하는 대회라는 것이다. 수면 금지, 휴대폰 사용 금지, 음식물 섭취 금지, 잡담 금지 등의 규칙을 정하고, 90분 동안 가장 안정적으로 '멍 때리기'에 성공한 사람을 1등으로 뽑는다고 했다. 처음에는 웃었고, 그 다음에는 '진짜 있을까?'라는 의문이 들었다. 마지막에는 '진짜 어렵겠다' 싶었다. 무언가를 하는 건 익숙해도 하지 않는 것은 낯설고 불안하다. 그러나 『게으를 때 보이는 세상』에 나오는 여유로운 한때들은 낯설지만 아름다운 그 세상으로 우리를 데려간다. 폴란드 작가 우르슐라 팔루신스카는 애니메이션 영화제작자이다. 그는 이 작품을 하나의 영화처럼 연출해 입체적이고 감각적인 세상을 완성한다.

긴 직사각형의 판형, 노란색 표지에 검은색 글씨와 그림. 『게으를 때 보이는 세상』의 첫인상이다. 노란색 바탕에 사방으로 조금씩 보이는 기다란 풀들, 그 풀에 매달린 벌레. 그리고 연기를 뿌리며 하늘을 가로지르는 비행기, 한쪽 하늘을 날아가는 새. 강렬하게 타오르는 태양. 그리고 그 풍경들 가운데로 '게으를 때 보이는 세상'이란 검은색 글자들이 영화 제목처럼 천천히 떠오르는 것처럼 느껴진다.

영화 오프닝과도 같은 이 표지는 아련하고 그리운 느낌을 준다. 그리고 그 이유를 책을 덮고 나면 알게 된다. 이 풍경들은 어린 시절에 가끔은 고개를 한껏 젖혀 올려다보기도 했던 하늘이라는 것을. 그 시절 보았던 하늘은 이상하게도 뜨거운 태양과 함께였던 기억으로 남아 있다. 무더운 여름날 올려다본 하늘에 사방으로 퍼져나가던 빛의 색. 눈이 부셔 가늘게 눈을 뜨고 바라봐야 했던 그 하늘은 다른 세상에 있는 듯한 묘한 느낌을 주었다. 『게으를 때 보이는 세상』의 표지는 우리가 잊고 살았던, 하지만 여전히 그 자리에 있는 바로 그 하늘의 풍경이다.

표지를 넘겨 나오는 까만색 면지는 영화가 시작되기 전 잠깐의 암전을 떠오르게 한다. 한 장을 더 넘기면 본격적인 '영화'가 시작된다. 화자인 여자아이가 다락방처럼 보이는 높은 곳 창문에서 아래를 내려다보고 있다. 아직 강렬하게 빛을 내리쬐기 전인 조그만 태양과 그 주변의 회색빛을 머금은 노란 하늘은 동이 터올 때쯤의 시간임을 알려 준다. 진한 눈썹과 검은 머리의 여자아이는 창틀에 두 손을 짚고 몸을 내밀고 있다. 아이의 머리카락 몇 가닥이 바람에 날리는 듯 위로 향해 있는 모습만으로도 활기찬 분위기를 느끼게 한다. 최소한의 움직임으로도 동적인 느낌을 만들어내는 그림들은 평온한 즐거움을 만끽하도록 해 주는 책의 기조를 살리면서도 자칫 지루해질 수 있는 그림에 변화를 준다.

특이한 것은 아이와 아이가 있는 건물이 수직이 아닌 왼쪽 페이지에 수평으로 위치한 구도이다. 아이를 똑바로 보기 위해서는 목을 옆으로 기울여야 하는 구도인 것이다. 건물은 위로 갈수록 좁아지면서 입체감을 준다. 이런 구도를 찬찬히 들여다보면 아이의 시선이 머무는 그곳에 있는 누군가가 위를 올려다보는 장면이라는 것을 알아차릴 수 있다. 대상을 아래에서 올려다보는 로우 앵글은 이 작품이 장면을 연출하는 가장 기본적인 구도다. 이 로우 앵글은 넓은 시야를 보여 주면서 대상을 크게 보여 주는 효과가 있다. '게으를 때 볼 수 있는' 그 새로운 세상은 특별한 장소가 아니다. 이 로우 앵글로써 '새롭게' 보이는 세상이다.

다음 장을 넘기면 아이의 시선에서 내려다본 '신문을 보고 있는' 삼촌이 나온다. 삼촌은 풀밭 벤치에 누워 있다. 글은 단 한 줄. "삼촌이 신문을 보고 있어요." 하지만 삼촌은 신문을 얼굴에 얹고 있을 뿐이다. 뜨거운 햇빛을 신문으로 가리고 있는 것처럼도 보인다. 배에 다소곳이 얹은 두 손은 그가 신문을 읽고 있지 않다는, 단지 편안한 휴식의 시간을 보내고 있음을 보여 준다. 이때는 하이 앵글로 화면을 연출하고 있다. 하이 앵글은 관찰자 입장에서 바라보고 있는 효과를 준다. 독자에게 삼촌의 '게으름'을 천천히 감상할 시간과 여유를 갖게 하는 것이다.

페이지를 넘기면 삼촌에게 '보이는' 세상이 두 페이지 가득히 나온다. 시점의 주인공이 삼촌을 내려다보는 아이에게서 신문을 보는 삼촌으로 이동한 것이다. 글자들로 가득 찬 화면들. 마치 글자들이 쏟아지고 있는 듯하다. 한쪽에는 희미하게 보이는 글자 너머로 태양이 작게 보인다. 까만 글자와 햇빛에 비쳐 흔들리는 노란 글자의 그림자들은 눈부신 또 다른 세상이다. 이 장면에서는 로우 앵글에서 '줌 인'으로 화면의 연출 방식이 달라진다. "초점이 변할 때마다 재현되는 공간의 '밀도' 자체가 달라지는 것"20)이라는 말에서 밀도는 그 공간이 갖는 의미를 가리킨다. 책장 가득히 클로즈업된 '신문의 글자'들은 하나의 세상이라는 묵직한 무게를 갖게 된다. 이 책이 매력적인 가장 큰 이유는 이처럼 우리가 스쳐 지나갔던 소소한 일상의 장면들을 포착해 다른 밀도로 재구성한다는 점 때문일 것이다.

아이는 계속 여러 사람들의 게으름을 '추적'한다. 감자를 곁들인 저녁을 준비한다는 이모와 에우제백을 돌보는 에밀리아 들을. 이 인물들의 이야기는 네 페이지에 걸쳐 펼쳐진다. 첫 두 페이지에서는 로우 앵글로 누워 있는 인물을 포착하고 글로 그들이 해야 할 일을 설명한다. 물론 그들은 일은 하지 않고 누워서 하늘만 볼 뿐이다. 다음 장에서는 그들이 만끽하는 '게으른' 세계를 하이 앵글로 보여 준다. 그 세계는 햇빛 가득한 밀짚모자 속 동그란 무늬들로 가득 차 있기도 하고, 비행기보다 커다란 잠자리가 날아다니는 하늘이기도 하다.

아이는 사람들을 바라보고, 그 사람들이 어떤 일을 하는지, 더욱 정확히는 그들이 해야 할 일을 설명한다. 하지만 인물들은 그 일과는 전혀 다른 "딴짓"을 한다. 우편물을 날라야 하는 우체부도, 저녁을 준비해야 하는 이모도, 그저 누워서 하늘만 바라본다. 할 일을 미뤄둔 채 누워 하늘만 바라보며 그들만의 세계를 만끽하는 그들은 더욱 '게을

---

20) 조엘 마니, 『시점』, 이화여자대학교출판문화원, 2007, 80쪽.

러' 보인다.

　인물들이 바라보는 하늘은 같지만 펼쳐지는 세상은 모두 다르다. 그래서 더욱 아름답다. 누워서 보이는 밀짚모자 안의 동그란 무늬들이, 나뭇잎 사이로 비치는 햇빛이, 흩어져 가는 꽃잎들이 커다랗게 확대되어 신비한 세상으로 나타난다.

　인물마다 다른 배경색을 쓰고 있어 그들이 보는 세상들의 특색을 강조하고 있다. 처음에 나오는 삼촌은 노란색, 이모는 어두운 느낌의 초록색을 배경색으로 사용하고 있다. 각각의 인물들이 나오고 배경색도 다르지만 이들을 관찰하고 있는 '아이'와 첫 장의 로우 앵글과 다음 장의 하이 앵글의 규칙적인 반복이 연속성을 주어 이 작품을 하나의 이야기로 자연스럽게 읽을 수 있게 한다. 처음 노란색에서 마지막 장의 검은색의 배경은 아침에서 밤까지, 하루 동안의 이야기를 담고 있음을 보여 주기도 한다.

　『게으를 때 보이는 세상』은 할 일을 접어 두고, 하늘만 바라보는 사람들의 이야기다. 또 해가 뜨고 질 때까지 하루 동안 그들의 일상. 특별한 사건도, 장면도 없이 그렇게 흘러가는 하루지만, 그 속에서 게으름을 만끽하는 이들의 여유로움은 무척 매력적으로 보인다. 정면으로 맞서야 하는 현실이 아닌 위를 올려다보는 앵글 속에 펼쳐지는 세상은 낯설면서도 아름답다.

　작가는 수작업과 컴퓨터 작업을 함께함으로써 게으른 세계의 아름다움을 한층 매력적으로 표현해냈다. 잉크와 펜을 이용해 밑그림을 그렸고 그림을 오려 그 테두리를 찢어내 자연스러운 느낌을 살렸다. 검은색과 흰색을 이용해 콜라주 작업을 하고 여기에 컴퓨터 그래픽 기법을 활용해 그림을 완성했다고 한다.

　이 매혹적인 세계를 그려 낸 작가 우르슐라 팔루신스카는 일러스트레이터이자 애니메이션 영화 제작자로도 활동 중이다. 그가 그린 이디시어 알파벳 책 『마인 알레프 베이스 Majn Alef Bejs』는 2014년 볼로냐 라가치 상의 논픽션 부문과 유럽 디자인 어워드 은메달을 수상했다. 『게으를 때 보이는 세상』은 우르슐라가 처음 쓰고 그린 그림책으로 '2017 폴란드 IBBY 올해의 그림책'으로 선정되었고 '2017 상하이 도서전 Chen Bochui(전보추이) 국제 아동 문학상'을 수상하기도 했다. 이 감각적이고 재기발랄한 작가의 행보는 이제부터인 것이다.

『게으를 때 보이는 세상』은 아이가 바라본 게으른 사람들의 이야기라고 생각했다. 하지만 아무 일도 하지 않고 사람들만 바라보고 있는 아이 역시 게으른 것은 마찬가지다. 그리고 가장 '게으른' 사람은 그들의 이야기를 읽고 있는 우리 독자일 것이다.

오랫동안 게으름은 '적'과 같은 존재였다. 게으르면 힘들고 불행한 삶을 산다는 공식도 익숙하다. 그런데 쉬지 않고 달려온 우리는 과연 행복한가? 작가는 달콤한 유혹을 한다. 일을 손에서 놓고 게으르게 아무것도 하지 말라고. 신비롭고 아름다운 세상을 만나는 삶의 즐거움을 느끼라고 말이다.

『게으를 때 보이는 세상』은 작가의 메시지를 '시점'의 이동을 통해 감각적이고 세련되게 구현해 냈다는 점에서도 의미가 있다. 이야기를 끌어가는 주인공 아이의 시점, 아이와 아이가 바라보는 인물들을 보는 제3자의 시점, 아이가 바라보는 인물들의 시점들이 다양하게 나옴으로써 자칫 밋밋해질 수 있는 서사를 풍성하게 만들어 준다. 여기에 넓은 시야를 보여 주는 로우 앵글과 인물들의 시점에서 클로즈업한 대상들은 게으를 때 볼 수 있는 세상을 효과적으로 나타낸 기법들도 눈에 띈다.

이처럼 작가는 매우 능숙하게 영화 기법을 활용하며 장면을 연출하고 있는데, 이는 평면적인 공간과 적은 분량 안에서 서사를 전달해야 하는 그림책의 한계를 넘어서려는 시도기도 하다. 로우 앵글과 클로즈업을 통해 입체감과 작품의 주제를 표현하고 있다. 그렇기 때문에 더욱 '그림'에 집중하게 된다.

이 작품은 글이 없어도 이야기 전개에는 큰 무리가 없다. '게으른' 사람들과 그들에게 보이는 세계라는 구성이 반복되어 표현되고 있으며, 앞 장에 나온 사물이 뒤에 클로즈업되고 있어 독자는 쉽게 이야기를 이해할 수 있다. 오히려 글은 그림을 강조하는 역할을 한다. 누워서 하늘을 바라보는 이들이 해야 할 일을 설명함으로써 느긋하게 누워 있는 이들의 '게으름'은 더욱 두드러진다.

작품 속 영화와도 같은 화면 구성은 그림책이 갖고 있는 한계를 넘어서려는 다양한 시도 중 하나다. 실험적 시도들은 그림책을 '예술'

작품처럼 감상하고 소장하고 싶다는 생각을 들게 한다. 『게으를 때 보이는 세상』이 나온 'Zebra' 시리즈나 보림의 'The Collection' 시리즈에서 나온 책들도 이러한 흐름을 보여 주는 예이다. 우르슐라 팔루신스카의 『게으를 때 보이는 세상』은 숨 가쁜 일상을 사는 우리에게 '게으름'을 권하는 의미 있는 주제와 신선하고 실험적인 표현 기법이라는 두 마리 토끼를 잡는 데 성공한 매력적인 작품이다. 만약 지금 지쳐있다면 이 책을 펼쳐 주인공 아이와 함께 하루 동안의 게으름을 느껴보면 어떨까. 마지막 장을 덮을 때, 내 위에 펼쳐져 있는 또 다른 세상을 보게 되는 것은 이 책의 독자에게 주어지는 소중한 선물이다.

에듀컨텐츠 휴피아
CH Educontents Huepia

3. '아동'은 어떻게 그려지고 있는가

무엇과 어떻게, 그리고

송미경, 『돌 씹어먹는 아이』, 문학동네, 2014.

1.

"세상 아래 새로운 것은 없다."는 말처럼 작가를 좌절하게 하는 말이 있을까. 어디서 본 듯하고, 결말이 빤히 예측되는 이야기들. 이런 생각들을 문제가 아니라 '사실'로 받아들여야 하는지 고민하고 있었을 때 만난 책이 『그래, 책이야!』(레인 스미스/문학동네어린이/2011)였다. 지금 새삼스럽게 책이라니, 책에 대한 이야기는 또 얼마나 많은가. 하지만 "스크롤은 어떻게 해?" "스크롤 안 해. 한 장 한 장 넘기면 돼. 이건 책이거든."처럼 능청스럽게 컴퓨터와 책을 비교하는 대화로 이루어진 이 작품을 다 읽은 후에, 이런 생각이 들었다. "세상 아래 새로운 것은 있다."

2.

창작을 한마디로 표현하자면 '무엇을', '어떻게' 쓰는 것이 된다. '무엇'이 주제라면 '어떻게'는 소재나 기법일 것이다. 요즘 아동문학에서는 한정된 주제라는 한계를 돌파하기 위해 이 어떻게에 관심을 기울이고 있는 듯하다. 이런 작품들은 일면 신선해 보인다. 그러나 그것은 겉모습에 그치는 경우가 많다. 소재주의나 기교주의는 스스로 만든 함정에 빠져, '무엇'을 잃어버리거나 '무엇'을 가볍게 여기는 모습을 보인다. 탄탄한 구성, 흥미로운 서사에도 불구하고 '2%' 부족한 느낌을 주는 작품, 신선한 소재를 다루었으나, 빤한 이야기라는 인상을 주는 작품들 모두 이 '무엇'의 부족이 원인이다. 그리고 '무엇'의 부족은 이제까지 답습했던 그래서 매우 익숙한, 진부하고 보수적인 것으로 채워진다.

행복한 결말, 마지막에서 자신의 잘못을 뉘우치는 인물 등의 보수성은 아동문학에서 자주 눈에 띄는 경향이다. 견고한 성벽을 쌓은 듯한 이러한 흐름에 반하는 작품들은 '불편하다'는 느낌을 주고, 아동문학이 맞느냐는 비판을 받기도 한다. 송미경21)의 『돌 씹어 먹는 아이』도 그렇다. 『어떤 아이가』로 문학적 개성을 드러내기 시작한 작가는 『돌 씹어 먹는 아이』에서 본격적으로 자신의 색깔을 내보이고 있다. 총 7편의 단편이 실려 있는 이 작품에서 특히 눈에 띄는 것은 「혀를 사 왔지」와 「나를 데리러 온 고양이 부부」다. 이 두 편의 작품에서는 보수성을 뛰어넘으면서도 '무엇'과 '어떻게'라는 두 요소가 균형 있게 형상화되어 있다.

「혀를 사 왔지」는 아이의 억압당한 욕망의 이야기다. '무엇이든 시장'에 간 '나'는 여러 가지 물건들을 구경한다. 큰 키로 만들어 줄 수 있는 뼈 조각, 귓구멍이 아주 작은 귀, 물건을 넣으면 사라져 버리는 지갑들을 보지만 '나'는 무엇을 살지 신중하게 고민한다. '나'에게는 동전이 딱 세 개밖에 없기 때문이다. 기괴하고 황당무계한 물건들은 '나'가 현실에서는 펼칠 수 없는 욕망들이다. 이 물건들을 파는 동물들이 불친절하고 건방지게 묘사되는 것은 삐뚤어진, 그래서 표출을 꺼리는 우리들의 욕망을 대변하는 것이며, 이 모든 것들을 살 수 없는 것은 모든 욕망을 충족시킬 수 없는 것과 유사하다. '나'가 고른 물건은 혀였다. 이유는 간단했다. '나'는 혀가 없기 때문이다.

> 우리 엄마 아빠는 내가 말하기도 전에 모든 것을 다 해 주었어. 어릴 때는 웃거나 울기만 해도 원하는 대로 할 수 있었지. 나이가 들어서는 인상을 쓰거나 고개를 끄덕이는 것으로 모든 게 가능했고. 글을 일찍 읽고 쓸 줄 알았기 때문에도 혀는 굳이 필요하지 않았지. 또 아빠처럼 잔소리할 때나 쓸 거라면 차라리 내겐 혀가 없는 게 낫다고 생각했어.

---

21) 송미경의 작품을 유은실의 작품과 함께 살펴보는 것도 의미가 있을 것이다. 유은실이 아동문학의 소설화 경향을 가져온 대표적 작가라면, 송미경은 이러한 소설화 경향은 유지하면서도, 작품마다의 편차는 있으나, '아동' 정확히는 '아동의 욕망'으로의 방향 설정을 한 작가기 때문이다. 또한 두 작가 모두 아동문학의 보수적 경향에 반하는 색깔을 띠고 있다는 공통점이 있지만 작품 세계에 있어서 분명한 차별점을 갖고 있어 유은실에서 송미경으로 아동문학에서 소설화 경향이 어떻게 변모해 가는지를 살펴볼 수 있을 것이다. 이는 아동문학에서 하나의 흐름을 형성하고 있음에도 주목해야 한다.

'나'는 어려서는 혀가 필요하지 않았고, 자라서는 잔소리나 하는 혀가 쓸모없다고 생각했다. 욕망의 거세일 수도 욕망에 대한 외면일 수도 있다. 그런 '나'가 무엇이든 시장을 찾은 것은 비로소 자기 목소리를 갖고 싶다는 자기 욕망의 소리에 귀를 기울였다는 의미다. 고민 끝에 '나'가 고른 것은 "얇고 가늘고 긴" 멋지게 욕을 할 수 있는 혀였다. 그 혀는 '나'의 몸처럼 "미지근했고 손바닥 위에서 기분 좋게 꿈틀거린다." 주체할 수 없는 욕망이 꿈틀대는 것처럼. '나'는 그 혀를 덥석 삼켜 버린다. 그리고 '나'의 욕망은 폭주하기 시작한다. 버스에서 '나'의 의자를 걷어찬 누나를 시작으로 자신을 괴롭히던 친구들, 잔소리를 하는 엄마에게 쏟아붓는 '혀'의 '막말' 퍼레이드는 아찔한 통쾌감을 선사한다. 금기시되었던 일들에 대한 도전이기 때문이다.

> "효성이 네 손가락 정도는 나도 분지를 수 있어. 내 강한 어금니로 씹어 줄 수도 있고. 그런데 말이야, 불쌍해서 두는 거야. 왜냐, 너도 코 후빌 손가락은 필요할 테니까. 그리고 이 썩은 돌콩 같은 놈아. 나만 보면 아는 척하고 싶어서 안달이 났나 본데 나는 너랑 놀고 싶지 않거든. 그러니까 꺼져. 다시 나를 아는 체하거나 주변에서 얼쩡거리면 그땐 아주 놀라운 경험을 하게 될 거야."

평소에 말수가 없고 듣기만 했던 '나'가 말을 하는 것은 자기 의사를 전달하는 것을 넘어, 자신을 억압했던 것들에 대한 저항이다. 시든 과일을 파는 과일 가게 아저씨, 어제 만든 빵을 오늘 만들었다고 거짓말을 하는 빵집 아저씨의 잘못을 보고도 그냥 눈감아야 했다. 친구들의 괴롭힘을 참아 넘겨야 했고 엄마 아빠의 잔소리와 강요를 받아들여야 했다. 이 모든 것은 '나'가 약자기 때문에 생긴 일들이었다. 하지만 이제 나에게는 '혀'가 있다. '나'는 "촌스럽게 험악한 욕을 하거나 주먹을 쓰거나 침을 뱉지는 않지만" 날카롭고 예리해서 마음을 후벼 파는 말을 하는 혀가 마음에 든다. 혀는 '나'를 괴롭히고 억압하는 것들에서 해방시킨다.

그런데 이 욕망이라는 것은 채워지지 않을 때는 갈망하지만 막상 채워지고 나면 아무것도 아닌 것이 되어 버린다. '나'가 혀를 다시 '무엇이든 시장'에 되파는 것처럼.

나는 그곳에 돗자리를 펴고, 내 책가방, 책가방 속에 책들,
필통, 필통 속 연필과 샤프와 볼펜 들, 그리고 내 신발주머니
와 실내화를 펼쳐 놓았어.
마지막으로 나는 내 혀를 꺼내어 가장 앞줄에 놓았지.

이제 혀는 책과 필통같이 '나'에게 쓸모없는 물건이 돼버렸다. 또 다른 동물 상인들은 있지만, 혀를 팔았던 당나귀가 보이지 않는 것은 채워짐으로 인한 욕망의 소멸을 뜻한다. 욕망이 유효한 것은 갈망하는 순간, 채워지지 않았을 때까지이다. 욕망은 표출되는 순간 사라진다. 욕망 그 자체는 위험하지 않다. 오히려 욕망은 우리 안에 숨겨져 있을 때, 그래서 그 욕망을 주체하지 못할 때 위험하다. 작품에서도 '나'가 자신의 욕망에 솔직했을 때, 그 행동에 동조하는 타인들이 나온다.

흥분한 주인아저씨가 길고 단단한 바게트 빵을 휘둘러 댔어.
"빵으로 한번 얻어맞아 볼래?"
그때였어. 식빵을 고르던 아주머니가 주인아저씨를 막아섰지.
"이 아이 말이 틀린 건 없어요. 그리고 어린애가 한 말에 폭력을 휘두를 생각인가요? 정말 실망이군요."
"세상에, 빵 만드는 사람이 빵으로 아이를 때리려 하다니!"

억압당했던 '나'의 욕망은 아이러니하게도 밖으로 나온 순간, 정당한 것이 되었다. 우리 욕망에 대한 긍정적 시각을 보여 줌으로써, 나의 욕망은 안전하게 보호받는다.

「혀를 사 왔지」가 성인에게, 또는 나보다 힘센 강자에게 억압받는 현실의 아동이 갖는 욕망을 보여 준다면 「나를 데리러 온 고양이 부부」는 어린 시절 한 번쯤은 생각해 봤을 나를 낳아 준 '친부모'는 어딘가 다른 곳에 있을 것이라는 상상을 다룬다. 대체로 이런 상상은 자신을 인정해 주지 않는 데서 오는 서운함, 문득 엄마 아빠에게서 느끼는 거리감과 소외 등에서 비롯된다. 이러한 현실에 대한 불만족을 친부모는 부자라거나, 자신을 이해해 주는 좋은 부모일 것이라는 상상을 통해 충족시키려 한다. 그런데 이 작품에서의 친부모는 고양이 부부다. 친부모가 따로 있다는 것, 그것도 사람도 아닌 동물이 친부모라는 것은 지금의 부모에게서 느끼

는 결핍을 충족시키기 위한 최대치의 상상이다. 그만큼 주인공 지은이가 느꼈던 결핍이 크다는 것을 뜻하기도 한다. 고양이 부부는 엄마와는 달리 지은이를 이해해 준다. 지은이가 음악 시간을 좋아하는 것도 알고, 공부를 빨리하라고 재촉하지도 않는다. 이렇게 고양이 부부와 만나면서 지은이는 자신이 정말로 고양이가 아닐까라는 생각이 들기도 한다. 그리고 고양이 부부가 지은이를 내어놓으라며 지은이 엄마를 만나면서 그 욕망의 절정을 향해 달려간다. 지은이 엄마는 말도 안 되는 소리라고 화를 내지만 고양이 부부는 조금도 물러서지 않는다. 오히려 "아이를 이런 식으로 키워 놓았냐"며 비난을 한다. 지은이는 엄마 아빠와는 얼굴 생김을 빼고는 조금도 닮지 않은 자신의 모습에서 친부모는 따로 있을 것이라는 고민을 했고 또 평소에 음식을 핥아 먹거나 소파에 널브러져 잠드는 것을 좋아하는 자신의 부모가 고양이가 아닐까라는 생각을 한다. 엄마 아빠와는 달리 공부하라고 혼내지도 않고 자신의 모습을 있는 그대로 인정해 주는 고양이 부부를 보며 조금씩 확신을 갖는다. 고양이 부부는 자신을, 자신이 살고 싶은 자유로운 삶의 모습을 인정받고 싶은 지은이 욕망의 투영이다. 그리고 지은이는 망설임 없이 자신의 욕망을 선택한다. 고양이 부부를 따라 집을 떠난 것이다. "나뭇가지에 가방도, 모자도 걸고 날렵하고 가벼워"진 것은 지은이의 몸만은 아닐 것이다.

　아동의 욕망을 정면으로 그리고 있다는 것과 함께 이 두 작품을 특별하게 만들어 주는 것이 '환유'다. 「혀를 사 왔지」와 「나를 데리러 온 고양이 부부」에서는 아동의 욕망을 날것 그대로가 아니라 각각 '혀'와 '고양이 부부'로 대치시킨다. 혀는 말의 도구이며, 자신의 의지를 직접적으로 전달할 수 있는 수단이다. 그런데 '나'가 혀가 없다는 것은 자신의 말을, 의지를 거세당했음을 상징적으로 보여 준다. 고양이 부부 역시 자유롭게 살고 싶은 삶의 모습을 형상화하고 있다. 이러한 환유는 거침없는 상상을 펼치면서 그 상상을 통해 동화적 색채와 문학적 완성도를 높이는 데서 그 의미가 있다. 그리고 억압당하는 아동과 부모와 갈등을 겪는 아동을 주인공으로 하는 다른 많은 작품들과 차별성을 갖게 한다. 그러나 이 차별성은 '무엇'과 '어떻게'의 차이에서 오는 것은 아니다. 그보다는 아동을, 그들의 세계를 어떻게 보느냐에 따른 것이다. 즉 작가의 철학에서 비롯되는 것이다. 그래서 세상 아래 새로운 것은 있다. 십인십색이라는 말처럼 우리가 대상을 바라보는 눈은 모두 다를 수밖에 없으니까. 「혀를 사 왔지」와 「나를 데리러 온 고양이 부부」는 아동문학에 대한 작가의 독특한 철학을 느끼게 한다. 동시에 지금 우리 아동문학에서는 아동과 그들의 세계에 대한 어떤 철학을 갖고 있는지 돌아보게 한다. 철학은 책과 같은 지식에서 오는 것이 아니다. 대상에 깊이 천착하여 얻을 수 있는 것이 바로 철학이다. 아동을 교훈의 대상으로만 보고, 새로운 소재에 매몰되거나, 어디서 본 듯한 이야기들이 양산되고 있는 우리 아동문학의 지금, 아동에 대한 천착이, 철학이 필요한 때다.

동심, 반짝이다

차영아, 『쿵푸 아니고 똥푸』, 문학동네어린이, 2017.

분명 그럴 때가 있었다. 비가 와도 좋고, 눈이 펑펑 내려도 좋았을 때가. 그리고 하루하루가 신나고 내일 펼쳐질 새로운 일들이 기다려졌을 때가 말이다. 물론 아주 어렸을 때지만 말이다. 지금은 비나 눈이 오면 나갈 일이 걱정이 된다. 끝내야 하는 일들이 기다리고 있는 하루하루는 전혀 즐겁지 않고, 그러니까 내일이 기대될 리도 없다. 그런데 「쿵푸 아니고 똥푸」의 "산다는 건 백만 사천이백팔십아홉 가지의 멋진 일을 만나게 된다는 뜻이에요."라는 발랄한 첫 문장은 잊고 살았던 어린 시절 두근거리던 마음을 떠올리게 해 주었다. 아마도 우리가 '동심'이라고 부르는 그 마음을.

『쿵푸 아니고 똥푸』는 제17회 문학동네어린이문학상 수상작으로 표제작 「쿵푸 아니고 똥푸」와 함께 「오, 미지의 택배」, 「라면 한 줄」이 실려 있다. 이 세 작품 모두 '동심'을 포착해내는 작가의 역량이 돋보인다.

「쿵푸 아니고 똥푸」는 산다는 건 수많은 멋진 일을 만난다는 처음 설명과는 달리, 주인공 탄이가 겪는 '수난'으로부터 이야기가 시작된다. 교실에서 똥을 싼 것이다. 탄이는 앞으로 친구들에게 놀림 받을 것이 걱정이 된다. 서러움에 울음을 터뜨리는 탄이에게 '멋진 일'이 벌어진다. 바로 똥푸맨이 나타난 것이다.

> 탄이가 눈을 뜨자 황금빛 근육, 아니 황금빛 똥 근육을 꿀룩거리는 한 사나이가 서 있었어요. 여러분, 사나이라고 하면 화장실을 꽉 채울 만큼 커다란 아저씨가 생각나나요? 하지만 이 사나이는 크기가 바나나만 했어요. (11쪽)

두루마리 휴지로 망토를 만들어 걸치는, '스타일 좀 아는' 이 사나이는 자신을 똥푸맨이라고 소개한다. 우주 최고의 무술 똥푸를 하는 똥이라는 설명과 함께 현란한 박쥐 똥 권법을 보여 주기도 한다. 그런데 똥푸맨이 나타난 목적은 따로 있다. 바로 탄이에게 똥의 위대함을 알려 주는 것이었다. 똥푸맨은 탄이가 제일 멋지다고 생각하는 번개맨도, 또 다른 영웅들도 악당을 물리치기 전에는 꼭 똥을 싼다는 사실, 그래서 똥 싸는 일은 위대한 일이라고 이야기한다. 이 묘하게 설득력 있는 똥푸맨의 말은 탄이에게 용기를 준다. 탄이가 자신을 똥장군이라고 놀리는 친구에게 번개맨도 악당과 싸우기 전에 꼭 똥을 싼다고 씩씩하게 말하게 됐으니까.

물론 이것이 이야기의 끝은 아니다. 똥푸맨이 황금빛 윙크를 날리며 자신을 부르는 주문을 알려 준 것이 허무해지니까. 탄이가 돼지고기 장조림과 두부, 깻잎무침, 멸치볶음을 잔뜩 먹고, 변기에 앉아 똥푸맨을 불러내며 이야기는 또 다른 사건으로 접어든다. 결과는 당연히 해피엔딩이다. 자신만만한 똥푸맨이 못 할 일이 어디 있겠는가. 더군다나 이제는 탄이도 함께 지렁이 똥 권법을 구사하기까지 하니 그 힘은 더욱 막강해진다. 「쿵푸 아니고 똥푸」는 살면서 만날 "백만 사천이백팔십아홉 가지 멋진 일"이 어떤 것인지 동심이라는 프리즘을 통해 보여 준다. 그것은 무척 신나며, 순수하며 행복한 것이다. 함께 몸을 들썩이게 하는 똥푸맨의 활약, 엄마를 고향인 필리핀에 보내 주고 싶어 하는 탄이의 순수한 마음, 그리고 행복한 결말이 그렇다.

「오, 미지의 택배」는 반려동물의 죽음을 다룬 작품이다. '죽음'은 민감하고 다루기 어려운 소재다. 죽음이라는 삶의 이면을 어떻게, 어디까지 전달해야 하는지에 대한 갈등, 그리고 자칫 관념적인 내용으로 흘러갈 위험성이 있기 때문이다. 이 작품에서는 이러한 문제를 판타지적 장치를 통해 해결하고 있다. 어느 날 미지에게 온 '미지(未知)'의 택배. 보낸 사람의 이름은 알 수가 없다. 택배 상자에 들어 있는 것은 평범하다 못해 심심해 보이는 하얀 운동화였다. 그런데 미지에게 함께 들어 있는 제품 설명서가 눈에 들어온다. 그리고 그 운동화가 하늘나라로 떠난 보고 싶은 사람에게 데려다 준다는 것을 알게 된다. 사용방법은 간단했다.

1. 운동화를 신고, 만나고 싶은 누군가의 이름을 세 번 부르면서 세 번 폴짝폴짝 뜁니다.
2. 자신이 달릴 수 있는 최고의 속도로 달립니다.
3. 숨이 찰 때까지 계속 달립니다.
4. 눈앞이 노래질 때까지 달립니다.

주의 사항 천국에 머물 수 있는 시간은 30분입니다.

미지의 입에서 흘러나온 이름은 일 년 전, 하늘나라로 간 개, 봉자였다. 미지가 태어났을 때부터 항상 곁에 있어 주었던 봉자. 이제는 미지의 "눈물 단추"가 되어 버린 봉자의 이름을 온 마음으로 외치고, 있는 힘껏 달렸다. 미지는 그렇게 봉자를 만났다. 실컷 봉자의 냄새도 맡고, 이야기도 나눈다. 하지만 둘에게 주어진 시간은 단 30분뿐. 미지가 돌아가야 할 때가 온다. 미지와 봉자, 이 둘의 이별이 슬프기만 했을까? 미지가 헤어지면서 봉자에게 한 '약속'은 봉자를 잃은 슬픔이, 또 봉자에 대한 사랑이 더욱 많은 이들에 대한 사랑으로 이어질 수 있음을 뜻한다. 마지막 장면에서 미지가 벚꽃에게도, 지렁이에게도 "사랑해."라고 속삭이듯 말하고, 아직 사랑해야 할 것들이 많이 있는 학교로 뛰어가는 모습은 살아가는 것에 대한 기대와 희망을 갖게 한다. 기대와 희망을 갖고 삶을 아름답게 바라보는 것도 동심의 한 축이다.

「라면 한 줄」에서는 시궁쥐 라면 한 줄의 무용담이 펼쳐진다. 특이한 이름 라면 한 줄에 담긴 뜻은 무척 소박하다. 라면 한 줄이면 충분하니 더 멀리는 가지 말라는 것이다. 엄마 쥐에게 세상은 "커다란 쥐덫" 같은 위험한 곳이다. 그래서 라면 한 줄도 쪼르르 세 번보다 더 멀리 가야 하는 곳은 절대 가지 않는다. 아무리 맛있는 삼겹살이 있는 곳이더라도. 이렇게 조심하면서 사는, 키도 작고 마른 그래서 배짱도 '제일 작고 마른' 라면 한 줄에게 얄궂은 운명이 찾아온다. 잔인하기로 소문난 외눈박이 고양이 목에 방울에 걸어야 하는 임무를 맡게 된 것이다. 겁이 나도 라면 한 줄은 못 한다고 이야기할 수가 없었다. 하수구 시 시민들이 맛있는 삼겹살을 먹게 하기 위해서, 또 마을의 영웅, '쥐덫을 부순 쥐'인 아빠의 명예를 위해서도. 참치 통조림 뚜껑을 쓰고 임무를 완수하기 위해 길을 떠나는 라면 한 줄. 수십 번, 아니 수백 번 쪼르르를 지나 드디어 외눈박이 고양이와 맞닥뜨린다.

> 난 죽은 걸까? 아직도 삼겹살 냄새를 맡을 수 있는 걸 보면 죽은 건 아닌 것 같아. 머리에 묶인 깡통 뚜껑 덕분이야.
> 고개를 들었을 때 난 보았어. 날 내려다보는 무시무시하게 차가운 한 개의 눈을. 외눈박이 고양이였어. (81쪽)

일촉즉발의 순간을 맞은 라면 한 줄. 엄마가 알려 준 주문 "요스요스 야호 쥬스쥬스 야하"를 다 외기도 전에 예상하지 못한 일이 일어난다. "때로 멋진 일은 너무나 슬픈 날 찾아"(7쪽) 오는 것처럼 우리의 삶은 예측대로 흘러가지 않는다. 그리고 그 예상하지 못한 일들은 뜻밖의 기쁨과 설렘을 준다. 라면 한 줄이 외눈박이에게 방울을 다는 데는 실패했지만 더욱 소중한 것들을 얻은 것처럼. 라면 한 줄에서 '진짜, 완전, 엄청 대단한 라면 한 줄'이 된 시궁쥐 이야기 「라면 한 줄」에는 따뜻한 감성과 낭만의 색채가 짙게 배어 있다. 특히 마지막 엄마 쥐가 한 "사랑이 항상 이긴다."라는 말은 이러한 낭만성을 한마디로 표현한 문장이다.

세 작품에 나타난 동심이 더욱 의미가 있는 것은, 성장이라는 코드와 맞닿아 있기 때문이다. 탄이가 똥싸개라는 놀림에 당당하게 맞서게 된 것은 자신을 긍정적으로 바라보게 되었기 때문이다.(「쿵푸 아니고 똥푸」) 미지는 죽음이 끝이 아니라는 것을 알게 되며(「오, 미지의 택배」), 라면 한 줄은 멀고 위험한 공간에서 용감하게 활약해, '진짜, 완전, 엄청 대단한 라면 한 줄'이 된다.

'동심'에 거부감을 느끼는 이유가 동심을 '유치함'으로 생각하는 데서 비롯된다면 『쿵푸 아니고 똥푸』는 동심을 통한 성장 이야기로써 이러한 거부감과 우려를 훌쩍 뛰어넘고 있는 것이다. 그리고 또 하나, 동심은 아동에 대한 성인의 판타지일 뿐이라는 말도 생각해 볼 수 있다. 즉 동심은 실제 존재하지 않는 환상일 뿐이라는 이야기다. 하지만 분명 아이들에게는 동심, 반짝반짝하는 것들이 존재한다. 동심으로 바라보는 삶의 아름다움도 함께 말이다.

개구리와 두꺼비, '아동문학'을 논하다

아놀드 로벨 글·그림, 『개구리와 두꺼비가 함께』, 비룡소, 1996.

"선생님은 개구리를 좋아하나 봐요?"
한 아이가 묻는 말이었다. 내가 추천한 책들을 보니 정말 개구리 이야기가 많이 보였다. 그러나 호수에 살다가 바다를 보기 위해 여행을 떠나고, 그렇게 찾은 바다에서 높은 파도를 타고 신 나게 서핑을 하는 개구리 앨리스(『바다가 보고 싶었던 개구리』(열린어린이))를 어떻게 사랑하지 않을 수 있을까. 그리고 여기 또 다른 개구리가 있다. 친구 두꺼비와 함께.

『개구리와 두꺼비가 함께』는 '개구리와 두꺼비' 시리즈 중 하나로 이름 그대로 '개구리'와 '두꺼비'가 주인공이다. 이들의 이야기를 따라가다 보면 나도 모르게 유쾌한 웃음을 터뜨리게 된다. 바로 개구리와 두꺼비에게서 볼 수 있는 '아이다움' 때문이다. 아이다움 또는 동심은 아동문학을 시작할 때 갖게 되는 첫 고민이다. 그러나 동심을 극단적 순진함으로 인식하면서 이에 대해 '아동문학의 천사주의'라는 비판이 제기되고, '동심'은 진부하고 낡은 개념으로 여겨지기도 한다. 또한 동심에 대한 관점이 분분해 그 합의가 이루어지지 않아, 결론 없는 논쟁에 그치는 것 역시 동심에 대해 이야기를 꺼내는 것을 조심스럽게 만든다. 그러나 아동문학의 정체성을 규정짓는 데 있어, '동심'은 그 출발점이 된다.

『개구리와 두꺼비가 함께』에서 개구리와 두꺼비가 겪는 사건들은 모두 '소소한 것'들이다. 할 일을 적은 계획표를 잊어버렸거나(「계획표」), 꽃씨들이 자라지 않아 고민하고(「꽃밭 가꾸기」) 이를 해결하기 위한 소동들이 펼쳐진다. 마치 아이들처럼 그들은 '작은 세계' 속에서 바라보고 사건들을 겪는다. 작은 세계는 단순하고 소박하다. 이 단순하고 소박하다는 것은 부정적인 의미가 아니다. 우리의 허를 찌르는 진리는 바로 단순하고 소박한 것들에 존재하니까 말이다.

같은 시리즈 중 하나인 『개구리와 두꺼비의 사계절』의 「모퉁이」가 그렇다.

> "내가 조그마했을 때 일이야. 내가 올챙이만할 때였지. 아버지가 이런 말씀을 하셨어. '얘야, 오늘은 날씨가 쌀쌀하고 흐리지. 하지만 봄이 바로 모퉁이에 있단다.'"
> "나는 봄이 오기를 바랐어. 그래서 봄을 찾으러 밖으로 나갔지. 나는 모퉁이에 이를 때까지 숲길을 걸어갔어. 봄이 여기에 있나 하고 두리번거리면서 모퉁이를 이리저리 돌아다녔단다."
> "그래, 봄이 있었어?" 하고 두꺼비가 물었어요.
> 개구리는 이렇게 대답했지요.
> "아니, 없었어. 거기에는 소나무 한 그루랑 돌멩이 세 개, 마른 풀이 약간 있었어."

분명 봄은 어느 날 갑자기 찾아오는 것 같은 변화다. 겨울에서 봄으로 조금씩 조금씩 변해가는 것이 아니라, 어느 순간 꽃이 피어 있고, 날씨가 따뜻해졌을 때 '봄이 왔구나'라고 느낀다. 개구리 아버지가 봄이 바로 모퉁이에 있다고 한 것처럼. 봄은 보이지 않는 모퉁이 바깥에 있다가 그 모퉁이를 돌아 갑자기 모습을 드러낸다. 이런 은유는 특별한 미사여구 없이도 이야기를 매우 시적으로 느끼게 해 주며, 어쩌면 동심 그 자체가 문학이 아닐까라는 생각을 하게 한다.

『개구리와 두꺼비가 함께』의 「과자 소동」에는 또 다른 동심을 보여 준다. 제목 그대로 과자 때문에 일어나는 소동이지만, 과자를 먹지 않기 위한 소동이라는 점이 이채롭다. 두꺼비가 맛있는 과자를 만들고, 개구리와 함께 먹는다. 너무 많이 먹게 되자, 배탈이 날 것을 걱정해 그만 먹기로 한다. 하지만 개구리와 두꺼비는 '마지막'으로 먹고 '진짜 마지막'으로 하나씩 더 먹는다. 일이 이쯤 되자, 개구리는 특단의 조치를 취한다. 과자를 다 먹지 않도록 '의지력'을 기르자는 것이다. 과자를 상자 속에 넣거나 선반 위에 올려놓자는 개구리의 제안에 두꺼비는 상자를 열 수도 있고, 사다리를 타고 올라가 선반에 있는 과자를 가져다 먹을 수 있다고 한다. 결국 개구리와 두꺼비는 과자를 절대 먹을 수 없게 새들에게 나누어 준다.

"이제 우리가 먹을 과자가 한 개도 없구나. 단, 한 개도 말이야."
하고 두꺼비는 풀이 죽어 말했어요.
"맞아. 하지만 우리에게 의지력이 아주 많이 있어."
하고 개구리가 말했어요.

과자는 없어도 의지력은 남았다는 개구리의 '비장한' 말을, 어찌 보면 의지력을 얻었다는 교훈성으로 끝맺을 수 있는 이야기를 두꺼비는 단 한마디로 뒤집는다. 그 아이다운 반전으로 '빵 터지게' 하는 웃음까지 주면서.

'개구리와 두꺼비' 시리즈는 이야기 곳곳에 진부하지 않은, 교육적이지 않은 '동심'을 포착하고 있다. '문학'과 '아이다운 예측불허의 행동'이 동심이라고 이야기한다. 개구리와 두꺼비가 아동문학이란 무엇인지 논하고 있는 셈이다. 이들이 논하는 아동문학에 대한 이야기는 무척 매력적이다. 읽는 사람을 약장수, 아니 책장수가 되고 싶게 하니까 말이다.

흠흠, 아동문학이 무엇인지 답답해하는 여러분들, 이 책 한 번 읽어 보시라. 개구리와 두꺼비가 그 답답함을 깨끗이 씻어줄 테니까. 그리고 예측불허의 반전에 '빵 터지는 웃음'은 이들이 주는 덤이다.

내가 좋아하는 책, 『복길이 대 호준이』

정은주, 『복길이 대 호준이』, 정은주, 2017.

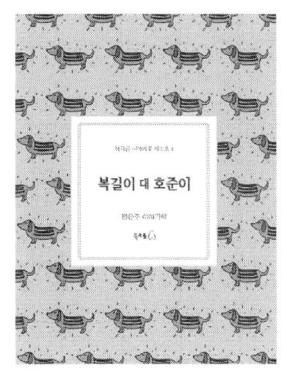

한때 '좋은 책'이란 무엇인가에 꽂힌 적이 있었다. 좋은 책의 기준을 나름대로 정하고 싶었고 그 기준에 맞춰서 '객관적'으로 판단하길 원했던 것이다. 사실 좋은 책의 기준은 많이 이야기되어 왔다. 서사가 치밀할 것, 아이들의 삶을 담을 것, 문학적 울림을 줄 것 등등. 매우 당위적인 이러한 서술들을 적용할라치면 오히려 객관적인 관점에서 더욱 멀어져감을 느낀다. 또 그 기준들이 항상 맞아떨어지는 것도 아니다. 거친 서사라도 뭉클함을 줄 수 있고, 아이들의 삶만이 아닌 인생의 보편적 관심사를 이야기할 수도 있으니까. 그래서 내린 답은 무조건 읽는 것이다. 어떤 편견도 갖지 않고. 그러다 보면 정말 '우연히' 느낌이 오는 책을 만난다. 무릎을 탁 치기도 하고, 살며시 미소가 지어지기도 하는. 정은주 작가의 『복길이 대 호준이』도 그렇게 만난 작품이다.

『복길이 대 호준이』의 첫 인상은 소박했다. 작고 얇은, 거기에 삽화 없이 글로만 이루어진 이 책은 화려한 볼거리들에 익숙한 요즘 시대와는 어울리지 않아 보인다. 하지만 이 소박함은 오롯이 이야기에 집중하게 한다. 이야기만으로 승부하는 작가의 자신감도 느낄 수 있다. "재미있는 내 이야기, 한번 들어볼래?"라고 자신만만하게 말을 거는 이 작품에 기꺼이 응답하고 싶었던 이유는 어떤 미사여구도 없는 그 소박함에 끌렸기 때문이리라. 더욱이 '이야기를 통해 잔소리하는 작가는 싫어한다'는 작가 소개는 충분히 매력적이지 않은가.

『복길이 대 호준이』에는 표제작 「복길이 대 호준이」와 「옥상의 전설」두 편의 작품이 실려 있다. 각기 다른 소재를 다루고 있지만 그들만의 고민이 중심 사건이라는 점은 공통적이다. 「복길이 대 호준이」는 제목에서 알 수 있듯이 복길이와 호준이의 '대결'이 주요 서사다. 복길이와 호준이는 같은 합기도장에 다닌다. 3시반에서 유일하게 빨간 띠인 복길이. 띠가 높으면 그만큼 많은 '권리'를 누리는 것이 도장의 규칙이었다.

> 도장에서는 띠가 높은 사람이 형이고 오빠라는 규칙이 있다. 복길이는 3시반에서 유일하게 빨간 띠였다. 정수기 물도 제일 먼저 마시고, 수련 대열에서도 맨 앞에 서고, 나갈 때 신발도 제일 먼저 신었다. 무엇보다 자기 구령 소리에 맞춰 준비 운동을 하는 아이들을 볼 때면 뿌듯했다. (11쪽)

그런데 이 규칙을 지키지 않는 초록 띠 호준이가 나타나면서 복길이에게는 고민이 생긴다. 복길이 자신보다 한 살 많지만 띠는 낮은 호준이는 평화로웠던 복길이의 세계를 거침없이 위협한다. 띠가 높은 자기 말을 듣지 않는 것도 억울한데 "떡볶길"이라고 놀리기까지 한다. 고양이 복실이가 복길이 누나라는 놀림을 받자 복길이도 더 이상 참지 못한다. 흙을 던지며 나름대로 저항해 보지만 도망가면서도 낄낄대며 웃는 호준이를 당할 재간이 없다. 불행히도 복길이의 고난은 여기서 끝나지 않는다.

또 다른 복길이가 나타난 것이다. 바로 한 달 동안 복길이네 집에서 돌봐주기로 한 강아지 복길이가. 복길이는 순하고 예의바른 강아지 복길이가 싫지 않았다. 딱 하나 복길이라는 이름만 빼고는. 엄마가 복길이를 부를 때마다 꼬리를 흔들며 자신보다 먼저 달려가는 강아지 복길이. 더 빨리 대답하려고도, 더 빨리 달려가려고도 해봤지만 항상 강아지 복길이가 복길이보다 앞섰다. 이제 복길이는 자신과 똑같은 이름의 강아지 복길이가 미워진다. 그리고 자신의 촌스러운 복길이라는 이름이 이 모든 고민의 원인인 것만 같다.

합기도장에서는 복길이라는 이름 때문에 호준이에게 놀림을 당하고 집에서는 자신과 이름이 같은 강아지 복길이가 성가시게 한다. 이름을 바꿀 수도 없으니 문제 해결의 길은 멀게만 느껴진다. 놀림을 당하며 참았던 눈물이 솟구치고, 분노와 슬픔에 잠겨 있던 그때, 복길이에게 기가 막힌 생각이 "아침 바다 위에 해님처럼" 떠오른다. 눈에는 눈, 이에는 이. 복길이는 호준이에게 더도 덜도 아닌 딱 복길이가 당한 만큼 되돌려 준다. 그렇게 복길이는 통쾌하게 복수하는 데 성공한다. 여기에 복길이라는 자기 이름을 좋아하게 되는 결말은 복길이가 얻은 무척 큰 '덤'일 것이다. 이러한 '덤'은 독자에게도 주어진다. 복길이라는 이름이 갖는 좋은 뜻들을 떠올리며 되뇌이는 복길이의 사랑스러운 모습은 복수의 통쾌함과는 또 다른 따뜻함을 전해주기 때문이다.

「옥상의 전설」에도 복길이만큼이나 억울한 주인공이 나온다. 골목대장에서 밀리게 된 순목이다. 대장 자리를 지키기 위해 그렇게 애를 썼건만 나이가 많다고 골목대장을 그만하라니, 이만저만 억울한 일이 아니다.

> 아무리 생각해도 분했다. 4학년밖에 안 됐는데 대장 자리를 내놓으라니? 그동안 자기가 어떻게 다스려 온 대평동 골목인데 말인가. 골목대장 순목이는 늘 바빴다. 밤에는 새로운 놀잇거리를 궁리하느라 11시도 넘어 잠들기 일쑤였다. 낮이면 집에다 가방을 던져 놓기 무섭게 밖으로 나가 아이들을 동네 곳곳으로 몰고 다녔다. 순목이는 몸이 열 개라도 모자랄 지경이었다. (44쪽)

윗동네에는 5학년 형도 골목대장을 하는데 왜 4학년이 나이가 많다고 그만해야 하는지 아무리 생각해도 이해가 되지 않았다. 게다가 그동안 공들여 온 일들을 생각하니 더욱 억울했다. 하지만 현실은 냉정했다. 새로운 강자, 상철이가 골목대장이 된다. 순식간에 순목이에게 등을 돌려버린 아이들. 이제 순목이와 놀아 줄 이는 강아지 흰둥이밖에 없었다. 자기를 빼놓고 신나게 노는 아이들의 소리가 들리자 순목이는 결심한다. 배신자들을 벌하는 권순목 장군이 되기로. 권순목 장군이 내린 벌은 옥상에서 물을 뿌리는 것이었다. 그런데 이 물벼락이 하필 무서운 복덕방 할아버지에게 쏟아지면서 순목이는 위기에 처한다.

언제나 그렇듯 위기는 또 다른 기회인 법이다. 순목이는 복덕방 할아버지를 피하기 위해 물탱크 위로 올라간다. 단지 물탱크 위로 올라가 몸을 피했던 일이 무용담으로 부풀려진다. 자꾸 이야기를 하다 보니 순목이 자신도 그 무용담이 진짜처럼 여겨질 지경에 이른다. 그리고 순목이는 대장 자리를 내놓으면서 빼앗겼던 명예를 되찾게 된다. 물론 다시 대장이 되는 것은 아니다. 그들의 세계에는 그들만의 규칙이 있는 법이니까. 이 규칙을 깨뜨리지 않으면서 순목이가 어떻게 명예를 되찾게 되는지는 「옥상의 전설」을 흥미롭게 읽게 하는 중요한 관전 포인트다. 동시에 『복길이 대 호준이』가 갖는 의미 있는 지점이기도 하다.

그들만의 세계에 존재하는 규칙을 지킨다는 것은 허구인 이야기를 있을 법하게 만들어 주는 개연성을 뜻한다. 종종 이 개연성을 위해 어른의 손을 빌려 문제를 해결하거나, 사건 해결을 위해 개연성을 '퉁쳐버리는' 작품들을 볼 때가 있다. 사실상 어린이문학에서 개연성을 담보하면서 사건을 해결하는 데 많은 한계가 있음을 보여 주는 것이기도 하다. 이 한계를 뛰어넘을 방법이 없는 것은 아니다.

영화 「옥자」를 보면서 감탄했던 부분은 주인공 미자의 문제 해결 방식이었다. 미자는 자본주의 사회의 원칙을 지키면서도 슈퍼돼지 옥자를 구해냈다. 미자는 '거래'라는 자본주의 원칙을 충실히 따랐다. 그러나 '소중한 존재'를 위한 거래였다는 점에서 자본주의의 맹점을 뛰어넘고 있다. 『복길이 대 호준이』 역시 이러한 가능성을 보여 준다. 그들만의 세계, 그들만의 원칙을 주목하고 존중함으로써. 또 이를 탄탄한 바탕으로 삼아 이야기를 펼쳐 나감으로써. 작가의 이야기꾼으로서의 자질도 바로 여기에서 비롯된다. 이 작품이 아이들을 주인공으로 한 꾸며낸 이야기가 아닌, 아이들이 주인공인 있을 법한 이야기로 느껴지는 이유기도 하다.

좋은 책을 선택하고 판단하는 일은 오히려 시간이 갈수록 어렵게 느껴진다. '좋은'이라는 말의 범위가 넓고 그 기준도 모호하기 때문일 것이다. 좋다는 것은 직관적이고 주관적이며, 감정적인 표현이기도 하다. 그래서 좋아하는 대상도 사람마다 다르고, 이유도 각양각색이다. 그렇다면 이렇게 말할 수 있지 않을까. 좋은 책이 아니라 좋아하는 책이라고. 내가 좋아하는 책, 『복길이 대 호준이』라고 말이다.

'진짜' 그들의 이야기

임지형 글, 박정섭 그림, 『우리 반 욕 킬러』, 아이세움, 2016.

누가 그랬던가. 아이들은 '천사'라고. 현실의 아이들은 지나칠 정도로 솔직해서 상처를 주기도 하고, 무척 자기중심적이며, 심지어 '욕'도 잘한다. 외국에서 온 지 얼마 안 된 아이를 만난 적이 있었다. 아직 우리말도 서툴렀고 평소에 얌전해 보였던, 아직은 '순수'하다고 생각하며 내심 흐뭇하게 바라보곤 했던 그 아이에게서 툭 튀어나온 욕. 그 자연스러움에 놀랐고 이제까지 잘 숨겨온 일을 들켜 낭패를 본 듯한 아이의 표정에 또 한 번 놀랐다. 그러니까 많은 아이들에게 욕은 일상생활인 거다.

이상하게도 아이들이 욕을 하면 더욱 신경이 쓰인다. 그래서 그냥 지나치지 못하고 욕은 나쁜 거니까 하지 말라고 '좋게' 이야기하기도 한다. 그것이 마치 어른의 책임인 것처럼. 그럴 때 반응은 크게 두 가지다. "네…."라고 '영혼 없는' 대답을 하거나 "나쁜 건데 왜 어른은 욕을 해요?"고 당차게 되묻는 거다. 둘 다 계속 욕을 하겠다는 말이지만 특히 어른은 왜 욕을 하냐고 되물으면 무척 당혹스럽다. 차라리 왜 욕이 나쁘냐고 묻는다면 수십 가지 이유를 대면서 설명하겠는데, 저 물음 앞에서는 말문이 탁 막혀버리는 것이다. 아마도 '어른인 나는 돼도 아이인 너는 안 돼'라는 모순의 명제를 풀 방법이 없기 때문이리라.

'아이인 너는 안 돼'라는 금지는 어린이 책에서 '순화 *purification*'의 방식으로 나타난다. "어린이 텍스트에서 어른 중개자들의 취미, 이데올로기, 모랄, 종교와 맞지 않는 것들이 씻겨져 나가는 것"22)이다.

---

22) 마리아 니꼴라예바, 김서정 역, 『용의 아이들』, 문학과지성사, 1998, 76쪽.

그렇기 때문에 어린이 책에서 나타난 현실은 종종 '비현실적'이라는 느낌을 준다. 있는 그대로의 현실이 아니라, 왜곡되고 미화된다. 특히 '욕'과 같은 민감한 소재를 다룰 때, 또 어린 연령의 독자를 대상으로 할 때 이런 순화는 더욱 강하게 작용한다. 요즘 아이들의 현실이라는 것은 알지만, 그렇다고 욕을 주고받는 아이들을 그리자니 다분히 '비교육적'이라는 고민에 빠진다. 하지만 기껏해야 '인마'나 '이 자식'과 같은 표현으로 '욕'을 소재로 한 작품이 현실성을 띠기도 어렵다. 하지만 방법이 없는 것은 아니다. 『우리 반 욕 킬러』는 아이들의 삶, 진짜 그들의 이야기 속에 답이 있음을 보여 준다.

주인공 남철이의 별명은 '욕 킬러'다. 벌레 잡는 에프 킬러처럼 욕 한 방으로 친구를 제압할 정도로 욕을 잘하기 때문이다. 남철이에게 욕하는 것은 "자전거를 타는 것처럼 힘들이지 않고 할 수 있는" 무척 쉬운 일이다.

> 욕도 하다 보면 자연스레 늘고, 욕하는 데 거리낌도 없어진다. 그러면 무서울 것이 없어진다.
> 내 욕 한 번이면 아이들은 꼼짝 못했다. 어떤 아이들은 욕을 할 때마다 신기한 듯 바라보고 물었다.
> "넌 그런 욕 어디서 배워?" (14쪽)

욕을 잘 못하는 친구들은 남철이를 부러워한다. 남철이는 자신감이 생기고 자신이 친구들보다 형처럼 느껴진다. 대신 욕을 해 달라고 부탁하는 친구도 생긴다. 욕도 하고 선물도 생기자 남철이는 점점 의기양양해진다. 하지만 인생이 어디 내 마음대로만 되던가. 학급 회의에서 앞으로 욕을 하려면 '욕 사용권'을 사야 한다고 결정 난 것이다. 초등학생이 무슨 돈이 있냐고 항변해 봤지만 욕을 안 하면 되지 않느냐는 허무한 답변만이 돌아올 뿐이다. 이렇게 욕 킬러 남철이의 욕과의 고군분투가 시작된다.

물론 이 싸움은 전적으로 남철이에게 불리했다. 시도 때도 없이 말을 할 때마다 튀어나오는 욕을 감당하기에는 용돈이 턱없이 부족했기 때문이다. 욕 사용권을 살 수 없으니 욕을 할 수도 없었다.

> "저리 가! 조…… 아니다, 좋게 말할 때 저쪽으로 가."
> '조'라는 말을 하자마자 모서리처럼 뾰족한 혜진이의 눈빛이 나에게 향했다. 나는 씩씩거리면서 뱉으려던 말을 꾹 삼켰다. 가슴에서 불길이 마구 치솟아 오르는 것이 느껴졌다. 얼굴이 후끈후끈했다. (39쪽)

며칠이나 욕을 못 하게 되자 거의 미칠 지경이 된 남철이. 돈 없이도 욕할 수 있는 방법을 찾아낸다. 바로 교실 말고 다른 데에서 욕하는 것이다. 남철이는 화장실이나 급식실 뒤편에서 아무도 몰래 욕을 한다. 그러나 좋은 기분도 잠시였다. 누군가가 욕하는 자신을 보지는 않았는지 불안해지기 시작한 것이다. 불안한 마음에 작게 소곤소곤 욕을 하자니 오히려 기분은 더 나빠졌다.

게다가 다섯 명의 '엑스맨'이 교실 밖에서 욕을 하는 아이들을 몰래 감시할 거라는 청천벽력 같은 소식이 들려왔다. 몰래 욕을 할 때도 불안했는데 이제 누군지도 정체를 알 수 없는 엑스맨이 감시를 한다니. 남철이는 아무리 생각해 봐도 욕을 안 할 자신이 없었다. 엑스맨은 절대로 욕을 못 한다는 사실을 알면서도 엑스맨에 지원한다. 물론 욕을 하며 지나가는 친구들을 보며 금방 후회를 했지만 말이다.

> 아이들이 뛰고, 붙잡고, 몸싸움을 하면서 욕을 계속했다. 그러면서도 키들거리며 웃었다. 그제야 나는 내가 무슨 짓을 한 건지 실감했다. 내가 미쳤다. 욕을 하지 않겠다고 생각하다니! 당장 돈이 없는 건 둘째 치더라도, 용돈을 받으면 할 수 있는 것을 내가 포기한 거다. (62쪽)

잠꼬대로 욕을 할 정도로 욕이 하고 싶어도, "속이 부글부글 끓으면서 얼굴이 홧홧해"지는 '욕 금단 증상'에 시달리면서도 욕을 참은 덕분에 남철이의 엑스맨 생활은 그럭저럭 지나간다. 그런데 이 엑스맨 활동이 자연스럽게 끝나게 되는 사건이 생긴다. 욕 사용권을 사고도 욕을 하지 않으면 이자까지 더해 돈을 돌려받을 수 있게 된 것이다. 욕 이자를 받으려고 아이들은 알아서 욕을 하지 않으니까 남철이가 몰래 감시할 필요도 없어졌다. 그런데 욕 이자도 문제는 있었다. 생각보다 많은 돈이 나가게 된 것이다. 그래서 욕을 하지 않는 조건과 함께 또 다른 조건을 지켜야 이자를 주기로 한다. 욕과는 반대되는 '그것'을 하루에 세 번씩 실천해야 하는 조건이었다. '그것'에 대해 조금 더 귀띔을 하자면, 나중에 남철이는 반에서 '칭찬 스타' 후보가 된다는 것이다. 그러니까 이 책에는 '욕 킬러' 남철이가 '칭찬 스타' 후보에 오르기까지의 '지난한 과정'이 담겨 있는 셈이다.

『우리 반 욕 킬러』는 '욕 사용권', '욕 차림표', '엑스맨' 등과 같이 아이들이 흥미로워할 만한 요소들이 많다. 여기에는 아이에 대한 작가의 긍정적인 시선이 깔려 있다. 작가는 아이들의 일상생활을 '순화'시키지 않는다. 어른의 관점으로 재단하고 맞추려고 하지 않는다는 것이다. 작품에서 남철이의 심리가 매우 섬세하게 그려져 있다. 짜증날 때 욕을 하면 기분이 좋아진다거나, 욕을 못 했을 때의 답답함을 생생하게 묘사하고 있다.

> 하지만 기분은 나아지지 않았다. 아니, 더 나빠졌다. 이건 뭐 욕을 하는 건지, 마는 건지 알 수가 없었다. 간지러워 빡빡 긁었는데도 하나도 시원하지 않은 기분이랄까.
> 답답한 속 때문에 저절로 주먹이 가슴께를 쳤다. 아, 어쩌다가 내가 이 꼴이 됐는지. 욕을 못하니까 분통해서 눈물이 다 났다. (49쪽)

작가는 욕이 나쁜 것이라고 설명하기보다 욕에 대한 남철이의 심리를 여과 없이 보여 주는 방법을 택한다. 이는 작가가 남철이의 마음을 전적으로 이해하고 공감한다는 느낌을 준다. 마치 "남철아, 나는 네 마음을 이해해. 속상했지?"라고 말하는 느낌이랄까.

그리고 여기에 한 번쯤 겪었을 법한 현실성 있는 욕과 관련한 에피소드를 적재적소에, 그러나 최소한의 비중으로 배치해 독자들이 스스로 욕에 대해 생각해 보도록 하고 있다. 남철이는 "평소 말할 때 하던 욕과 칠판에 글씨로 욕이 적힌 욕이 달라 보였다"(27쪽)고 생각하거나 다리를 다쳐 깁스를 한 친구에게 평소처럼 '병신'이라고 말하고 난 뒤, 싸늘해진 분위기와 뭐라 말할 수 없을 정도로 이상한 기분을 느끼기도 한다. 왜 글씨로 적힌 욕은 말할 때와 달라 보였는지, 평소에 하던 욕이 왜 문제가 되는지에 대한 답을 찾는 것은 오롯이 독자의 몫이다. 물론 정답은 없다. 그러나 찬찬히 생각해 보는 그 과정이 더 의미가 있다.

사실 욕이 나쁘다는 것을 모르는 사람은 아무도 없다. 당연한 사실이니까. 그럼에도 쉽게 해결할 수 없는 어려운 문제기도 하다. 이 책에서는 소재를 '리얼'한 아이들의 생활에서 찾았듯이, 그 해결의 실마리 역시 아이들의 '심리'에서 찾았다. 욕을 왜 하는지, 욕이 다른 사람에게 어떤 느낌을 주는지, 또 욕과 칭찬을 했을 때 어떤 기분인지를 '보여 줌'으로써 욕에 대해 생각해 보고 느끼게 한다.

감정과 정서는 우리의 행동을 변화시키는 큰 힘이다. 남철이가 '생각하고 느끼면서' 조금씩 달라졌던 것처럼. 작가는 그들의 '진짜' 아이들의 이야기에서 문제도, 답도 찾았다. '진짜 이야기'는 그들의 삶을 긍정하는 데서 나온다. 어른의 관점으로 아이들의 생각과 삶을 재단하는 것이 아니라 그들의 삶을 있는 그대로 바라보는 데서 시작되는 것이다. 욕을 통해 욕이 왜 나쁜지를 생각해 보게 한다는 재미있는 발상 역시 이러한 긍정적 시각에서 나온 것이다.

아이들의 '진짜' 이야기를 들려주는 『우리 반 욕 킬러』. 그런데 한 가지 문제가 남는다. 아이들은 분명 이 책을 좋아할 것 같다. 그런데 어른들은 어떨까? 적어도 나는 아이들에게 권해 줄 것 같다. 그것도 적극적으로. 무엇보다 이 책은 무척 재미있다. 꼭 '욕'을 소재로 해서가 아니라 천방지축 남철이의 행동과 마음이 솔직하고 실감 나게 그려져 있기 때문이다. 남철이는 심각한데 자꾸 웃음이 터져서 미안하기도 했지만. 그리고 일방적 교훈을 담지 않고 있어 좋았다. 아이들 스스로 문제를 생각해 보게 하는 것은 그들 각자에게 맞는 다양한 '답'을 인정한다는 뜻도 되니까 말이다. 그래서 '당당하게' 아이들에게 이 책을 건네 줄 수 있을 것 같다. "진짜 재미있는 책이야."라고 자신 있게 말하면서. 하지만 마음속으로는 이 책을 통해 욕에 대해 깊이 있게 생각해 보고, 느끼기를 기대할 것이다. 『우리 반 욕 킬러』는 바로 그런 책이니까.

파랑새는 우리 곁에 있듯이

유은실 글 · 서현 그림, 『일수의 탄생』, 비룡소, 2013.

『일수의 탄생』은 특별한 재주가 없는, 뭐든지 중간 정도인 평범한 일수의 '나를 찾아가는' 성장기다. 정확히 말하면 일수가 성장의 필요성을 느끼게 된 과정을 담은 이야기라 할 수 있다. 어른이 된 일수가 친구 일석과 함께 자신을 찾으러 떠나는 것으로 결말을 맺기 때문이다. 그러나 가훈업자로 성공한 일수가 자신을 찾기 위해 꼭 떠나야 했을까? 책을 덮으면서 든 의문이다.

평범한 아이 일수가 자신의 정체성을 찾는 데 어려움을 느낀 가장 큰 이유는 따뜻한 관심의 부재다. 태변을 먹고 태어났다는 '출생의 비밀'에서 콤플렉스를 갖고 있는 일수. 자신의 태생에서부터 부정적 감정을 갖고 있는 일수가 모든 면에서 위축되는 것은 당연해 보인다. 그러나 이런 일수를 감싸주는 사람은 거의 없다. 엄마는 일수가 자신을 돈방석에 앉혀 주기를 바라며, 이와 반대로 삶에 큰 의욕이 없는 아빠는 일수의 부담감을 덜어주려는 것처럼 보인다. 하지만 아빠가 죽기 전 마지막으로 남긴 "인생 별거 아니다"라는 말은 일수에게 삶을 살아가는 용기를 주기보다 그야말로 "별것 아닌 인생"이라는 허무주의적 메시지를 전달한다. 이렇게 지나치게 기대를 갖는 엄마와 지나치게 희망이 없는 아빠는 자신들의 인생관을 일수에게 투영시키고 있는 것이다. 극단적인 부모의 인생관은 일수를 더욱 혼란스럽게 만든다. 일수가 자주 쓰는 '같아요'라는 말은 자신감 없는 일수의 성격을 나타내는 동시에 일수가 세상을 바라보는 시각을 보여 준다.

이런 일수에게도 자신의 정체성을 찾을 수 있는 기회가 온다. '같아요'라는 말을 써도 혼내지 않는, 일수의 성실함을 알아주는 서예부 선생님을 만난 것이다. '그럴듯하게 따라 쓰는데' 소질이 있다는 말을 듣고 일수는 한층 자신감을 얻는다. 드디어 잘 할 수 있는 일을 찾은 것이다. 하지만 일수는 명필을 만나면서 어렵게 얻은 자신감이 꺾이고 좌절감을 맛보게 된다.

"일수는 자기 글씨체가 없습니다. 그날그날 교본에 있는 걸 따라 할 뿐이에요. 당연하죠. 자기가 누군지도 모르고, 자기감정이 뭔지도 모르는 녀석인데."

"자기가 누군지도 모르고 자기감정이 뭔지도 모른다는" 명필의 말은 정체성을 찾지 못한 일수의 문제를 명확히 지적하고 있다. 그러나 명필은 그 문제를 해결할 수 있는 또 다른 기회를 제공하기보다, 일방적으로 혼내는 데 그치고 있어 일수를 더욱 위축시켜 자기 자신에 대한 부정적 감정을 부추기고 있다. 명필은 중학생이 된 일수에게 좌우명을 물으면서 정체성에 대한 화두를 던진다.

"자네 좌우명은 뭔가?"
"쓸모 있는 사람이 되자. 쓸모 있는 사람이 되는 게 좌우명입니다."
"자네 쓸모는 누가 정하지?"
"모르는 것 같아요."
명필 눈빛이 갑자기 어두워졌어요. 일수는 고개를 팍 떨구고 남은 만두를 입에 쑤셔 넣었지요.

작품 속에서 명필은 일관되게 일수의 정체성은 과연 무엇인가라는 물음을 던지며, 정체성에 대해 자각하도록 한다. 분명 명필의 물음은 일수에게 정체성에 대한 고민을 하게 한다. 그러나 일수에 대한 따뜻한 마음이 없는, 다만 자신을 찾지 못한 일수의 문제만을 부각시키는 그의 물음은 일수를 부끄럽게만 만들 뿐이다.

일수에게 기대를 걸고 있는 엄마, 인생을 포기한 듯한 아빠, 다그치기만 하는 명필, 그 누구에게도 일수에 대한 따뜻한 애정을 발견할 수 없다. 이런 상황 속에서 일수는 더욱 위축되고 자신의 정체성을 찾는 것은 요원한 일이 된다.

그럼에도 일수의 성장, 정체성 찾기는 계속된다. 이발병에서 취사병으로, 조리사로 실패를 거듭하면서 우연한 기회에 자신의 일을 찾는다. 성장이 꼭 특별한 일을 통해서가 아니라 소소한 일상들의 경험과, 많은 실패 끝에 이루어지는 것처럼 말이다. 여러 가지 글씨체를 갖고 있는 일수가 가훈을 대신 써 주는 일을 하게 된 것이다. 일수는 구(區)에서 가장 유명한 가훈업자가 되고 자신감도 얻는다.

> '저걸 어떻게 독창적으로 서투르게 만들까 고민'하는 순간들은 일수 씨에게 자신감을 불어넣어 주었어요. 가훈업자 백일수 씨는 어깨를 쭉 펴고 당당하게 걸었고, 파리가 왱왱거려도 파리채를 휘두르지 않았어요.

명필은 일수에게 자기만의 글씨체가 없는 것이 문제라고 했지만, 바로 그것이 일수의 정체성을 만들어 주었다. 수십 가지 어린이와 성인 남녀 글씨체와 할아버지 할머니 글씨체까지 쓸 수 있기 때문에 가훈업자로 성공할 수 있었고, 자신의 쓸모를 찾을 수 있게 되었다.

그런데 바로 이 지점에서 작가는 이야기를 다시 원점으로 되돌린다. 일수의 가훈은 무엇이냐고 묻는 아이의 물음이 일수에게 다시금 정체성에 대한 고민을 하게 한 것이다. 그리고 진정한 자신을 찾기 위해 길을 떠난다. 일수의 자기 찾기는 완성이 아니라 현재진행형이 된다. 이처럼 '나는 누구인가'라는 물음은 어른이 돼서도 끊임없이 우리를 따라다닌다. 그러나 길을 떠난 일수는 분명히 현실의 생활로 돌아올 것이라고 믿는다. 진정한 자신은 특별한 공간 속에서가 아니라 바로, 지금 여기에 존재하기 때문이다. 먼 길을 떠난 일수의 여정은 "국민, 시민, 예비군, 어머니의 하나뿐인 아들, 가훈업자, 일석 반점 단골, 문구점 아저씨" 이 모두가 진정한 자신임을 확인하기 위한 과정일 것이다. 행복이라는 파랑새를 찾아 떠난 아이들이 자신의 집에서 파랑새를 발견한 것처럼 말이다.

아동, 그들의 취향을 저격하라

김지영 글·강경수 그림, 『쥐포 스타일』, 비룡소, 2015.

다양한 유형의 사람이 있는 것처럼 책도 그렇다. 그런데 아동문학에서는 '좋은 책'과 '착한 책'이 유독 많이 보인다. 문학성을 갖춘 '좋은 책'과 교훈을 담고 있는 '착한 책'으로 둘러싸인 아동문학은 조금은 심심하고 지루해 보이기도 한다. 마치 흑백 사진처럼. 비룡소 '스토리킹'이 반가운 이유는 이런 흑백 사진에 톡톡 튀는 색을 입혀 줄 것이라는 기대가 있기 때문이다. 어린이 심사위원이 직접 뽑은 작품이라는 점에서, 또 수상작들이 대중성 띠고 있는 장르 문학이라는 점에서 비룡소의 스토리킹은 명백히 아동의 취향을 '저격'한다.23) 그러나 이 '저격'에는 어딘가 부족한 느낌이 있다. 올해 수상작 『쥐포 스타일』에서 그 느낌의 정체를 더욱 확실히 알 수 있다.

『쥐포 스타일』에는 네 편의 에피소드가 나온다. 첫 번째 에피소드 「돌연변이 말굽자석」은 주인공 구인내가 반 친구들의 엉덩이에 붙는 말굽자석 문제를 해결하는 이야기이자 구인내가 다른 친구들을 만나게 되는 계기를 제공한다. 방귀 때문에 만난 구인내와 세 친구들은 방귀, Gas의 G를 가져와 G4를 만든다. 좌충우돌 말썽꾸러기 구인내, 모범생 나영재, 아역배우 봉소리, 먹을 것을 좋아하는 장대범, 이 G4 구성원들의 특성은 무척 익숙하다. 예전의 '독수리 5형제'부터 지금의 '해리 포터' 시리즈까지 남자들 속에 딱 한 명의 홍일점이 존재하는 구성까지도. 그러나 이런 전형성은 흠으로 볼 수는 없다. 『쥐포 스타

---

23) 스토리 킹 본심사에 100인의 어린이 심사위원이 참여하며, 스토리킹의 1회 수상작은 『스무 고개 탐정과 마술사』, 2회 수상작은 『건방이의 건방진 수련기』로 각각 탐정물과 무협물에 속한다.

일』이 대중의 흥미를 우선으로 하는 장르 문학의 성격을 갖고 있기 때문이다. 독자에게 전형적 인물은 오히려 독자를 이야기에 쉽게 몰입하도록 하는 요소가 된다.

첫 번째 에피소드 「돌연변이 말굽자석」이 구인내를 중심으로 한 이야기였다면 나머지 세 편은 다른 구성원들 영재, 소리, 대범이 각각 주인공이 된다. 「책 무덤」은 영재의 실종이 주요 사건이다. 이름처럼 공부 잘 하는 모범생인 영재는 구인내와 친구들의 권유에 따라 책으로 하트 모양을 만들어 엄마에게 마음을 전하는 이벤트를 한다. 그런데 그 이벤트는 엄마에게 외면당하고 영재는 사라진 것이다. 바로 이 사건을 구인내와 친구들이 해결하는 과정이 펼쳐진다. 이러한 사건의 발생, 추리를 통한 문제의 해결은 네 편의 이야기에서 공통되는 구성이기도 하다. 「빛나는 거지」는 아역배우 봉소리의 이야기다. '다양한 직업의 세계'에 대해 조사하라는 숙제를 핑계로 구인내 등은 소리의 촬영장을 찾아간다. 그리고 거기서 '국민 조카' 변장미가 협박 편지를 받는 사건이 일어나고 그 범인을 찾는 구인내와 친구들의 활약이 펼쳐진다. 「방귀 정복자」는 대범이가 방귀 대회에 참가하면서 벌어지는 일이다. 대범이는 방귀 냄새만 맡고도 어떤 음식을 먹었는지 알아낼 수 있는 재주가 있다. 그런데 이제까지 척척 정답을 맞히던 대범이가 우승을 앞두고 경쟁자 스컹크 박의 방귀 냄새를 맞히지 못하는 것이다. 탈락을 앞둔 그 위기의 순간에서 구인내가 스컹크 박의 계략을 밝혀내면서 대범이는 방귀 우승자라는 타이틀을 거머쥔다.

이 흥미진진한 이야기들에 작가는 마치 '1+1'처럼 또 하나의 색을 덧입힌다. 바로 교훈과 성장이라는 코드다. 작가는 '재미'만으로는 내용이 부족하다고 느끼거나, 작품의 완성도를 높이기 위해서 교훈과 성장의 필요성을 느낀 듯하다. 「돌연변이 말굽자석」에서는 다른 극의 자석이 서로를 끌어당기는 것처럼, 우리 모두도 다양한 극이 되어 잡아당기고 있다는 '훈훈한' 마지막 부분은 이제까지 돌연변이 말굽자석의 비밀을 파헤치며 느끼던 독자의 흥미를 반감시킨다. 「책 무덤」에서도 '실종'이라는 독자의 주목을 끄는 소재를 다루고 있지만, 책 읽기를 강요하고, 영재의 마음을 받아주지 않았던 영재 엄마의 잘못을 질책하는 구인내의 모습은 어른이 아이를 이해하려 하지 않고 몰아치기만

하는 어른의 모습 그대로다. 「빛나는 거지」에서는 화려해 보이는 아역 배우 봉소리지만 촬영장에서 힘든 일들을 겪는 모습을 통해 화려한 세계 이면을 보여 주며 뭉클한 감동을 주려는 작가의 의도가 엿보인다. 「돌연변이 말굽자석」이 오프닝 격이라면 「방귀 정복자」는 엔딩 성격의 이야기다. 여드름을 짜는 대범이, 대범이가 짠 여드름 즙이 친구들에게 튀면서 좌충우돌 사건들을 겪으며 성장한 G4를 상징적으로 보여 준다. '추리', '방귀', '사총사'라는 독자의 눈길을 끄는 소재들로 이루어진 이 작품이 본연의 목적인 재미에서 벗어나게 된 것은 바로 교훈과 감동, 성장이 아동문학이라면 꼭 들어가야 한다고 생각하는 편견 때문이다.

비룡소 스토리킹 시리즈는 아동문학이 아동의 취향을 주목하겠다는 새로운 시도로 읽힌다. 작품을 읽는 독자의 취향을 반영하겠다는 것은 매우 자연스러운 일이다. 그런데 하나의 시도로 느껴지는 것은 그만큼 아동문학에서의 권력이 아직도 성인에게 있다는 반증이기도 하다. 그렇기 때문에 아동의 취향에 관심을 갖는다는 것은 소재나 내용만의 문제가 아닌, 아동문학은 아동의 것이라는 당연한 명제를 실천하기 위한 첫걸음이 된다. 그러나 이러한 의미 있는 시도는 『쥐포 스타일』에서 보았듯이, 아쉽게도 교훈과 감동, 성장이라는 테두리를 벗어나지 못하고 있다.

'저격'을 할 때, 조준의 대상은 하나이며, 정확해야 한다. 이러한 원칙이 흔들리게 되면 재미도 아닌, 감동도 아닌 어정쩡한 것이 되어 버린다. 아동독자의 취향을 제대로 '저격'할 수 있는, 그러니까 '정말 재미있는', '재미만 있는' 그런 작품이 나올 것이라 기대한다. 아동문학에서 아동의 취향에 대한 '저격'은 이미 시작되었으니까 말이다.

'신고'와 '어퍼컷'의 차이

이정아, 『신고해도 되나요?』, 문학동네, 2014.

1

하나의 책에 대해서 호불호가 나뉘는 경우가 종종 있다. 성격도, 취향도, 가치관도 모두 다르니 당연한 일일 것이다. 『신고해도 되나요?』에 대해 이야기를 나눌 때도 그랬다. 지인은 '호(好)'의 입장을, 나는 '불호(不好)'의 입장을 서로 조금도 굽히지 않았다. '이 책이 갖고 있는 문제점은 분명히 있지만, '그럼에도 불구하고' 아이들의 현실을 생생하게 그렸다는 것이 좋았다'는 설명을 들어도 자꾸만 '그럼에도'에 꽂히는 것을 어쩌랴. 그러니까 이 글은 바로 그 '그럼에도'에 대한 것이다. 꼭 그렇게까지 집요하게 파고들어야 하나, 완벽한 글은 없지 않는가라는 의문, 그 의문의 꼬리를 덥석 물려고 하는 적당한 타협이라는 유혹에 대한 반박이기도 하다.

2

『신고해도 되나요?』는 2014년 문학동네어린이 수상작이라는 것과 함께 도전적인 느낌을 주는 제목, 불량식품이라는 흥미로운 소재로 단연 눈길을 끈 작품이다. 작품에서 신고를 하는 이는 주인공 헌재고, 신고를 당하는 사람은 불량식품을 판 아이들슈퍼 할아버지다. 언뜻 이 둘의 대결구도가 중심일 것이라는 예상과는 달리, 신고 후의 이야기가 주요 내용이다. 헌재는 잘못된 일을 신고했지만 학교 이미지를 나쁘게 만들었다고 교감선생님에게 혼이 난다. 전화하라고 시킨 경수도 함께 반성문을 쓰게 된다. 여기에서 작품의 주제가 드러난다. 나쁜 일을 신고했는데 오히려 혼이 나는 사회, 그래서 외면하고 침묵해야 하는가라는 질문을 던지고 있는 것이다. 이는 헌재의 반성문에도 나타나 있다.

신고하면 안 되는지 몰랐어요. 이제 다시는 신고 안 할래요.

신고하면 혼나는지 정말 몰랐어요. 그리고 이름하고 학교 일부러 가르쳐 준 거 아니에요. 경찰 아줌마가 물어본 거예요. 이제 다시는 신고 안 할래요. 벌레 나와도 신고 안 할래요. 신고는 나쁜 거예요.24)

잘못된 일을 바로잡기보다는 그냥 눈 딱 감고 외면하는 것이 세상 살기 훨씬 편하지 않은가라는, 어쩌면 우리 모두의 고민일 수 있는 이 질문은 분명 유효하며 의미가 있다. 그러나 여기에 헌재가 스스로 답을 찾을 기회는 주어지지 않는다. 작가는 이 질문에 대한 답을 아이들이 찾기는 어려웠다고 생각한 듯하다. 그래서 담임선생님을 통해 대신 답을 한다.

"그런데 교감 선생님은 왜 화내요? 우리 때문에 학교가 망신이라고 하던데요?"
헌재는 아까부터 궁금했던 걸 묻습니다.
"음, 교감 선생님은 학교의 여러 가지 일을 책임지는 분이라 그런 말씀을 하신 것 같아. 하지만 내 생각은 교감 선생님과는 좀 달라. 세상은 용감한 사람들 덕분에 조금씩 좋아진단다. 선생님은 불량식품을 보고 신고한 너희들이 용감하다는 생각이 드는데? 다만, 신고하기 전에 먼저 선생님한테 이야기해 줬더라면 어땠을까, 하는 거지."25)

불량식품을 나쁘다고 신고한 헌재와 경수는 용감한 사람이고, 세상은 용감한 사람들 때문에 조금씩 좋아진다는 담임선생님의 대답은 너무나 쉽고 교과서적이다. 이런 빤한 대답이라면 굳이 질문을 할 필요가 있었을까 할 정도로. 게다가 신고하기 전에 자신에게 먼저 이야기해 달라는 말은 전적으로 아이들에게 주도권을 넘기기 주저하는 어른의 모습 그대로다. 잘못된 일을 보고 스스로 결정해서 행동하는 것이 아니라 제목 그대로 어른에게 "신고해도 되나요?"라고 허락을 받으라는 것이다.

---

24) 이정아, 『신고해도 되나요?』, 문학동네어린이, 2014, 89쪽.
25) 앞의 책, 99~100쪽.

"선생님~ 다음부터는 꼭 선생님한테 먼저 말할게요~. 선생님한테 제일 먼저 신고할게요~, 아잉~."
경수가 일어서서는 선생님 팔을 잡고 흔들어 댑니다.26)

선생님한테 먼저 말하고, 먼저 신고하겠다는 경수의 말에 담임선생님도 "앞으로 선생님한테 먼저 신고하기다"라고 답한다. 이렇게 헌재의 신고 소동은 '훈훈하게' 마무리된다. 하지만 헌재에게 이 소동은 가벼운 에피소드, 장난스러운 일로 남을 듯하다. 결말에서 경수와 함께 '돈큰 도넛'을 신고하는 모습을 보면 말이다. 헌재와 경수는 물건을 비싸게 받는 것도 나쁜 일이라며 도넛을 비싸게 파는 '돈큰 도넛'을 신고하기로 한다. 담임선생님의 잘못된 일은 용감하게 말해야 세상이 좋아진다는 말을 떠올린다. 헌재와 경수는 신고를 너무나 쉽게 생각하는 것이다. 그렇기 때문에 이 둘의 행동은 무척 가볍게 느껴진다.

"어서 말씀해 주십시오. 도넛이 어떻다는 말입니까?"
"저어, 아저씨, 돈큰 도넛이요, 돈큰 도넛이요……."
용기를 낸 경수가 빠르게 말합니다.
"네, 돈큰 도넛이요?"
토마토 같던 경수 얼굴이 하얗게 변해 가고 있습니다.
"돈큰 도넛이, ……너무 맛있어요!"
"뭐어? 너 누구냐? 웬 장난 전화야?"
화가 난 경찰 아저씨 목소리에 경수가 전화를 끊어 버립니다. 그리고는 전화기를 든 채 운동장을 가로질러 달리기 시작합니다.27)

세상의 불의를 '신고'하는 것은 결코 잘못된 것이 아님을 강조하던 이 이야기는 그 의도를 '장난'으로 만들어 버림으로써, 용두사미격의 이야기가 되어버린다. 자칫 무겁거나 딱딱해질 수 있는 이야기라는 것을 생각해, 가볍게 다가가려는 시도는 작품 곳곳에서 분명 느껴진다. 그러나 이 시도가 가볍고 재미있는 사건에 치중하고 있다는 데서 문제가 있다. 인물과 주제가 사건에 묻히게 되거나, 지나치게 가볍게 다

---

26) 앞의 책, 101~102쪽.
27) 앞의 책, 119쪽.

루어지져 그 힘을 잃고 있기 때문이다.

3

『신고해도 되나요?』에 나오는 주요 인물들은 산내초등학교 2학년 1반 아이들이다. 특히 불량식품 얄라리를 신고하는 주인공이 된 주인공 추헌재와 헌재에게 얄라리를 사오게 해 함께 소동에 휘말리게 된 염경수가 이야기를 이끌어간다. 헌재와 경수는 비중 있는 인물들임에도 불구하고, 그 개성이 제시되지 않는다. 경수를 "불량식품을 잘 사주고, 사 준 건 꼭 다시 얻어먹는" 아이로 설명되는 정도다. 주어가 없다면 누가 하는 말과 행동인지 구분이 쉽게 가지 않는다. 이렇게 '종이인형' 같은 인물들에게서 삶과 연관된 날카로운 문제의식이 나올 리가 없다. 불량식품을 신고하는 계기 역시 일차원적이다. 불량식품의 나쁜 점을 느껴서가 아닌 벌레가 나왔기 때문에 문제를 느낀 것이다. 만약 벌레가 나오지 않았다면 아이들은 불량식품에 대한 어떤 문제도 제기하지 않았을 것이다. 눈에 보이는 것 이상의 어떤 문제의식도 가지고 있지 않는 인물로 그려지고 있기 때문이다. 이 부분에서는 작가의 초점이 흔들렸다고도 생각이 든다. 불량식품을 신고할 계기를 만들기 위해 '벌레 사건'을 넣었는데, 이는 불량식품이 아니어도 있을 수 있는 일이기 때문에 오히려 사건과 주제와의 연관성을 떨어뜨리게 된 것이다. 벌레 때문에 문제를 느낀 것 이상으로 신고를 하게 되는 계기도 단순하다. 학교에서 본 연극 주인공이 불량식품을 신고하라고 했던 말을 떠올린 것이다.

> "응, 초롱이가 불량 식품 신고해야 다음부터 그거 안 판다고 했어. 그래야 우리가 초롱이처럼 건강해진다고 했잖아."
> "그럼 이걸 신고하잔 말이야?"
> 경수가 은주에게 묻습니다.
> "그래, 신고하자. 지난번에 내 동생도 불량 사먹었는데, 맛 이상하다고 하니까 아슈 할아버지가 화만 냈대."[28]

---

28) 앞의 책, 36쪽.

연극의 주인공이 한 말을 따라 아이들 입장에서 '신고'라는 커다란 일을 하기로 마음먹는다는 것은 수동적인 동시에 비현실적인 행동으로 보인다. 초등학교 2학년 아이들이 연극 속 대사를 현실 그대로 받아들일지 의문이 드는 것이다. 이처럼 작가는 인물마다의 개성 대신 단순함이라는 똑같은 옷을 입힌다. 이는 가볍고 흥미로운 사건을 전개하는 정도로의 인물만을 필요로 했기 때문이며, 아동관이 반영된 것이기도 하다. 교감선생님이 헌재에게 반성문을 쓰라고 했을 때, 헌재는 반성문이 뭐냐고 묻는다.

> "그런데 왜 말 안 듣고 사 먹어 놓고 학교를 시끄럽게 만들어? 저기 책상에 앉아서 반성문 쓰고 가"
> 교감 선생님은 컴퓨터 프린터에서 종이 한 장을 꺼내 헌재에게 줍니다.
> 헌재는 반성문을 한 번도 써 보지 않았습니다.
> "반성문이 뭐예요?"
> "반성문이 뭔지도 몰라? 쯧쯧. 잘못했다고, 반성한다고 쓰는 글이 반성문이다.[29]"

작가는 미숙함을 아동의 순진함, 아이다움으로 생각하고 있는 듯하다. 그리고 그 아이다움을 웃음의 코드로 활용하는 데 주저하지 않는다. 헌재가 반성문을 쓰는 것은 작품에서 핵심이 되는 부분이다. 이 작품의 주제 역시 불의에 대항했을 받는 불이익에 대한 반문이 아닌가. 그런데 반성문이 뭐냐고 묻는 헌재, 반성문을 쓰면서 아옹다옹하는 헌재와 경수의 모습은 코미디 프로그램을 연상케 할 정도로 가볍다. 작가는 무거움 대신 흥미와 가벼움을 선택하면서 진지함도 배제한 것으로 보인다. 그러나 무거움과 진지함이 동일어가 아니듯이 흥미와 가벼움의 반대말이 진지함은 아니다. 진지함은 세상을 바라보는, 작품 속에 녹아 있는 깊이로 보아야 한다. 특히 이 '신고'라는 소재는 더욱 깊이 있는 진지한 접근이 필요하다. 신고는 자신을 전면에 드러내지 않고, 상대의 잘못을 알리는 것이다. 직접 부딪치지 않기 때문에 신고

---

[29] 앞의 책, 80~81쪽.

라는 행동을 쉽고 가볍게 생각할 우려가 있다. 여기에는 상대를 나와 다른 '타자'로 보는 사고, 상대와의 직접적인 대면과 접촉을 꺼리는 현대인의 태도가 깔려 있다고 보인다.

　헌재나 경수처럼 잘못된 일이라고 이야기할 수 있는 것은 용기 있는 행동이다. 그런데 그 용기 있는 행동이 꼭 '신고'여야 했을까. 전화 한 통화로 '손쉽게' 잘못을 알리는 것이 아닌, 때로는 좌충우돌 부딪치고, 때로는 '유쾌상쾌통쾌'한 한방을 날리는 것이었다면? 꼭 상대를 벌주거나 대가를 치르게 할 필요는 없다. 헌재와 경수가 불의에 맞섰다는 그 자체로 의미가 있으니까 말이다. 이 책을 보면서 『세상을 향해 어퍼컷』(육성철/샨티/2008)이 떠올랐다. 여러 분야에서 자신의 권리를 찾기 위해 용기 있게 맞선 사람들의 이야기를 담고 있지만 이들 모두가 권리 찾기에 성공한 것은 아니다. 하지만 그 결말에 실망하지 않았던 것은 그들이 날린 '어퍼컷'만으로도 충분히 가슴을 시원하게 해 주었기 때문이다. 『신고해도 되나요?』에서는 어설픈 어퍼컷보다, 확실한 신고를 선택하였다. 잘못된 일에 맞서는 방법으로 '신고'를 선택한 것은 초등학생도 가능하고, 잘못한 사람도 대가를 치를 수 있는 가장 쉬운 행동이기 때문이다. 이는 소재나 주제에 대해 보다 진지한 고민을 하기보다 흥미로운 사건을 전개하는 데 더 집중했기 때문으로 보인다.

4

　'호불호'라는 말을 좋아한다. 좋을 수도 있고, 나쁠 수도 있다는 것. 다양성에 대한 인정 같기도 하고, 상대에 대한 존중 같기도 하기 때문이다. 그러나 『신고해도 되나요?』를 호불호의 범주 안에 넣을 수 없는 것은 이 작품이 수상작으로서 대표성을 갖기 때문인 것과 함께, 지금 우리 어린이문학이 정체된 양상을, 그리고 그 요인을 고스란히 반영하고 있기 때문이다. 최근 어린이문학의 특징을 새로운 소재, 수동적인 어린이상, 도덕적 가치관으로 제시할 수 있는데, 이 삼박자는 일사불란하게 작가가 의도하는 이야기 구성을 향해 움직인다. 이를 이야기에 갇힌 이야기라고 부를 수 있다. 전자는 구성으로서의 이야기를, 후자는 내용으로서의 이야기를 뜻한다. 이때 매우 안정적인 이야기 구성을 취하는데, 이는 안정적인 구성을 작품의 완성도로 여기고 있기 때문이다. 결국 안정적 구성을 위해 수동적인 어린이와 도덕적 가치관이 필요한 것이다. 그리고 그 '낡음'을 새로운 소재로 상쇄한다. 하지만 이는 결국 같은 인물이 옷만 갈아입은 것과 똑같은 것이다. 이 작품 역시 '신고', '불량식품' 등과 같은 새로운 소재가 나오나, '너무나도' 순응적인 아이들, 용기 있는 사람이 세상을 바꾼다는 교과서적 주제를 내 보이고 있다.

　요즘 어린이문학은 도덕적 이야기로 다시 돌아가고 있는 것 같다. 그리고 이 흐름을 '새로운 소재'라는 강력한 방패로 막고 있다. 이 방패를 어떻게 뚫을 것인가. 『신고해도 되나요?』가 우리에게 남기는 고민이다.

2부
평론과 논문

연대의 '이유'

1. 감염병 시대, 문학작품의 존재 이유

　코로나19로 '역주행'하는 책들이 있다. 보카치오의 『데카메론』과 알베르 까뮈의 『페스트』다. 『데카메론』은 당시 유행했던 흑사병의 고통을 생생하게 적은 서장과는 달리 본 이야기에서는 가감 없이 살아 있는 인간의 이야기를 때로는 유쾌하게 때로는 풍자적으로 그려내고 있다. 이 작품이 단테의 신곡과 비교하여 '인곡(人曲)'이라 불리는 이유도 여기에 있을 것이다. 언뜻 흑사병과는 관련 없어 보이는 '엽기발랄'한 이들의 이야기를 처음 접할 때는 당혹스럽기도 하다. 그러나 감염병 앞에서 속수무책으로 무너지는 권위와 윤리는 오히려 인간을 부각시킨다. 언제 닥칠지 모르는 죽음 앞에서 가장 중요한 것은 인간일 수밖에 없으니까 말이다. 어쩌면 인간은 잃고 난 후에야 비로소 가장 중요한 것이 보이는지 모르겠다. 이별 후에 사랑을 깨닫고, 전쟁을 겪으면서 평화를 이야기하는 것처럼. 이런 면에서 『데카메론』은 인간이란 무엇인가라는 질문에 대한 답을 역설적으로 보여 주는 작품이다.

　알베르 까뮈의 『페스트』는 현 코로나19 상황을 그대로 옮겨 놓은 듯한 작품이다. 이야기의 배경인 오랑시가 봉쇄되고 '귀양살이'를 하게 된 인물들, 치료용 혈청을 만들기 위해 혼신을 다하는 의사 등은 낯설지 않다. 『페스트』에서 우리에게 전달하는 가장 강력한 메시지는 '연대'다. 까뮈는 부조리에 저항해야 한다고 생각했다. 작품에서는 아이가 페스트에 걸려 결국 세상을 떠난 장면에서 부조리의 절정을 보여 준다. 아직 제대로 삶을 살아보지도 못한 아이가 극심한 고통을 겪으며 결국 죽음에 이르게 되는 데 대해 어떤 설명도 할 수 없다. 이 부조리 앞에서 인간이 할 수 있는 일은 '저항'뿐이다. 연대를 통해 저항의 힘이 더 커질 것은 자명하다.

감염병이라는 극한의 상황은 인간 앞에 닥친 실제 상황이자, 어떻게 인간다움을 지킬 것인지에 대한 시험과 같은 것이다. 시대마다 감염병은 있어 왔다. 우리가 잊을만한 그 순간, 불시에 감염병은 다시 찾아온다. 그리고 생존을 위해 최선을 다하여 우리 자신을 성찰하기 시작한다. 앞에서 살펴본 코로나 시대 '역주행'하는 작품들은 그 결과물이며 이러한 성찰은 지금도 하나하나 쌓여가고 있다.

이 글에서는 『오탐정의 확진자 추적 사건』(책과콩나무, 2021)과 『오 뛰르 장의 거리두기 패션』(현암주니어, 2021)을 중심으로 우리 아동문학에서 감염병을 어떻게 그려내고 있는지를 짧게나마 이야기해 보고자 한다. 그리고 예전부터 의문을 가졌던 또 하나의 화두가 있다. 바로 '연대'다.

위기를 극복하기 위해서는 많은 사람들의 힘과 협력이 필요하다. 아니, 예전부터 혼자보다는 연대의 미덕은 강조되어 왔다. 감염병 앞에서는 더욱 강조될 뿐이다. 혼자 조심한다고 해도 감염될 수 있다. 나 한 사람의 감염이 나비 효과처럼 많은 사람들에게 영향을 끼치게 된다. 원하든 원하지 않든 우리가 이처럼 함께 살아가고 있다는 것을 절실하게 느끼고 있으니까 연대는 거부해서는 안 되는 절대명제인 셈이다. 그런데 가끔은 당연시되는 명제에 저항하고 싶은 유혹을 느낄 때가 있다. 다시 말하면 그 명제의 이유를 좀 더 알고 싶다는 의미이기도 하다. 왜 연대인가 하는 의문에 대한 답을 말이다.

2. 코로나를 대하는 우리의 태도

『오탐정의 확진자 추적 사건』(이하 『오탐정』)30)과 『오뛰르 장의 거리두기 패션』(이하 『오뛰르 장』)은 코로나 시대 아이들의 이야기를 담은 단편모음집이다. 『오탐정』이 『오뛰르 장』보다 1년 정도 먼저 출간되었지만 그 속에 담긴 코로나 때문에 겪는 상황은 크게 다르지 않다. 그만큼 우리 현실이 제자리에 있다는 의미이기도 하다.

「하필 지금 첫 뽀뽀」는 코로나 시대의 불안을 사춘기 아이의 고민과 함께 녹여냈다. 주니는 좋아하던 한결이와 충동적으로 뽀뽀를 한다. 그런데 비밀스러운 첫 뽀뽀가 모든 사람에게 알려질 위기에 처하게 된다. 한결이의 엄마가 확진된 것이다. 이때부터 주니의 고민이 시작된다. 코로나에 감염될 걱정은 아니다. 한결이가 확진자가 되어 동선을 이야기하면 자신과 뽀뽀한 일도 밝혀지게 될 거라는 상상이 주니를 괴롭힌다. 이때 주니의 고민은 확진자가 되면 동선을 공개해야 한다는 코로나 시대에 새롭게 만들어진 암묵적 약속에서 비롯된다.

'확진자'나 '동선'과 같은 불과 몇 년 전만 해도 생소한 어휘들이 이제는 일상용어가 되었다. 그리고 우리의 자연스럽게 우리의 사고도 지배한다. '첫 뽀뽀'는 그 누구에게도 알리고 싶지 않은 은밀한 비밀이다. 그러나 주니의 의지와 상관없이 다른 사람들에게 알려질 상황에 놓인 것이다. 하지만 동선을 솔직하게 털어놓지 않는 경우도 종종 있지 않은가. 물론 이에 대한 사회적 비난은 뒤따른다.

> "확진자가 동선을 숨겼다네. 아니, 다들 바로 들킬 거짓말을 왜 하냐고. 뭘 그렇게 숨기고 싶어서……." - 「하필 지금 첫 뽀뽀」, (131쪽)

동선을 숨긴 확진자를 비난하는 주니 아빠의 말은 매우 익숙하다. 나라에서 2억이라는 구상권을 청구할 거라는 이야기를 들은 주니는 헛구역질이 올라오고 눈물이 차오른다. 이런 주니를 더 불안하게 만든 것은 시시티브다. 한결이가 확진이 되더라도 "주니와 집에 같이 왔어

---

30) 『오탐정의 확진자 추적 사건』에는 「초능력 가족」(공수경), 「오탐정의 확진자 추적 사건」(김명선), 「나의 외계인 친구」(김정미), 「안 코로나, 김지호」(서화교), 「하필 지금 첫 뽀뽀」(이선주)가 실려 있다. 『오뛰르 장의 거리두기 패션』은 김미숙 작가의 단편 모음집으로 「해피파티 클럽」, 「나는 98번이 아닙니다」, 「한밤중 외출 소동」, 「오뛰르 장의 거리 두기 패션」이 수록되어 있다.

요."라고만 밝히면 될 거라고 생각했다. 그런데 솔직하게 이야기해도 시시티브를 통해서 확인한다는 아빠의 이야기는 주니를 더 큰 불안으로 몰아넣는다.

확진자나 동선이라는 말이 익숙해진 만큼 우리는 그 체계에도 어렵지 않게 적응했다. 확진자가 나오고, 동선이 공개되면 확진자가 다녀간 장소는 방역을 하고, 동선과 겹치지 않는지를 확인하는 식이다. 그런데 문제는 이 과정에서 어떤 고민과 여지도 개입되지 않는다는 점이다. 이는 자동화 과정처럼 일시에 이루어지며 여기에 순응하는 것이 개인의 의무처럼 여겨진다.

그러나 집단을 위해 개인을 희생하는 것은 때로는 미덕으로 간주될 수는 있을지언정 정답이라고 할 수는 없다. 삶을 살아가는 데 있어 하나의 정답만 존재하지 않는다는 것을 잘 알고 있지 않는가. 그럼에도 우리는 집단을 위해, 또 안전을 위해 기꺼이 많은 것들을 감내한다. 하지만 그 선택을 지극히 당연한 것으로 인식할 때 개인에 대한 또 다른 '폭력'이 될 수 있다는 것을 기억해야 한다. 한결이와의 첫 뽀뽀를 떠올리며 '그게 그렇게 잘못일까'라고 생각하는 주니의 모습처럼.

「나는 98번이 아닙니다」와 「안 코로나, 김지호」, 두 작품 모두 '감염자'가 아닌 '완치자'에 대해 다루고 있다는 점이 이채롭다. 보통 코로나에 대한 공포는 곧 감염 여부와 직결된다고 생각한다. 감염되지 않기 위해서 마스크를 쓰고 눈에 띌 때마다 손소독제를 사용하고 사람들과 최대한 만나지 않는다. 하지만 코로나가 주는 최대의 공포는 '격리'가 아닐까. 「나는 98번이 아닙니다」의 주인공 방주영의 가족은 모두 확진자가 된다. 아빠는 96번, 엄마는 97번이고 주영이는 98번이다. 무사히 치료를 마치고 온라인 수업에 참여했을 때 많은 친구들은 모두 주영이의 퇴원을 축하해 주었다. 기다리던 등교 날이 됐지만 친구들은 주영이의 생각과 달랐다. 친구들은 "자석이 같은 극을 밀어내듯 내가 움직일 때마다 아이들은 자동으로 멀어졌다."(52쪽) 친구가 떨어뜨린 수저를 주워주었지만 더럽게 왜 만지냐는 말을 듣는다. 퇴원을 했지만 주영이는 아직도 코로나 감염자였다.

「안 코로나, 김지호」의 지호도 상황은 비슷하다. '나'는 지호 가족이 구급차에 타는 것을 본다. 다음 날 지호 아빠와 지호가 코로나에 확진된 것을 알게 된다. 확진이 된 후에도 지호와 친구들은 여전히 메시지를 통해 이야기를 주고받는다. 여전히 친한 친구 사이인 것이다. 하지만 지호와 만나는 것은 이와는 별개의 일이다. 축구장에서 만나자는 지호의 메시지에 친구들은 답을 하지 못하고 결국 친구들은 지호를 빼고 축구 모임을 갖는다. 이를 지호에게 들키자 "야, 입장 바꿔 놓고 생각해 봐. 너 코로나잖아."라는 말을 던진다. 친구들에게 지호는 이제 친구가 아니라 자신들을 위협하는 코로나 바이러스이다. 자가 격리보다 이와 같은 일상생활에서의 격리가 더 힘들 수 있는 이유는 치료를 받으면 일상으로 돌아갈 수 있다는 희망이 사라져버렸기 때문이다. 또 자신을 뒷받침해주던 정서적 지지를 잃어버린 탓이다.

「나는 98번이 아닙니다」와 「안 코로나, 김지호」에서 완치 후 '격리'에 대한 이야기를 다루면서 우리가 감염병 그 자체보다 감염병에서 기인하는 공포에 주목하고 있음을 알려 준다. 눈으로 확인할 수 없는 바이러스의 속성은 이러한 공포를 확산해 내기에 알맞다. 공포에 대한 불안은 완치자들을 더욱 움츠려들게 한다. 주영이 역시 "코로나는 내가 원하지 않아도 남에게 피해를 줄 수 있는 감염병이라고. 자꾸만 나 때문에, 나 때문에, 주눅이 들고 죄책감이 드는 병"(47쪽)이라는 생각을 한다.

하지만 주영이는 그대로 주저앉아 있지만은 않는다. '당당하게' 자신은 98번이 아니라고 외친다. 스스로 손을 내민 것이다. 「안 코로나, 김지호」의 지호에게는 대신 "우리 오빠 안 코로나아아아아아!"라고 소리쳐 주는 동생이 있다. 그리고 이들의 목소리를 들어 주는 사람들이 있다. 비록 처음에는 경계하고 상처를 주기도 했지만 결국 그들의 이야기에 귀 기울여 주고 가까이 다가가는 사람들이.

3. '코로나 시국'을 살아가는 우리들

분명 처음에는 많은 걱정을 했다. 어떻게 사람들을 '직접' 만나지 않고 생활할 수 있을까. 그러나 생각보다 훨씬 더 빠르고 잘 적응하고 있는 중이다. 「해피파티 클릭」은 온라인으로 생일 파티를 여는 이야기이다. 지연이는 오 총사 아니 사 총사끼리 생일 파티를 열려고 한다. 원래는 오 총사지만 자신을 외톨이로 만드는 민지에게는 연락하지 않는다.

지연이의 생일 파티는 해피파티 앱을 통해 착착 진행된다. 먼저 파티 음식을 장바구니에 넣으면 생일 파티 시간에 맞춰 친구들에게 배달이 된다. 그렇게 '랜선 생일 파티'가 시작된다. 이제 비대면 또는 화상 만남은 우리에게 낯설지 않다. 수업은 물론이고 대부분의 활동이 화상 만남으로 이루어지니까. 오히려 시간과 거리에 덜 구애받는다는 점에서 환영받기도 한다. 이런 비대면의 상황을 예상하지 못한 것은 아니다. SF에서 자주 보던 장면이었으니까. 하지만 아직은 먼 미래의 일로 여겨졌는데 코로나로 그 변화가 가속화된 것이다. 인간은 익숙함에 안주하려는 성향이 있다. 만약 코로나가 아니었다면 이처럼 빠르게 비대면에 익숙해질 수 있었을까. 아이들은 더 빠르게 이 비대면에 적응한다. 마치 태어날 때부터 그랬던 것처럼.

지연이와 친구들은 직접 만나서 생일 파티를 하는 것처럼 생일 축하 노래를 부르고 생일 케이크를 하고, 생일 선물을 주고받는다. 다만 컴퓨터와 같은 매체를 통한다는 점에서 차이가 있다. 지연이는 모니터를 통해서라도 친구들 얼굴을 보면서 먹으니 함께 있는 것 같다고 생각한다. 오히려 새롭고 재미있게 느껴진다. 해피 파티 앱을 통해 생일 파티 룸을 꾸미고 게임도 한다. 실제 만나는 것보다 더 즐거워 보이기도 한다.

지연이와 친구들은 기념으로 사진을 찍어서 합성을 한다. "사진 속에 우리는 함께 있었다."(25쪽)는 지연이의 말에서 알 수 있는 것처럼 점차 실제와 가상 세계 간의 구분은 희미해져 간다. 낯설었던 비대면 만남이 익숙해진다는 것은 대면을 충분히 대체할 수 있다는 의미도 된다. '해피 파티 앱'이 보여 주는 것처럼 가상 세계의 경험은 시공간의 제약을 넘어서게 해 준다는 점에서 매력적이다.「해피파티 클릭」은 코로나로 대두된 비대면 만남을 낙관론적 관점에서 그려 내고 있다. 도입 부분에서 엄마가 지연이에게 "어떤 방식이 됐든 마음은 다 이어져 있으니까."(11쪽)라고 말하는 것도 이러한 관점과 맞닿아 있다.

「해피파티 클릭」과는 다른 관점에서 코로나 시대 우리의 모습을 바라본 「오뛰르 장의 거리 두기 패션」은 가까운 미래를 배경으로 하고 있다. 주인공 시아는 패션 디자이너가 꿈이다. 특히 오뛰르 장이라는 디자이너를 좋아한다. 오뛰르 장은 바이러스 때문에 생긴 사람들의 새로운 욕망을 반영한 옷을 만든다. 그는 "어깨 소매를 과장한 옷에 마스크와 장갑을 더해 입과 손을 가리는 패션"을 유행시킨다. 어깨 소매를 강조한 이유는 '거리 두기'를 유지하기 위해서이다.

시아도 어깨가 넓은 옷을 좋아한다. 어깨가 클수록 신상품이기 때문이다. 거리 두기를 의식적으로 지켜야 하는 것이 아닌 생활이 되어버린 때, 사는 집도 색다르다. 사각형 구조로 집 한가운데 마당과 정원이 있는 외부와는 차단된 구조다. 이른바 '언택트(비대면) 하우스'다. 식사도 가족이지만 멀리 떨어져서 한다. 길쭉한 식탁 끝에 엄마와 아빠가, 중간에 시아가 앉는다. 작품에 나온 의식주 모습은 마스크를 쓰고 거리 두기를 하며, 비대면으로 일을 해결하는 현재 상황을 '생활화'한 버전이다. 물론 여전히 마스크 쓰기와 거리 두기도 지켜지고 있다. 그런데 어느 날 이모와 딸 솔이가 놀러오면서 '거리 두기'는 깨지기 시작한다. 이모와 솔이는 어깨가 몸에 딱 붙는 티셔츠를 입고 있었고 마스크와 장갑도 없었다. 더욱이 스스럼없는 두 사람의 스킨십은 시아를 놀라게 한다. 하지만 점차 익숙해지고, 두 사람의 행동을 통해 이 완벽한 언택트 하우스에서 뭔가 빠져 있다는 생각을 한다.

"전염병 유행기는 생명뿐 아니라 생계를 잃는 시기다. 일상을, 사람들과의 연결고리를, 자유를, 그 밖의 많은 것을 잃는 시기"[31]라고 한다. 그리고 더 중요하다고 생각하는 것을 위해 스스로 포기하는 것들도 있다. 감염병 시대에 첫 번째 가치는 '안전'이므로. 거리 두기를 통해 안전을 얻었지만 타인과의 '접촉'을 포기했다. 아감벤에 따르면 접촉은 두 존재가 서로 만질 때 이루어진다. 특히 접촉과 같은 촉감은 그 자체가 하나의 주체로 작용하기 때문에 우리는 다른 이를 만질 때 동시에 우리의 몸을 만졌던 경험을 갖는다고 한다. 아감벤이 우려하는 것은 거리 두기를 통한 접촉의 폐지는 타인과의 경험뿐 아니라 자기 자신을 느끼는 즉각적 경험 역시 잃어버리게 되는, 육신의 상실이다.[32]

---

31) 니컬러스 A. 크리스타키스, 『신의 화살』, 월북, 2021, 229/630.
32) 접촉에 대한 아감벤의 견해는 다음 책을 인용하였다. 조르조 아감벤, 『얼굴 없는 인간』, 효형출판, 2021.

매개 없는 즉각적인 관계, 타인과 자기 자신을 동시에 경험할 수 있는 육신, 접촉은 「해피파티 클릭」의 가상 세계가 대체할 수 없는 그 무엇이며, 「오뛰르 장의 거리 두기 패션」의 시아가 완벽한 언택트 하우스에서 빠져 있다고 느끼는 그 무엇이기도 하다.
　「한밤중 외출 소동」 역시 코로나 시대에 우리가 잃어버린 것에 대해 이야기한다. 이 작품이 독특한 것은 화자가 신발들이라는 점이다. 준이네 가족이 자가 격리에 들어가면서 본의 아니게 함께 '자가 격리'를 하게 된 신발들의 불만이 이만저만이 아니다. 가족들은 집에서 자기 일을 할 수 있지만 신발들은 꼼짝 없이 신발장에 있어야 했다. 모두가 잠든 깊은 밤 아빠 구두와 엄마 슬리퍼, 아들 준이 운동화는 외출을 결심한다.
　바깥에 나가자마자 신선한 공기를 맡으며 좋아하는 신발들은 동네를 다니며 오랜만에 즐거운 시간을 보낸다. 그리고 예전 추억들을 떠올린다.

> "그러게. 옛날이 무척 그리워."
> 신발들은 조용해졌어. 당연했던 것들이 이렇게 그리워질 줄이야 누가 상상이나 했겠어? 우리는 언제쯤 옛날로 돌아갈 수 있을까? -「한밤중 외출 소동」, (89쪽)

　'옛날로 돌아가고 싶다.'라는 신발들의 말은 코로나를 겪으며 가장 많이 했던 말 중 하나가 아닐까 싶다. 여기에는 두 가지 의미가 있다. 하나는 코로나19가 없던 시기를, 다른 하나는 예전의 일상을 가리킨다. 그러나 둘 다 실현되기 어려운 바람이다. 우리는 벌써 코로나를 겪었으며, 코로나는 이미 많은 것을 바꾸어 놓았기 때문에 예전의 일상으로 복귀하는 것도 녹녹치 않기 때문이다. 사실 옛날로 돌아간다는 말 자체가 모순이기도 하다. 어쩌면 실현될 수 없는 불가능한 것에 대한 동경과 과거에 대한 그리움이 합쳐진 감정일 수도 있겠다.
　하지만 옛날로 돌아갈 수는 어렵다고 해도 당연하게 여겼던 소소한 일상의 소중함을 알게 되었다. 마스크를 쓰지 않고 웃고 떠들고, 맛있는 음식을 먹고 자유롭게 다닐 수 있었던 크게 특별할 것 없는 그 일상이 우리에게 주었던 행복도. 화려하고 멋진 삶이 아니라 평범한 일상에 대한 그리움은 삶에서 중요하게 여겨야 하는 것이 무엇인지 그 우선순위에 대해서도 다시금 돌아보게 한다. 「한밤중 외출 소동」은 코로나 시대에 적응하며 그럭저럭 잘 살아가는 것처럼 보이지만 여전히 옛날의 일상을 그리워하는 모습을 보여 준다. 그 안에는 우리가 잃어버린 소중한 것들이 들어 있다.

4. 누구를 위하여 종은 울리나

코로나 초기 우리는 확진된 많은 사람들을 비난했었다. 그들이 잘못해서 코로나에 걸린 것으로 생각하기도 했다. 조심해도 감염될 수 있다는 사실을 알고 난 후에도 감염자에 대한 차가운 시선을 거두지 않았다. 하지만 곧 끝날 거라는 믿음과 달리 오랜 시간 지속되는 코로나 바이러스를 보면서 생각은 달라졌다.

코로나는 누구에게나 찾아올 수 있다. 그 누구도 예외는 없다. 영국의 시인 존 던이 쓴 「누구를 위하여 종은 울리나」는 당시 감염병으로 많은 사람들이 죽었을 때 울리던 조종을 소재로 쓴 시다. 죽음을 알리는 종이 울리면 누가 죽었는지 알아본 후, 장례식에 갈지를 결정했다고 한다. 하지만 존 던의 생각은 달랐다. 「누구를 위하여 종은 울리나」의 전문을 보자.

누구든 그 자체로서 온전한 섬은 아니다.
모든 인간은 대륙의 한 조각이며, 대양의 일부이다.

만약 흙덩이가 바닷물에 씻겨 내려가면
유럽의 땅은 그만큼 작아진다.
모래벌이 씻겨나가도 마찬가지다.

그대의 친구들이나
그대 자신의 땅이 그리되어도 마찬가지다.

어떤 사람의 죽음이라도
나를 감소시킨다.

왜냐하면
나는 인류 전체 속에 포함되어 있기 때문이다.

그러니
누구를 위하여 종이 울리는지를
알기 위해 사람을 보내지 마라.
종은 그대를 위해서 울린다.

존 던 자신도 감염병에 걸려 죽음의 문턱까지 갔었기 때문에 감염병이 누구에게나 올 수 있다는 사실을 경험했던 것이다. '나'와 '너'가 아닌 우리가 되는 순간이기도 하다. 나는 코로나가 우리에게 오히려 긍정적인 영향을 주는 면을 말하고 싶지는 않다. 아무리 좋은 영향을 주었다 하더라도 아침에 일어나서 확진자 수를 확인하고, 마스크가 일상품이 되고 차단과 격리가 반복되는 생활은 빨리 끝내고 싶은 경험이니까.

하지만 딱 한 가지, 코로나가 한 중요한 역할은 이야기하고 싶다. 바로 분열의 멈춤이다. 코로나 이전 우리 사회는 성별로, 연령으로 수없이 나누어져 있었다. 끊임없이 타자를 양산해내며 공격하고 비난했다. 그것이 자신의 존재를 확인해 주는 것처럼. 그러나 감염병 앞에서는 이러한 분열들은 무의미해졌다. 차이보다 감염병 앞에서 같은 처지라는 '평등'이 훨씬 부각되었으니까. 재난 속에서 사람들은 정체감을 더 많이 공유하게 되는 것은 모든 사람이 같은 위험에 놓이면 기존의 구분이 사라지면서 많은 사람이 '우리'의 범주에 들어오기 때문이라고 한다.[33] 매우 실질적인 이유다. 공동의 문제를 해결하기 위한 본능이라고도 할 수 있다.

그런데 여기서 존 던의 시를 떠올려 보면 어떨까. 누구도 그 자체로 온전한 섬이 아니고 어떤 사람이 죽음이든 나를 감소시킨다. 그렇게 우리는 연결되어 있다. 연대하는 것이 아니라 연대되어 있는 셈이다. 그런 면에서 본다면 연대의 이유는 존재하지 않는다. '함께 하다'라는 행위에는 어떤 설명도 불필요하기 때문이다. 다만 우리는 함께의

---

33) 니컬러스 A. 크리스타키스, 『신의 화살』, 윌북, 2021, 353/630.

힘을, 함께하고 있었음을 깨닫고 있는 중이다. 누군가와의 사랑이나 교감이 있으면 고통도 더 참을 만해진다"34)는 사실 역시도. 코로나19 시대 우리 아동문학이 공존과 연대, 그래서 희망을 이야기하는 이유도 여기에 있다.

---

34) 위의 책, 343/630.

방정환이 꿈꾼 희망의 세상

1.

한국 아동문학에 방정환이 미친 영향력은 매우 크다. 이재철은 "'아동문화'니 '아동문학'하면 곧 소파 방정환을 연상할 정도"35)라고 그 영향력을 설명하며, 방정환을 아동문학이라는 새로운 영역에서의 최초의 조타수에 비유한다. "한국 아동문학은 방정환에 대한 주석달기라 해도 거의 틀리지 않을 터"36)라는 원종찬의 견해도 방정환이 한국 아동문학의 처음이자 지금까지 자리하고 있음을 의미한다.

잘 알려진 바와 같이 방정환의 사상적 바탕은 천도교다. 인격, 민족, 감성 해방을 목표로 하는 소년운동과 당시 이중의 억압을 받고 있었던 어린이에 대한 각별한 애정은 궁극적으로 천도교의 인내천, 평등사상과 맞닿아 있는 것이다.

그의 작품에서 성인과 아동의 뒤섞임이 일어나는 곳, 아동-되기의 블록은 희망의 세계로 나타난다. 이 -되기의 블록에서 이질적인 두 대상, 성인 작가와 아동이 취해지는데 이때 방정환은 민족의식을 대변한다. 민족의식이라는 공동체적 의지로 아동과의 만남을 이루는 것은 개인 주체가 정초된 것과 관련이 있다. 국가 부재의 상황으로 인해 우리에서 나를 분리해 내지 못한 것이다.37)

---

35) 이재철, 『한국아동문학작가론』, 서울: 개문사, 1987, 13쪽.
36) 원종찬, 「한일 아동문학의 기원과 성격 비교: 방정환과 한국 근대아동문학의 본질」, 『아동문학과 비평정신』, 파주: 창비, 2001, 49쪽.
37) 차혜영, 「1930년대 한국 소설의 근대성과 모더니즘적 전망」, 『상허학보』 제4집, 상허학회, 1998, 107쪽 참조.

2.

방정환의 작품 중 「四月 금음날 밤」38)과 「삼태성」39)에서는 희망의 세계가 잘 나타나 있다. 「四月 금음날 밤」에 나오는 봄을 맞이하는 작은 동식물들의 정다운 세계는 천도교에서 지향하는 지상천국40)의 모습으로 볼 수 있다.

「四月 금음날 밤」은 방정환의 창작 작품 대부분이 아동을 대상으로 하는 것과 달리 더 어린 연령의 유년을 독자로 삼고 있다. 이 '유년'은 방정환이 '제일 귀애한다고 밝힌 오륙 세쯤의 어린애'에 해당하는 시기다.41) 또한 『어린이』가 발간된 지 1주년 되었을 때 발표되었고, 당시 5월 1일42)이었던 어린이날을 축하하기 위한 글이었다는 것43)이 작품이 지니고 있는 무게를 짐작케 한다.

「四月 금음날 밤」은 작가 방정환으로 추측되는 '나'가 4월의 마지막 날 밤에 보고 들은 일들을 독자에게 이야기해 주는 형식을 띠고 있다. 깊고 고요한 밤, '깨어 있는' 사람은 '나' 하나뿐이다. 모두 잠자는 밤에 '나'는 깨어 있었기 때문에 비밀스러운 자연의 신비를 엿보게 된다. 이 작품의 목적은 당시 어린이날이었던 5월 1일을 축하하기 위한 것이다. 그렇기 때문에 어린이를 위한 작품이라는 것도 이견의 여지가 없다. 그러나 작품 곳곳에서 일제강점기의 조국과 관련된 메시지들을 발견할 수 있다. 이는 방정환이 개인이 아닌 민족의식으로서 아동-되

---

38) 小波, 「四月 금음날 밤」, 『어린이』, 개벽사, 1924년 5월호.
39) 방정환, 「삼태성」, 『시대일보』, 1924년 4월 1일자 5면.
40) 천도교에서 내세우는 이상 세계는 '포덕천하(布德天下) 광제창생(廣濟蒼生)'을 통해 가능한 지상천국 건설이다. 이때의 지상천국은 특정한 형식과 조건을 갖춘 것이라기보다는 "그 시대 시대에서 각각 보다 좋은 신사회를 의미"한다. 염희경, 『소파 방정환과 근대 아동문학』, 경진출판, 2014, 107쪽.
41) 방정환은 「동화를 쓰기 전에-어린애를 기르는 부형과 교사에게」에서 "나는 어린애를 좋아한다. 그중에서도 처음 말 배운 오륙 세쯤의 어린애를 제일 귀애한다."로 서두를 시작하고 있다.
42) 당시 어린이날이 노동자의 날인 5월 1일이었던 것은 어린이 운동가들은 어린이도 노동자와 마찬가지로 억압받는 민중으로 보았기 때문이라고 한다. 방정환은 조선 민중 가운데서도 가장 불쌍한 민중을 어린 민중으로 보았다. 이주영, 『어린이 문화 운동사』, 19~21쪽 참조.
43) 이 해의 어린이날 행사가 전국 동시다발로 사나흘 간 매우 성대하게 치러졌다는 기록이 남아 있다. 정인섭, 『색동회 어린이 운동사』, 서울: 학원사, 1975, 84~87쪽 참조.

기를 시도하고 있다는 것을 보여 주는 표지기도 하다.

'깨어 있다'는 표현은 '계몽' 또는 '자각'과 관계있는 것으로 보인다. 작품의 창작 년도가 일제강점기였던 1924년임을 감안할 때 '모두 잠자는 밤중'은 식민지의 어두운 현실을, '깨어 있다'는 것은 이러한 현실을 자각하고 있음을 상징한다고 볼 수 있다.

'날만 밝으면 좋은 세상이 온다.'는 표현 역시 중의적 의미를 갖고 있다. 사월 그믐날 밤이 밝으면 어린이날인 5월 1일이 온다. 이는 각각 당시 인권을 존중받지 못했던 어린이의 처지에 관심을 갖고 어린이를 존중하는 새로운 세상을 바라는 것으로 해석할 수 있다. 또한 이 '좋은 세상'은 일제의 억압에서 벗어난 민족의 독립을 뜻하기도 한다. 방정환에게 있어 일제강점기 어린이와 우리 민족의 현실은 등치 관계였던 것이다. 민족과 어린이가 놓여 있었던 공통적인 암울한 상황은 이 둘을 동일시하도록 만들어 주었다.

그러나 '민족'과 아동, 이 둘이 만나 이룬 -되기의 '블록'은 희망의 세계를 구현한다. 이는 방정환의 아동관, 아동에 대한 앎과 관련이 있다. 『어린이』 창간사나 「어린이 讚美」에서 보았듯이 방정환은 아동의 선함과 아름다움을 극적인 태도로 예찬한다. 그리고 그들을 예찬하는 또 다른 이유는 아동은 새로운 세상을 이끌어 갈 기대를 짊어진 주체이기 때문이다.

민족의식과 새로운 주체로서의 아동이 만난 -되기의 블록은 새로운 희망을 보여 주는 세계다. 「四月 금음날 밤」의 화자인 '나'는 유일하게 깨어 있는 이로서 희망의 세계에 다가간다.

> 어대서인지 어린아가의 숨소리보다도 가늘게 속살속살하는 소리를 들엇습니다. 누가 들어서는 큰일날듯한 가늘듸가는 소리엿습니다. 어대서나는가하고 나는 귀를 기우리고 찾다가 내가 공연히 그랫는가브다고 생각도 하엿습니다. 그러나 그 속살거리는 작은소리는 쏘 들녓습니다. 감안―히 듯노라닛가 그것은 담밋헤 풀밧에서 나는 소리엿습니다.44)

---

44) 小波, 「四月 금음날 밤」, 32쪽.

'나'는 못 듣고 그냥 지나칠 수도 있는 작은 소리에 귀를 기울인다. 그러나 소리가 잘 들리지 않아 잘못 들었다고 생각했을 때 그 '속살거리는 소리'가 다시 들린다. 그 소리의 주인공은 보랏빛 치마를 입은 앉은뱅이꽃의 혼이었다. 앉은뱅이꽃45)은 제비꽃의 방언으로 봄에 핀다. 진달래, 개나리, 복사나무 꽃도 봄을 대표하는 꽃들이다. 이 꽃들은 마치 사람처럼 분주하게 잔치 준비를 한다. "날이 밝으면 좋은 세상"이 오기 때문이다.

'좋은 세상'은 사월 그믐날의 다음 날인 오월의 시작이며, 본격적인 봄을 뜻한다. 이 봄은 전술한 바와 같이 어린이의 봄이며, 민족의 봄이다. 그런데 이 봄은 계절의 변화로 자연스럽게 찾아오는 것이 아니라 작은 동식물들이 사람들이 잠든 한밤중에 몰래 만들어 낸다.

진달래꽃은 꿀떡을 만들고, 복사나무는 새들이 음악할 장소를 마련해 놓는다. 할미꽃은 이슬로 술을 담고, 개나리는 무도장 둘레를 황금색 휘장으로 둘러친다. 개구리가 조그만 인력거에 참새를 태우고 외꾀꼬리가 목병이 나서 내일 독창을 못하게 됐다는 소식을 전한다. 제비가 자전거를 타고 오월이 오는 줄도 모르고 자고 있는 꽃과 벌레들을 깨우는 장면들에서 담 밑 풀밭이 봄이라는 계절을 만들어 내는 인간 세상과는 다른 신비한 세상임을 느끼게 한다.

이 신비한 세상에 사는 인물들은 언뜻 의인화된 동식물로 보인다. 그러나 봄을 맞이하기 위해 분주하게 움직이는 것은 동식물들의 실체가 아니라 '혼'이다. 이 신비한 세계에서 혼들이 봄을 만들어 내는 모습을 통해, 봄이라는 계절이 어떻게 생겨나는지를 알 수 있다. 자연의 순리를 하나의 '꾸며 낸' 이야기로 들려주는 '신화'와 유사해 보인다.

『아이고 인제 곳 새벽이될터인대 쓸썩을 잇째까지못맨들엇스니 엇저나』 하고 걱정하는 것은 고—흔보라ㅅ빗치마를닙은족고만족고만 안즐뱅잇곳의혼이엿습니다.46)

『치워노앗서요 인제 우리는 새옷만 닙으면그만이라오 지금 분홍치마를 다리는주이애요 그아래에서는 모다차려노앗소?』고 복사꽃의혼은

---

45) 앉은뱅이꽃은 채송화, 민들레를 부르는 방언이기도 하다. 그러나 작품에서 보랏빛 치마를 입었다는 표현을 보았을 때, 제비꽃임을 알 수 있다.
46) 小波, 「四月 금음날 밤」, 32~33쪽.

몹시깃버하는모양이엇습니다.47)

'혼'이라는 표현은 위에 제시한 두 부분에만 나오지만 이 부분들이 작품의 앞쪽에 위치해 있다는 것은 뒤에 나오는 동식물들 역시 그들의 혼을 가리키는 것임을 추측하게 한다. 따라서 담 밑 풀밭은 보통의 인간이 평소에는 접할 수 없는 정령들의 세계로 볼 수 있다.

「四月 금음날 밤」은 비교적 초기작이며, 그가 생각한 '어린이' 상(像)에 부합하는 유년독자를 대상으로 한 작품이라는 점에서 방정환의 아동문학관이 잘 나타나 있을 것으로 추측할 수 있다. 동심여선(童心如仙)은 방정환의 아동관을 단적으로 나타내는 말이다. 그러나 이 동심여선을 '천사와 같은 아이'라는 자구적 해석에서 더 나아가 맥락적 해석으로 확대할 필요가 있다.

작가는 시대의 영향력 아래 살아간다. 특히 일제강점기라는 특수한 상황인 만큼 시대의 맥락은 작품에도 큰 영향을 줄 수밖에 없다. 따라서 방정환의 '동심여선'이 어떤 시대적 맥락에서 출현했는지 살펴보아야 한다. 이 맥락적 해석에 대한 단서를 바로「四月 금음날 밤」에서 찾을 수 있다.

이 작품에는 방정환이 추구하고 있는 '신화적 세계관'이 드러나 있다. "모든 신화는 이 세상과 더불어 존재하는 다른 어떤 세상에 대해 이야기한다."48)「四月 금음날 밤」에서는 '담 밑 풀밭'이 바로 그 '다른 어떤 세상'이다.

> 『에그 그래 엇저게 쇠소리가 못오면엇더케하나』
> 하고 걱정들을하다가 조흔꿀을 한그릇담어서 『약으로잡수어보라고』주어보냇습니다. 참새색긔는 꿀을바다가지고 다시인력거를타고 급히도 라갓습니다.
> 참새가도라간후 얼마안잇서서 이번에는 싸르릉 싸르릉하고 불켠자전거가휘돌아왓습니다. 자전거를타고온것은다리긴제비엿습니다.
> 『어이그 수고 만히하엿소』

---

47) 위의 글, 33쪽.
48) 카렌 암스트롱, 『신화의 역사』, 파주: 문학동네, 2005, 10쪽.

『얼마나 애를썻소』
하고 꼿들은 일을하는채로내다보면서 치사를하엿습니다.49)

담 밑 풀밭은 다정한 세계다. 그곳에 사는 동식물들은 사이좋게 봄을 맞이할 준비를 한다. 목이 아픈 꾀꼬리를 걱정해 꿀을 보내기도 하고 봄을 알리러 다닌 제비에게 고맙다는 표현을 잊지 않는다. 이 세계는 현실 세계를 닮았지만 당시 억압받고 있었던 민족의 현실과는 상반된 정답고 아름다운 세계가 그려져 있다. 이는 천도교에서 강조했던 지상천국이 특정한 조건을 충족한 세계가 아닌 '그 시대마다 좋은 신사회'를 의미한다는 점을 고려했을 때, 이 지상천국은 곧 그 시대 우리 민족이 지향했던 이상 세계가 된다. 「四月 금음날 밤」에서는 내일이면 찾아올 봄을 준비하는 희망의 세계로 그려지는 것이다.

'지상천국'은 시대에 따라 다양한 상으로 나타나는 가변적이며 그 시대와 사회가 요구하는 현실적 개념이었기 때문에 방정환은 민족 해방이라는 시대 과제를 지상천국을 통해 풀어내고자 했다. 그리고 이는 방정환의 아동-되기가 민족의식의 아동-되기인 까닭을 설명해 준다.

민족만큼 이 담 밑 풀밭이라는 또 다른 세계에서 눈에 띄는 것은 바로 아동-되기의 블록을 채우고 있는 '희망'이다. 담 밑 풀밭 세계를 더욱 힘차고 밝게 만드는 것은 날만 밝으면 좋은 세상이 올 것이라는 믿음, 그 믿음에서 오는 희망이다. 그들이 기다리는 좋은 세상은 오월 초하루에 열리는 새 세상이다. 작품의 결말에서 이 새로운 세상을 '일년 중에서 제일 선명한 햇빛이 비추고, 새들이 복사나무 가지 위 꽃그늘에서 오월의 노래를 부르고, 나비들이 너울너울 춤을 추는' 봄으로 보여 준다.

특히 '오월'은 '억압에서의 해방'을 상징하는 봄의 절정이라는 점에서, '새 세상'은 해묵은 과거와의 결별을 뜻한다는 점에서 '희망'과 밀접한 관련이 있다. 오월 초하루의 새 세상은 희망의 세상, 희망이 이루어진 세상인 것이다.

그런데 전술한 바와 같이 이 희망이 민족과 어린이에 대한 것으로 중의적 해석이 가능하다는 데 주목해야 한다. 방정환의 동심여선이라

---

49) 小波, 「四月 금음날 밤」, 34쪽.

는 아동관이 어떻게 형성되었는지 그 바탕을 알 수 있는 열쇠가 되기 때문이다. 작품에 나오는 오월 초하루의 새 세상은 광복된 조국과 어린이에 대한 온당한 대우가 이루어지는 세상이다. 이런 중의적 해석이 가능한 이유는 당시 우리나라와 어린이는 '억압받는', '힘없는' 약자라는 공통점이 있기 때문이다.50) 방정환에게 있어 민족은 곧 어린이였으며, 어린이의 해방은 바로 민족의 해방이었다.

그가 지향했던 민족이 해방된 희망의 세계는 필연적으로 아름다운 곳일 수밖에 없고, 이곳의 주인공 역시 아름다운 세계에 어울리는 존재여야 했다.

그러나 방정환의 낭만적 아동관은 단순히 아동을 순수한 존재로 보는 것은 아니었다. 「四月 금음날 밤」에서 그리고 있는 다정하고 아름다운 세계는 민족과 아동이 해방되었을 때 이루어질 수 있기 때문이다. '동심천사주의'라 불리는 그 이면에는 치열한 민족의식이 내포되어 있는 것이다. 뒤에서 살펴볼 그의 아동상이 '영웅'으로 형상화되는 까닭이기도 하다. 「四月 금음날 밤」은 식민지 현실에서 벗어나 이루고자 했던 희망의 세계를 아동-되기의 블록으로 보여 준다.

3.

「삼태성」에서도 이러한 희망의 세계가 그려진다. 「四月 금음날 밤」에서는 아름답고 정다운 희망의 세계를 형상화했다면 「삼태성」에서는 희생을 통해 희망의 세계가 어떻게 이루어질 수 있는지 그 과정에 중심을 두고 있다는 데서 차이가 있다.

이 작품은 1924년 4월에 『시대일보』에 먼저 수록되고 한 달 후인 5월에 『어린이』와 『신여성』에 재수록되었다.51) 아동 독자가 아닌 성인을 대상으로 창작된, 또는 아동과 성인을 독자로 모두 아우르는 작품인 것이다.

특히 여성 잡지 『신여성』에 수록된 점이 이채롭다. 『신여성』은 개벽

---

50) 아동의 경우, 사회적·민족적 측면에서 이중의 억압이 이루어지고 있었으나, 억압의 강도가 아니라 강자와 약자, 억압하는 존재와 억압받는 존재라는 관계적 측면에서 민족과 아동은 등치 관계가 되는 것이다.
51) 염희경, 『소파 방정환과 근대 아동문학』, 489쪽.

사에서 『부인』을 종간한 후, 이를 대신으로 1923년에 창간한 잡지다. "『부인』이 주로 가정주부를 대상으로 했다면 『신여성』은 그야말로 새로운 시대를 호흡하는 젊은 여성을 독자로 삼았다."52) "교육을 통한 여성의 자각과 여성의 공적 영역에의 참여가 동시에 이루어지면서 새롭게 형성된 근대의 산물"53)인 신여성은 새로운 시대에 걸맞은 사고와 행동이 요구되기도 했다.

『신여성』에 「삼태성」을 발표한 의도는 이 새로운 시대의 여성들에게 아동에 대한 인식의 전환이 필요하다 여겼기 때문이다. 당시 「조선일보」에도 일요일마다 발행된 '가명부인'란에 동화가 실렸었다. 이때의 동화는 '가명부인'의 주독자층인 기혼 여성이 자녀에게 읽어 주는 읽을거리의 성격을 띠고 있다.

그러나 「삼태성」은 아동에게 이야기가 필요하다는 것을 문학적으로 형상화하고 있다는 점에서 차별화가 된다. 또 그 문학적 형상화는 '새로운 여성'에게 아동과 동화에 대한 인식의 전환을 더욱 호소력 있게 전달할 수 있는 방법이 된다. '신여성'을 대상으로 아동과 동화에 대한 인식의 변화를 의도했다는 것은 『신여성』에 방정환 자신의 아동관을 피력한 「어린이 讚美」 등의 글이 실렸다는 데서도 알 수 있다.

「삼태성」은 "녯날 녯적, 아조녯적 어느 시골에 이상한로인이 한분 잇섯습니다."라는 옛날이야기의 도입부를 연상시키는 문장으로 이야기를 시작한다. 하얀 얼굴빛과 수염, 얼핏 비범해 보이나 무척 사람 좋은 인상의 이 노인은 아무나 만나면 좋은 이야기를 하고 또 날마다 파란 피리를 불었다. 노인이 부는 피리 소리는 신기한 힘을 갖고 있었다.

> 피리 소리는 더할스업시곱고 아름답고도 멀리 멀리 퍽 멀리까지 들렷습니다. 그런데 이상하게도 그소리를들으면 누구든지 마음이조하지는것이엇습니다. 아모까닭도업시 그피리소리만들으면 저○로마음이 조하지고 즐거워지는것이얏습니다.
> 그래서 사람마다 피리소리를 들으면서 조흔마음으로 자긔할일을 부

---

52) 최덕교, 『한국잡지백년 1』 서울: 현암사, 2004, 318쪽.
53) 한국여성문학학회, 『한국여성문학 연구의 현황과 전망』, 서울: 소명출판, 2008, 345쪽.

지런히 하엿습니다. 남의것을 욕심내거나 남의것을 도적질하는살마
도 업섯습니다. 어린사람을 싸리거나남에게욕을하는사람도업섯습니
다. 집집마다 먹을것이넉넉하고 곳곳마다 꼿이 ○작피어서 아-모걱
정도업고 근심도업시 편안하게 지내엇습니다.54)

평화로운 세상으로 만들어 주는 이 신비한 피리는 신라 설화에 나오는 '만파식적'과 유사하다.55) 만파식적은 신라 때 국보로 삼았다는 전설상의 피리다. 신문왕이 아버지 문무왕을 위하여 동해변에 감은사를 지었다. 문무왕과 김유신은 각각 해룡(海龍)과 대신(大臣)이 되었는데, 나라를 지킬 수 있는 보물로 대나무를 내렸다. 이 대나무로 만든 피리가 만파식적이다. 이것을 불면 적병이 물러가고 병이 낫는 등 나라의 모든 근심, 걱정이 사라졌다고 해서 '만파식적'이라는 이름으로 불렸다.56)

작품에서 노인의 피리는 마을 사람들의 마음을 즐겁고 기분 좋게 만들어, 근심 없이 편안하게 지내게 해 주는 힘을 갖고 있다. 평화롭고 행복한 마을은 방정환이 꿈꾸는 이상적인 곳이다.

그런데 동장인 효득이 아버지는 특별한 이유 없이 노인을 미워한다. 그래서 효득이도 노인에게 가지 못하게 한다. 효득이는 노인을 몰래 찾아가 눈물을 흘리며 아버지 이야기를 털어놓는다. 노인은 이야기를 듣고 난 뒤, 자신의 피리를 효득이에게 준다.

『너의아버지가 나를미워하는 것은 아즉내정성과 힘이부족한탓이다. 이세상한사람에 게라도미움을밧는사람은이피리를 불자격이업는사람이니 그런 사람은 아모리불어도 소리가조금도 나오지 안는단다 자아

---

54) 방정환, 「삼태성」, 5면.
55) 「삼태성」을 「하멜른의 쥐난리」와 외국의 별자리 전설이 결합한 듯한 작품으로 설명하며 외국 이야기일 가능성이 높다고 보아, 번안 작품으로 분류하기도 한다. 그러나 「하멜른의 쥐난리」에서의 피리는 쥐와 아이들을 유혹하는 역할을 하나, 「삼태성」의 피리는 '태평성대'를 이루게 한다는 점에서 차이가 있다. 이러한 점에서 신라 설화에 나오는 모든 근심 걱정을 사라지게 했다는 피리 '만파식적'에 가까워 보인다. 또한 「삼태성」의 세 인물이 하늘의 별이 되는 결말은 비단 외국 별자리 전설 뿐 아니라 우리나라의 전래동화 「북두칠성 이야기」에서도 볼 수 있다. 즉 「삼태성」은 우리나라 설화를 바탕으로 한 창작 작품일 가능성을 제시할 수 있다.
56) 일연, 『삼국유사』, 서울: 홍신문화사, 2008, 100~102쪽 참조.

늣기전에 어서가지고가서 남에게보이지말고 ○○가지고잇거라 나는 아조갈터이다』하고 로인은 효득이를 돌려보냇습니다.57)

노인이 효득이에게 신비한 힘을 가진 피리를 주고 자신은 영영 떠난다는 것은 '세대교체'를 의미한다. 세상은 이제 새로운 인물, 즉 아동이 이끌어 갈 것이라는 방정환의 생각을 엿볼 수 있다. 방정환은 세상을 이끌어 갈 주체로서 아동을 호명하고 있는 것이다. 노인과 효득이는 각각 구세대와 새로운 세대를 상징한다. 노인과의 대조를 통해 새로운 세대로서의, 세상을 이끌어 갈 주체로서의 아동의 역할을 명료하게 보여 주고 있다.

노인이 떠나자 마을에 싸움이 생기고 평화가 깨진다. 효득이는 노인 생각에 울며 지낸다. 그러던 어느 겨울 날, 효득이는 눈 쌓인 산으로 올라간다. 산에 오른다는 것은 고난과 역경을 의미한다. 산에 올라간 효득이는 피리를 불기 시작한다. 피리 소리를 듣고 마을 사람들은 노인이 다시 돌아온 줄 알고 노인을 찾아 산으로 올라간다. 그리고 눈길에 남아 있는 효득이의 발자국을 발견한다. 효득이 아버지는 효득이 발자국을 따라간다. 그리고 그 밤 효득이의 뒤를 따라 하늘로 올라가서 반짝이는 별이 된다. 노인과 효득이, 효득이 아버지는 하늘의 별이 된 것이다. 그리고 그 하늘에서 날마다 흘러나오는 피리 소리에 마을은 다시 행복을 되찾게 된다. 작품 제목 그대로 세 개의 큰 별, 즉 '삼태성'에 얽힌 이야기인 것이다.

삼태성은 겨울철에 볼 수 있는 별자리로, 큰곰자리에 있는 자미성을 지키는 별로 각각 두 개의 별로 된 상태성(上台星), 중태성(中台星), 하태성(下台星)으로 이루어져 있다.58)

이처럼 세 인물 모두가 별이 되었다는 결말에서 방정환의 세계관이 잘 나타난다. 노인과 효득이만이 아닌 효득이 아버지도 별이 되었다는 것, 이 세 별이 나란히 떠 있다는 것은 강자와 약자, 착한 이와 악한 이 모두가 더불어 사는 세상을 바라는 마음이 담겨 있다.

---

57) 방정환, 「삼태성」, 4쪽.
58) '삼태성'에 얽힌 중국 설화가 전해지기는 하나, 삼형제의 이야기로 작품의 내용과는 연관이 없다. 이는 「삼태성」은 별자리 삼태성에 착안하여 방정환이 창작한 작품이라는 데 더욱 무게를 실어 준다.

효득이 아버지는 동장인 자신보다 아는 것이 많은 노인을 미워한다. 그래서 효득이를 노인에게 가지 못하게 하고, 노인이 마을을 떠나게 하는 결정적 역할을 한다. 효득이를 찾기 위해 산에 오르는 효득이 아버지의 생각과 마음은 따로 설명되지는 않았다. 그러나 추운 겨울 눈 쌓인 산을 올라간 효득이 뒤를 따라 올라가는 모습에서 효득이에 대한 걱정, 또는 뒤늦은 후회를 했을 것이라는 추측을 할 수 있다.

효득이 아버지는 '이야기'에 대해 부정적 입장을 가진 인물로 나온다. 효득이는 노인이 들려주는 이야기를 '재미나고 좋은 이야기'라고 하지만 효득이 아버지는 거짓부렁이야기"로 생각한다. 이런 효득이 아버지의 생각은 당시 '이야기', 즉 '동화'에 대한 인식을 보여 주기도 한다.59)

또한 '이야기'에 대한 편견의 벽 앞에서 어려움을 느꼈을 방정환의 처지를 볼 수 있기도 하다. 이러한 점에서 노인은 방정환을 대변하는 인물로도 볼 수 있다. 노인이 아이들을 좋아하고, 아이들에게 이야기를 들려주는 인물로 나오는 것에서 짐작할 수 있다. 또한 세상의 주체로서 아동을 인식하고 있다는 점 역시 그렇다. 하지만 방정환은 자신과 갈등하는 인물을 배척하는 것이 아니라 이들까지도 '하늘에 나란히 떠 있는 별'들처럼 함께하는 그런 세상을 원했던 것이다.

행복하고 평화로운 세계라는 이상향과 함께 그 세계의 주체는 어린이임을 강조하고 있는 것이다. 이러한 측면에서 효득이의 죽음이라는 비극적 결말은 모순으로 느껴지기도 한다. 그러나 효득이의 희생과 죽음이 '별'이 되었다는 결말은 비극적 정서를 희석시켜, 행복한 결말을 맺고 있다.60)

---

59) 방정환에게 동화는 곧 이야기였다. 즉 어린이라는 대상에게 들려주는 이야기로 동화를 정의한다. '교훈'만이 동화의 정면 목적이 아님을 명시하고, 동화가 아동에게 미치는 긍정적이고 다양한 역할, 정의의 계발, 덕성, 종교적 신앙의 기초 등으로 명확히 인식하고 있다는 점에서 그의 아동문학관의 포괄성을 짐작할 수 있다. 小波, 「새로 開拓되는 「동화」에 關하야-特히少年以外의 一般큰이에게」, 『개벽』 제31호, 개벽사, 1923년 1월호, 18~25쪽 참조.

60) 「삼태성」의 결말을 비극적으로 보는 의견도 있다. 노인과 효득이의 비극적 우정을 그린 작품으로 보는 것이다. 노인과 효득이, 효득이 아버지의 죽음에 초점을 맞춘 해석으로 보인다. 그러나 마지막에 세 인물 모두 별이 되는 설정은 효득이의 희생을 더욱 의미 있고 아름답게 만들어 준다는 점에서 행복한 결말로 볼 수 있다. 박

또한 작품의 전반적 색채도 희망적이다. 노인의 피리는 파란색이며 노인은 아이들에게 파란 잔디에 앉아 이야기를 들려준다. 파란 잔디라는 표현을 보았을 때, 파란색은 초록색임을 알 수 있다. 초록색은 활기찬 자연의 색이다. 효득이와 아버지가 산에 오를 때, 겨울밤임에도 '어둠'이 아니라 '반짝'이는 별을 강조하고 있다. 이는 「동생을차즈려」와 「七七團의 祕密」에서 밤의 어두운 이미지를 강조한 것과는 대조적이다.

효득이의 죽음은 자신을 희생해서라도 마을을 행복하게 만드는 강인한 주체로서의 아동을 보여 줌으로써 아동에게 새 시대를 이끌어 갈 자격이 있음을 역설적으로 표현한 것이다. 「삼태성」에는 새로운 주체로서 아동이 만들어 나갈 희망의 세계가 나온다. 다툼도 없이 행복하게 살아가는 마을 사람들, 악인으로 나왔던 효득이 아버지까지도 하늘의 별이 되어 빛나는 세계, 모두 다함께 행복하게 살아가는 그 희망의 세계는 방정환이 궁극적으로 지향하는 아동-되기의 공간인 것이다.

지영, 「방정환의 "천사동심주의"의 본질: 잡지 『어린이』를 중심으로」, 『대동문화연구』 51집, 성균관대학교 대동문화연구원, 2005, 165쪽.

Winnie-the-Pooh에 나타난 카니발 세계

I. 고전의 힘을 찾아서

1926년 영국에서 출간된 앨런 알렉산더 밀른 Alan Alexander *Milne*의 *Winnie-the-Pooh*(1926)(이하 *Pooh*)는 아동문학의 고전이자 눈부신 성공을 거둔 대중적 작품으로 평가되고 있다.[1] 또한 아동문학사를 다룰 때도 빠지지 않는 작품이기도 하다. 이 작품은 "아이들이 킥킥거리며 웃으며"[2] 즐겁게 보는 "문자로 가득한"[3] 텍스트로 이야기되는데, 이 반박할 수 없는 사실에서 *Pooh*에 대한 오해가 시작된다. "숨은 의미가 전혀 없는 일차원적 작품"[4]으로 *Pooh*의 문학적 가치를 지나치게 낮추어 보거나, "상상계 언어와 상징계 언어의 극적 충돌이 일어나는 전형적 작품"[5], "언어의 숲을 통과하는 여행"[6]으로 '문자'에 초점을 두어, *Pooh*를 상징계 또는 문자 세계로의 진입을 도와주는 '교육'에 관한 텍스트로 해석하게끔 하기 때문이다. 전자는 *Pooh*를 놀이만 담겨 있는 맛있고 달기만 한 케이크로, 후자는 성장과 교육이라는 의도를 놀이 속에 숨겨둔 당의정처럼 보고 있는 것이다.

---

1) Pooh의 인기는 인쇄매체에 국한되지 않는다. ≪곰돌이 푸와 티거≫(1947), 《곰돌이 푸와 꿀나무》(1966), 아카데미상 수상작 《곰돌이 푸와 폭풍우 치던 날》(1968) 등의 월트 디즈니 프로덕션의 애니메이션으로 제작되기도 했고, 1997년에는 국제연합(UN)의 우정의 대사로 임명되기도 했다. 이러한 폭넓은 인기는 Pooh 원작의 힘을 증명하는 것이기도 하다.
2) 존 로 타운젠드, 강무홍 옮김, 『어린이책의 역사 1』, 시공사, 1996, 219쪽.
3) 세스 레러, 강경이 옮김, 『어린이문학의 역사』, 이론과실천, 2011, 412쪽.
4) 존 로 타운젠드, 강무홍 옮김, 앞의 책, 220쪽.
5) 마리아 니콜라예바, 조희숙 옮김, 『아동문학의 미학적 접근』, 교문사, 2009, 270쪽.
6) 세스 레러, 강경이 옮김, 앞의 책, 198쪽.

이 가운데 *Pooh*에 대한 국내 연구는 '교육과 성장'에 초점을 맞추고 있다. 정대련은 「*Winnie-the-Pooh*의 어린이를 위한 철학교육적 의의」(2002)에서 의인화된 장난감 동물 인형들의 대화 속에서 철학적 사고의 단초를 발견하고자 하였다. 이수진은 「허구 세계의 자발적 해체: 『푸우』의 백 에이커 숲」(2009)에서 백 에이커 숲은 마음속 노스텔지어의 공간이지만 어린이가 성장하려면 반드시 빠져나와야 하는 세계로 규정하고 있으며, 「놀이의 세계에서 문자의 세계로: 밀른의 『푸우』」(2010)에서는 크리스토퍼 로빈이 백 에이커 숲에서 겪는 사건들을 장난감들과의 언어 놀이를 통한 문자 교육의 연습 단계로 보고 있다. 정대련은 *Pooh*를 철학교육의 도구로 활용하기 위한 방안을 모색하고 있으며 이수진은 기존 문학사적 평가와 비슷하게 *Pooh*를 성장에 관한 작품으로 파악하고 있다.

그러나 이러한 견해들은 *Pooh*가 오랜 시간을 거쳐 아동문학 고전의 자리를 차지한 작품이라는 점을 놓치고 있다. '고전'은 시간과 공간을 넘어서 많은 독자에게 읽히는 작품이다. 시공간을 초월해 많은 독자가 공감할 수 있는 보편적 요소가 있다는 의미이다. 그렇기 때문에 아동문학 고전에는 독자인 아동의 욕망이 상징적으로 형상화되어 있다. 『오즈의 마법사』(1900)는 성장을 꿈꾸는 도로시의 내면을 허수아비, 양철나무꾼, 사자를 통해 보여 주며, 『보물섬』(1883)의 주인공, 악당을 물리치고 어딘가에 숨겨 있는 보물을 찾기 위해 모험을 떠나는 짐 호킨스는 미지의 세계에 열광하는 아이 그 자체다. 비밀스러운 내면을 정원이라는 공간을 통해 보여 주는 『비밀의 정원』(1909)의 주인공 메리는 사랑받고 싶다는 소망을 갖고 있다. 이 소망은 메리를 내면적, 외면적 측면 모두에서 긍정적 성장을 이루게 한다. 『피터 팬』(1911)에서는 네버랜드라는 공간과 자라지 않는 소년 피터 팬을 통해 영원히 아이로 살고 싶다는 욕망을 형상화한다.

그렇다면 아동문학의 고전으로 불리는 *Pooh*에도 '흥미'나 '교육'만이 아닌 '아동의 욕망'이 반영되어 있다는 전제가 가능하다. 이 글에서는 *Pooh*에 상징화되어 있는 아동의 욕망을 '카니발'로 규정하였다. 카니발에서는 체제에 대한 일시적 전복이 나타난다. *Pooh*에서도 'forest'라는 그들만의 공간에서 펼쳐지는 놀이[7]와도 같은 삶 그 자체로 현실의 권력과 질서를 전복시키고 있다. 이러한 점에 주목하여 바흐친이 주장한 '카니발화된 문학'8)의 특징을 중심으로 Pooh에 나타난 카니발적 특성을 분석하고자 한다. Pooh에서 카니발은 일상을 전복시키는 놀이로 제시된다. 따라서 본 고에서는 작품 속 인물들이 벌이는 일상에서 벗어난 놀이를 카니발로 규정하였다. 분석 도서는 길벗어린이에서 출판된 『곰돌이 푸우는 아무도 못 말려』(이하 『푸우』)9)이다. 축자적 번역에서 벗어나 Pooh의 말놀이 특색을 우리말로도 느낄 수 있도록 적극적 번역을 시도하고 있는 점 등에서 작품 본래의 성격이 잘 드러나 있기 때문이다. 이러한 과정을 통해 아동문학에서 카니발화가 어떤 방식으로 이루어지고 있는지, 또 그 특성은 무엇인지를 함께 살펴볼 수 있을 것이다.

---

7) 놀이와 카니발은 본질적으로 유사한 부분이 많다. 현실 체제에서 벗어난 행위이며, 일시적이라는 점에서 특히 그렇다.
8) 바흐친은 『도스또예프스끼 시학의 제(諸)문제』에서 카니발을 문학의 언어로 변조시키는 것을 문학의 카니발화(化)라고 명칭하였다. 또한 "카니발화의 원천은 카니발"이라고 설명함으로써, 문학의 카니발화가 이론의 문제가 아닌 관점이나 태도, 행위에 주목한 것임을 강조하고 있다.
9) 시추에이션 코미디 제목을 떠올리게 하는 『곰돌이 푸우는 아무도 못 말려』는 원제목인 Winnie-the-Pooh와는 거리가 있는 것으로 '일반적 통념을 벗어난' 아이다운 작품 속 에피소드들에서 착안한 것이다. 길벗어린이에서 나온 Pooh 관련 도서는 Winnie-the-Pooh와 The House at Pooh Corner의 번역서인 『곰돌이 푸우는 아무도 못 말려』(1996)와 『푸우야, 그래도 나는 네가 좋아』(1996)가 있다. 제목에서도 알 수 있듯이 길벗어린이에서는 적극적인 번역을 시도하고 있다. 원문 그대로 번역하는 것이 아니라 원문의 동음이의어 등의 언어유희 성격을 나타낼 수 있는 우리말을 재선택하여 번역하여, '말놀이의 맛'을 살리고 있으나, 아동 독자의 이해를 우선적으로 고려한 친절한 번역은 작가의 의도를 제대로 전달하지 못하는 오류를 낳기도 한다. 그러나 이 두 권의 제목은 'Pooh' 이야기의 핵심을 꿰뚫고 있다. 사회적 통념을 벗어난, 푸우의 '엉뚱함'과 그럼에도 좋아할 수밖에 없는 푸우의 '사랑스러움'이라는 특성을 동시에 보여 주고 있기 때문이다. 길벗어린이에서는 바로 이러한 점을 최대한 부각시켜 번역하고 있어, Pooh 고유의 색채가 잘 드러나 있다. 따라서 이 글에서는 길벗어린이의 『곰돌이 푸우는 아무도 못 말려』를 중심으로 분석하되, 작가의 의도가 잘 반영되지 않았다고 판단되는 경우에는 원문 중심의 번역본 시공주니어의 『위니 더 푸우』(1995)를 참고할 것이다.

II. 이야기로 시작하는 뒤집힌 세계

카니발은 사순절 3일이나 7일 전에 술을 마시고 고기를 먹으며 즐기던 축제다. 카니발 축제는 보통 가면을 쓰거나 분장을 하여 신분을 감추기도 하고, 기이한 복장을 한 사람들이나 커다란 인형을 앞세운 가두행진 등이 펼쳐진다. 카니발 기간에는 평소에는 금기시되고 금지되었던 일들이 용인되고 일탈감과 해방감을 맛볼 수 있었다.10)

이러한 카니발 개념과 연관시켜 바흐친은 카니발적 삶이란 통념적인 궤도에서 벗어난 삶이며, 어느 한도에서는 "뒤집혀진 삶", "거꾸로 된 세상"으로 정의했다.11) 『푸우』의 카니발, 즉 '거꾸로 된 세상'은 '이야기'로부터 출발한다.

> "아빠, 푸우12)한테 이야기 하나만 해 주지 않을래요? 아주 잔잔하게요."
> "그럴까? 푸우가 어떤 이야기를 좋아하는데?"
> "자기 이야기요. 푸우는 원래 그런 곰이거든요."
> "그래?"
> "그러니까 미안하지만 아빠, 아주 잔잔하게요."
> "그래? 해 보지, 뭐."
> 이렇게 해서 나는 푸우 이야기를 하게 되었어.13)

저자 앨런 알렉산더 밀른으로 추측되는 화자는 아들 크로스토퍼 로빈의 부탁을 받고, 푸우의 이야기를 시작한다. 푸우의 이야기는 "옛날 옛날 먼 옛날에, 그래 봤자 지난 금요일쯤에 일어난 일이지만, 곰돌이

---

10) 이강은, 『미하일 바흐친과 폴리포니야』, 역락, 2011, 86쪽.
11) 미하일 바흐쩐, 김근식 옮김, 『도스또예프스끼 시학의 제(諸)문제』, 중앙대학교출판부, 2011, 161쪽.
12) 푸우는 크리스토퍼 로빈의 자아로 볼 수 있다. 작품에서 크리스토퍼 로빈이 자신의 바람을 푸우가 원하는 것이라고 우회적으로 표현하는 장면이 자주 나온다. 그리고 여러 동물들 가운데 유일하게 애정을 보이는 대상이 푸우라는 점 등은 크리스토퍼 로빈과 푸우의 밀접한 관계를 보여 준다. 포리스트에서 가장 미숙한 푸우가 가장 많은 문자를 알고 있는 크리스토퍼 로빈의 상상계적 자아임을 추측할 수 있다.
13) 앨런 알렉산더 밀른, 조경숙 옮김, 『곰돌이 푸우는 아무도 못 말려』, 길벗어린이, 2005, 16쪽.

푸우는 숲속에 있는 샌더스라는 문패 밑에서 혼자 살고 있었더랬어"14)
로 마치 옛이야기를 들려주는 것처럼 시작하며 현실과는 다른 시공간
의 이야기가 펼쳐질 것임을 암시한다. 푸우들의 이야기와, 그 이야기를
아빠가 크리스토퍼 로빈에게 들려주는 '이야기 속 이야기'라는 액자형
서사 구조를 띠고 있는데 흥미로운 사실은 이야기를 듣는 크리스토퍼
로빈이 자연스럽게 작품 속 인물로 등장하게 된다는 것이다.

> 푸우는 가시덤불에서 간신히 기어 나와 코에 박힌 가시를 뽑아내고
> 다시 생각에 잠겼어. 그때 푸우 의 머리에 번개처럼 떠오른 사람이
> 누구였냐면, 바로 크리스토퍼 로빈이었어.
> ("으응, 나?"
> 크리스토퍼 로빈은 정말 믿어지지 않는다는 듯 놀란 목소리로 물었
> 어. 그래서 확실히 대답해주었지.
> "그래, 너 말이야."
> 그러자 크리스토퍼 로빈은 더 이상 아무 말도 하지 않았어. 그 대신
> 눈빛이 점점 반짝이고 낯빛도 점점 발그스레해져 가더구나.)15)

일방적으로 이야기를 듣는 입장이었던 크리스토퍼 로빈은 특별한
장치 없이도 이야기 속 인물로 등장한다. 이야기 속 주인공이 된 크리
스토퍼 로빈이 "눈빛이 점점 반짝이고 낯빛도 점점 발그스레해져" 활
기를 띠는 것은 무엇이든 직접 해 보고 싶어 하는 아이의 속성과 함
께 이야기 속 인물과 그 이야기의 청자, 즉 연기자와 관객이 따로 없
는 카니발적 특징이 발현된 것이다.

크리스토퍼 로빈이 이야기를 듣다가 잘 모르는 단어 '문패'가 나오
자 그 뜻을 아빠에게 물어보는 장면 역시 이야기의 일부분이 된다. 크
리스토퍼 로빈이 푸우가 문패의 뜻을 모를까 봐 물어봤다고 핑계를
대자 푸우가 화를 내는 것이다. 그러자 아빠는 당황하며 서둘러 다음
이야기를 이어간다. 크리스토퍼 로빈이 청자에서 이야기 속 인물로 이
야기와 이야기 밖을 자유롭게 넘나들고, 이야기 속 인물인 푸우가 화
자인 아빠에게 영향을 미치는 등, 화자와 청자, 등장인물간의 경계가

---

14) 위의 책, 16쪽.
15) 위의 책, 22쪽.

허물어진다. 이는 참여자와 구경꾼이 따로 구분되지 않고, 누구나 스스럼없이 참여할 수 있는 카니발의 성격을 반영한다. 이처럼 카니발은 연기자와 관객 사이의 구분을 알지 못하며 관조되는 것이 아니라, 그 속에서 모든 사람들이 살고 있다는 것을 보여 준다.16)

첫 장의 제목 '우리의 곰돌이 푸우, 꿀벌과 친구가 된 이야기'의 원문은 'We Are Introduced to Winnie-the-Pooh and Some Bees, and the Stories Begin'17)이다. 'Stories Begin'이라는 표현을 통해 이야기의 도입부임을 강조함으로써, 카니발의 시작을 알린다. 『푸우』에서 각 장에 등장한 동물들은 뒷장에서도 계속 나오는데, 첫 장에 나온 벌은 다른 장에서는 등장하지 않고, 그 특징과 성격도 부여되지 않았다. 벌은 주요 등장인물이 아니라, 꿀을 좋아하는 푸우의 특징을 강조하기 위해 등장한 것이다. 또한 다른 동물들 없이 크리스토퍼 로빈과 푸우, 두 인물만 등장해 카니발적 대조를 명확하게 볼 수 있다. 카니발적 대조는 꺽다리와 난쟁이, 뚱뚱이와 홀쭉이 등과 같은 대조적인 이미지들로 카니발적 사고의 두드러진 특징이기도 하다.18)

푸우는 자신이 푸른(green) 풍선을 쓰면 나뭇잎으로, 파란(blue) 풍선을 쓰면 하늘로 보일 것이라 생각한다. 이는 문자 세계에 진입하기 전, 이미지나 색상 같은 사물의 표면적 특성에 의존한 사고방식이다. 이와 대조적으로 크리스토퍼 로빈은 '풍선 밑에 매달린 푸우'로 현실적 사고방식 안에서 대상을 인식한다.

크리스토퍼 로빈과 푸우는 각각 '똑똑함과 우월함'과 '어리석음과 열등함'을 상징하는 인물로도 볼 수 있는데, 이를 '카니발적 대조'라 할 수 있다. 푸우와 크리스토퍼 로빈을 통한 카니발적 대조는 여러 에피소드들로 이루어진 『푸우』 서사의 핵심 구도가 된다. 푸우의 카니발적 사고는 에피소드들을 전개시키는 원동력이나, 이를 종결시키는 것은 크리스토퍼 로빈의 현실적 사고기 때문이다.

---

16) 미하일 바흐찐, 이덕형, 최건영 옮김, 『프랑수아 라블레의 작품과 중세 및 르네상스의 민중문화』, 아카넷, 2001, 28쪽.
17) 첫 장이 카니발의 시작이라면 마지막 장 'Which Christopher Robin Gives Pooh a Party, and We Say Good-bye'는 카니발의 종결을 뜻한다. 이 두 장의 제목에 들어간 'begin'과 'Good-bye'를 통해 카니발의 시작과 끝을 명료하게 알려 준다.
18) 미하일 바흐찐, 김근식 옮김, 앞의 책, 165쪽.

카니발의 출발을 보여 주는 『푸우』의 첫 장에서는 화자와 청자, 작품 속 인물들이 스스럼없이 접촉하는 자유롭고 평등한 관계와 푸우와 크리스토퍼 로빈이 짝을 이루는 카니발적 대조를 통해, 카니발 세계에서 일어날 사건들의 성격을 암시한다.

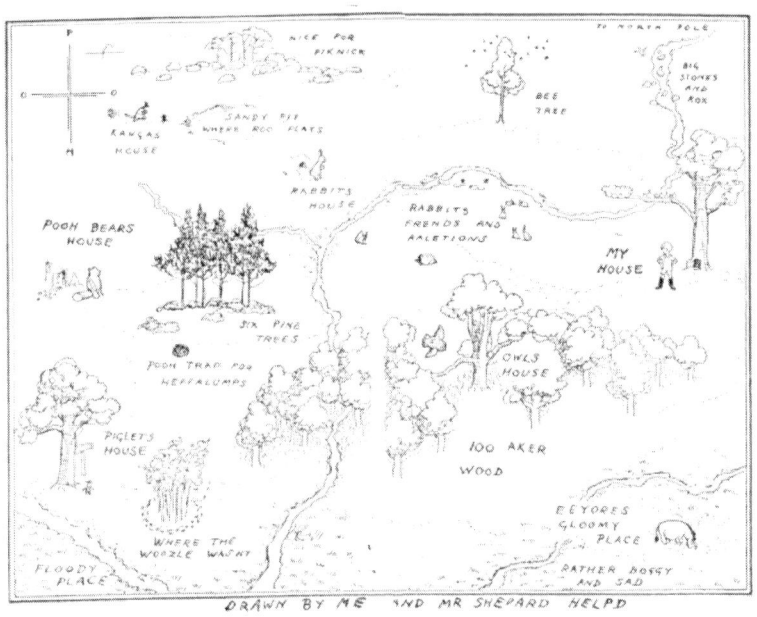

『푸우』에서 이 카니발 세계가 펼쳐지는 공간적 배경은 '포리스트(forest)'19), 즉 숲이다. 책의 맨 앞장에는 이 포리스트의 지도가 나오는데, 크리스토퍼 로빈의 집은 MY HOUSE로 다른 동물들의 집은 POOH BEARS HOUSE처럼 각 동물들의 이름이 쓰여 있다. 포리스트는 크리스토퍼 로빈이 주체가 되는 세계임을 알 수 있다. 이처럼 크리스토퍼 로빈이 주체가 되는 것은 일면 당연한 것이다. 포리스트의 동물들은 크리스토퍼 로빈의 인형들로 추측되기 때문이다. 특히 푸우

---

19) 길벗어린이본에서는 '숲'으로 시공주니어본에서는 '포리스트'로 번역하고 있다. *Pooh*에서 forest는 일반적 숲이 아닌, 카니발적 공간이라는 특수성을 띠고 있다는 점을 고려하여 시공주니어본의 '포리스트'를 인용하였다.

는 작품 속에서 크리스토퍼 로빈이 데리고 다니는 장난감 인형이다.20) 이야기에 나오는 토끼, 아기돼지, 당나귀(이요), 캥거루(캥거와 루) 올빼미들은 모두 동물이라는 공통점을 갖고 있다. 즉 이야기 속 등장인물들은 크리스토퍼 로빈의 동물 인형들로 볼 수 있다. 포리스트는 동물 인형들의 나라, 장난감의 나라이고 이곳의 주인이 바로 크리스토퍼 로빈인 것이다.

크리스토퍼 로빈과 동물 인형들이 사는 곳이자 에피소드들이 펼쳐지는 공간, 포리스트는 카니발의 주요 무대 '광장'에 대응된다. 바흐친은 카니발의 중심무대는 '광장'만이 될 수가 있다고 강조한다. 광장은 전 민중적이고 보편적이어서 누구나 다 스스럼없이 참가할 수 있기 때문이다.21) 이때의 광장은 상징적 의미로 쓰이고 있다. 특정한 공간이 아니라 다양한 사람이 만나고 자유롭게 접촉할 수 있는 공간이라면 모두 광장이 되는 것이다.

숲은 나무나 풀들이 무성하게 자라 넓게 펼쳐진 곳이다. 작품의 공간적 배경인 포리스트 역시 매우 넓은 공간으로 추측된다. 지도에서 이 포리스트의 크기를 추측할 수 있는 단서는 올빼미가 사는 곳, '헌드레드 에이커 우드'이다. 이 100에이커(ac)는 약 120여 평이 된다. 이 헌드레드 에이커 우드는 포리스트의 일부이므로, 포리스트의 규모가 크다는 것을 짐작할 수 있다.

또한 광장의 속성처럼 포리스트 역시 여러 인물들이 자유롭게 접촉할 수 있는 장소다. 여러 인물들이 각자의 집에서 살지만 어떤 경계나 장애 없이 자유롭게 서로의 집을 오고 간다. 이들은 길을 가다가 우연히 만나거나, 어떤 약속 없이도 불쑥 다른 친구의 집을 찾는다. 이들의 만남은 곧 놀이와도 같은 사건으로 연결된다. 포리스트는 거주하고 안정을 찾는 곳이라기보다 거리낌 없이 자유롭게 접촉하며, 놀이의 축제가 벌어지는 공간이다.

또한 포리스트라는 이름에서도 알 수 있듯이 광장의 자유롭고 넓은 속성뿐만 아니라 목가적인 정서도 느낄 수 있다. 작품에서는 등장인물

---

20) '크리스토퍼 로빈의 뒤를 따라 머리를 부딪치며 내려온다' 는 설명과 크리스토퍼 로빈이 곰 인형을 끌고 다니는 모습을 그린 삽화에서 확인할 수 있다.
21) 미하일 바흐찐, 김근식 옮김, 앞의 책, 168쪽.

들이 다정하게 숲을 걸어가며 이야기를 나누는 장면이 자주 등장해 평화롭고 목가적인 느낌을 전달한다. 이처럼 포리스트는 넓고 열려 있는 특성에 목가적 색채를 더한 『푸우』특유의 카니발적 광장이라 할 수 있다.

Ⅲ. 카니발 세계 속 삶

1. 전복의 언어

『푸우』는 넌센스적 언어로 유명한 작품이다. 특히 '말도 안 되는 짓, 아무 의미 없는 말'이라는 사전적 의미를 갖고 있는 '넌센스'에서 알 수 있듯이, 『푸우』의 등장인물들이 나누는 대화는 현실의 체제나 언어 질서에서 벗어난 그들 특유의 명명 방식을 보여 준다. 이를 '전복[22]의 언어'라 할 수 있는데 모두 네 가지로 제시할 수 있다.[23] 그 첫 번째로 '이미지에 의존한 언어'를 제시할 수 있다.

'이미지에 의존한 언어'는 이미지적 유사성을 기반으로 한다. 푸우는 풍선에 매달린 자신의 모습을 '구름처럼 떠다닌다'라는 이미지와의 공통점에 의존하여, 자신이 먹구름처럼 보일 것이라고 생각한다. 푸우와 먹구름은 등가 관계가 되는 것이다. 이에 비해 크리스토퍼 로빈은 '풍선에 매달린 곰'이라고 정확히 제도권의 언어로 표현한다. 이처럼 이미지적 유사성에 기반하여 푸우(곰)를 먹구름이라는 다른 기호로 바꾸는 것은 언어의 사회성에서 벗어난 자의적 언어 표현이다.[24]

---

[22] 체제 전복이라는 예처럼, 체제 등을 완전히 뒤바꾼다는 점에서 전복은 강렬한 느낌을 준다. 그러나 전복의 핵심은 위와 아래가 뒤집히는 것에 있다. 따라서 그 수단은 강한 것에만 국한되는 것이 아니라 다양한 성격을 띨 수 있다. 『푸우』에서는 전복의 도구가 바로 아이다움이다. 이는 『프랑수아 라블레의 작품과 중세 및 르네상스의 민중문화』에서 "라블레가 동시대와 동시대 사건들에 대한 공식적 개념들을 무너뜨리면서 개념의 언어로 말하지 않고 민중들의 우스꽝스러운 이미지들의 언어로 말하고 있다"고 설명된 것과 유사한 것이다. 아이는 아이다움으로, 민중은 민중의 특성으로 체제를 전복시킨다는 의미가 된다.

[23] 전복의 언어로 분류한 네 유형은 『푸우』에 나타난 언어적 특징들을 기표와 기의의 관계를 중심으로 범주화하여 본 연구자가 제시한 것이다.

[24] 이미지에 중점을 둔 '새로운' 언어는 푸우의 시인적 기질을 보여 주기도 한다. 시인

두 번째 특징은 '소리 나는 대로 쓰기'인데 이처럼 철자를 소리 나는 대로 쓰는 것은 아직 문자 습득에 서투른 아동에게서 많이 볼 수 있다. 크리스토퍼 로빈이 쓴 "볼이리 잇스면 종얼 치새요."(PLES RING IF AN RNSER IS REQIRD)나 올빼미가 쓴 "새이리 추카해 새이르 추카해."(HIPY PAPY BTHUTHDTH THUTHDA BTHUTHDY) 등과 같은 표현이 여기에 해당한다. 그런데 크리스토퍼 로빈은 포리스트에서 가장 많은 문자를 알고 있는 인물이며, 올빼미는 자신이 알고 있는 문자 지식을 뽐내거나 다른 동물들을 무시한다. 그런데 이 두 인물이 서툴게 글씨를 쓴다는 것은, 이들이 사는 곳인 포리스트가 아직 문자 사회로 편입되기 이전의 단계임을 보여 주기도 한다.

세 번째 특징은 '기표와 기의 간의 불일치'이다. 일상의 문학 텍스트에서 의미를 파악할 수 있기 전에 기호 해독, 즉 기표와 기의 간의 관계를 식별해야 한다. 대부분의 경우는 자동적이지만, 만약 이런저런 이유로 이러한 자동적인 해독에 실패한다면 메시지는 잘못 해석된다.25) 이러한 '기표와 기의 간의 불일치' 역시 아직 문자 해독에 미숙한 아동의 특징을 잘 드러낸다. 이를 더욱 구체적으로 설명하면 익숙한 기표에 기댄 해석이라 풀이할 수 있다. 매복의 경우, '매복'에 비하여 해독하기 쉬운 사람이나 짐승을 때리는 막대기나 몽둥이라는 뜻의 '매'와 행운과 행복을 의미하는 '복'이라는 친숙한 두 개의 기표로 분절하고 이를 결합시켜, "매 맞는 복"이라는 새로운 기의를 도출해 내고 있다.26) '절차'라는 낱말에서도 '차'라는 기표에 기대어, 자동차의 한 종류라고 생각한다.27) '예치' 역시 마찬가지다. 맡겨 둔다는 다소 어려운 의미의 예치를 익숙한 기표인 '에치'라는 의성어와 연결시켜 재채기를 했다고 생각한다.28) 이처럼 익숙한 기표에 기댄 해석은 올빼미가 의도

은 익숙하게 보는 우리의 주변을 새로운 관점으로 또는 낯선 관점에서 표현하기 때문이다. 푸우가 자기의 생각과 상황을 일상의 언어로 설명하지 않고, 노랫말로 만들어 부르는 장면이 많이 나오는 것 역시 푸우가 일상의 언어를 시인의 언어로 전복시키고 있음을 보여 주는 예다.
25) 마리아 니콜라예바, 조희숙 옮김, 『아동문학의 미학적 접근』, 교문사, 2009, 46쪽.
26) 원문에서는 ambush(매복), bush(덤불)이다. 푸우는 ambush를 자신이 알고 있는 익숙한 단어 bush에 기대어 A gorse-bush로 그 의미를 해석한다.
27) 원문에서는 procedure, proseedcake이다. 시공주니어본에서는 각각 '통상의 조치'와 '케이크에 동성 좋지'로 번역하고 있다.

했던 언어의 권력을 해체하고, 익살스러운 상황을 연출한다.

네 번째는 '새로운 기의'를 들 수 있다. 이는 앞서 서술한 '새로운 기표'와 반대되는 양상이다. 기존 기표에 대응하는 의미를 새롭게 만들어 내는 것이다. 푸우 들이 숲에 새롭게 나타난 낯선 동물 캥거와 루를 내쫓으려는 계획에서 '아하'라는 단어를 사용할 때 이러한 예를 볼 수 있다. '아하'는 '미처 생각하지 못한 것을 깨달았을 때 가볍게 내는 소리'라는 의미이다. 원문에서도 동일한 의미를 갖고 있는 'aha'로 나온다. 그러나 푸우와 친구들은 "네가 숲을 떠나 두 번 다시 돌아오지 않겠다고 약속하면 루가 있는 곳을 가르쳐 주겠다"[29]라는 새로운 기의를 대응시킨다. 이때 모두의 약속 아래 이루어진 일이기 때문에 언어의 사회성을 갖추었다고 볼 수 있다. 다만 그 언어가 제도권 사회에서 쓰이는 것이 아니라는 점에서 언어의 전복이라는 특징을 드러내고 있다. 또한 기표와 기의의 관계가 자의적이고 유동적이라면, 우리가 살고 있는 상징적 질서의 유형이나 성격은 결코 영속적이거나 필연적이지 않다고 하는[30] 라캉의 의견과도 유사하다.

『푸우』에서 고찰되는 이러한 언어의 특징은 기존 언어 체계를 전복시키는 카니발적 성격을 드러낸다. 그런데 더욱 중요한 것은 이 카니발적 언어가 아동 언어의 특징을 고스란히 반영하고 있는 점이다. 앞

---

[28] 원문에서는 Issue와 sneeze이다. 푸우는 Issue를 재채기 소리로 생각한 것이다.
[29] 앨런 알렉산더 밀른, 조경숙 옮김, 『곰돌이 푸우는 아무도 못 말려』, 길벗어린이, 2005, 126쪽.
[30] 토니 마이어스, 박정수 옮김, 『누가 슬라보예 지젝을 미워하는가?』, 앨피, 2005, 58쪽.

서 살펴본 것과 같이 문자보다 이미지에 더 익숙하고, 소리 나는 대로 쓰거나, 기표와 기의를 정확히 대응시키지 못하고, 기의적 측면에서 새로운 언어를 고안하는 특징 등이 그것이다. 아동을 적극적이고 구성적인 활동자로 보는 '발현적 문해 발달(emergent literacy)'의 관점을 반영하고 있다. 발현적 문해 발달은 유아가 글자를 인식하고 씀에 있어 일반적이고 관습적인 철자를 완전히 알지 못하는 상태에서도 언어에 대한 스스로의 아이디어를 지닌다는 관점을 갖고 있다.31) 특히 『푸우』에 나오는 언어들은 '창안적 철자(Invented Spelling)'의 성격이 강하다. 창안적 철자란 '관습적 철자(Coventional Spelling), 혹은 '표준 철자(Standard Spelling)'를 이해하고 정확한 글을 쓰는 단계가 되기 이전에 그들 스스로 인지적 사고과정을 통하여 글자에 대한 규칙을 만들고 일반화하며 글자를 스스로 만들어 내는 것이다.32)

이 작품에서는 문자 사회의 편입 이전 단계에 있는 아동의 언어로 기존 제도권의 언어를 전복시키고 있다. 이는 성인의 사회를 전복시킬 수 있는 '합법적인' 수단이 된다. 성인이 아닌 아동이 그들의 언어를 사용한다는 것은 자연스러운 일이며, 상징계 언어 질서에 안착하기 이전 단계에서는 용인될 수 있는 일이기 때문이다. 이처럼 『푸우』에서는 성인의 사회, 문자의 사회에 '억압' 받는 유아 또는 아동의 언어를 전면에 내세워 '말놀이화'함으로써 성인의 제도권 언어를 '합법적'이면서도 유쾌하게 전복시킨다.

2. 카니발의 왕, 푸우

뒤집혀진 세계 카니발에서의 왕 역시 권위의 왕이 아니다. 푸우가 카니발의 왕이 되는 데서도 이를 잘 알 수 있다. '미련퉁이 곰'이라고 불리는 푸우는 우연이라 하더라도, 사건을 해결하는 중심 역할을 한다. 특히 8장 '크리스토퍼 로빈이 '타멈대'를 이끌고 일만이천봉에 가는 이야기'와 9장 '아기돼지가 차츰 물에 갇히게 되는 이야기'에서 사

---

31) 조선하, 우남희, 「한국 유아의 창안적 글자쓰기 발달 과정 분석」, 『유아교육연구』 제24권 제1호, 2004, 316쪽.
32) 조선하, 우남희, 앞의 글, 317쪽.

건을 해결하는 푸우의 모습이 잘 나타나 있다.

일만이천봉33)을 찾으러 떠난 '타멈대'는 일반적 상식에 따른다면 일만이천봉이라는 봉우리를 찾아야 한다. 그러나 푸우와 친구들은 일만이천봉의 '봉'을 봉우리가 아닌 '가늘고 긴 막대'로 자의적 해석을 한다. 물론 푸우가 긴 막대기를 찾을 때까지 일만이천봉의 의미를 그 누구도 확실히 모른다. 아마도 푸우가 찾은 막대기를 보고, 포리스트에서 문자를 가장 잘 알고 있는 크리스토퍼 로빈이 푸우가 찾은 막대기, '봉'을 보고 즉흥적으로 떠올린 의미일 것이다. 하지만 탐험의 목표, '일만이천봉'을 찾은 푸우의 위상은 높아진다.

'아기돼지가 차츰 물에 갇히게 되는 이야기'에서 푸우의 활약은 더욱 두드러진다. 많은 비가 내려 위험에 처한 아기돼지를 구할 수 있는 방법을 푸우가 생각해 낸 것이다. 푸우는 물에 갇힌 아기돼지에게 가기 위해 크리스토퍼 로빈의 우산을 '쓰는 것'이 아니라 배처럼 '타고' 가면 된다는 방법을 이야기한다.34) 푸우와 크리스토퍼 로빈은 우산을 타고 아기돼지를 구하는데 성공한다. 이러한 푸우의 활약은 자타가 인정하는 머리 나쁜 곰과는 어울리지 않는 것처럼 보인다. 이는 어릿광대나 바보가 왕이 되는 '카니발적 왕'의 특성이다. 작품의 마지막 장 '크리스토퍼 로빈, 푸우를 위해 잔치를 열다'35)에서는 푸우가 친구들을 도와준 것을 칭찬하는 잔치가 열린다. 이는 푸우의 공로를 인정하는 자리로 카니발적 왕의 대관식으로 볼 수 있다. "왕과 대척되는 자로서 노예나 광대가 대관을 한다. 그럼으로써 마치 거꾸로 된 듯한 카니발의 세계가 부각되어 나타난다."36)는 바흐친의 말을 상기해 보면, 푸우야 말로 카니발적 왕에 가장 적절한 인물이다. 포리스트에서 가장 많은 문자를 알고 있고, 서툴지만 읽고 쓸 수 있는 능력을 갖춘 크리스토퍼 로빈은 다른 동물들의 절대적인 신뢰를 받고 있다. 크리스토퍼

---

33) 원문에서는 north pole이다.
34) 이처럼 사물의 쓰임새가 달라지는 것은 바흐친이 『프랑수아 라블레의 작품과 중세 및 르네상스의 민중문화』에서 "사물의 밑씻개로 변형되는 것은 본질적으로 사물의 비하이며 탈관이고 파괴"로 설명한다.
35) 원문에서는 Which Christopher Robin Gives Pooh a Party, and We Say Good-bye이다.
36) 미하일 바흐찐, 김근식 옮김, 앞의 책, 163쪽.

로빈은 포리스트의 '왕'과 같은 존재이다.

푸우는 이런 크리스토퍼 로빈과 대척점에 서 있다. 가장 똑똑한 크리스토퍼 로빈과 가장 머리 나쁜 곰 푸우는 정반대 지점에 위치한다. 크리스토피 로빈의 집과 푸우의 집이 정반대에 있는 것, 마지막 장에서 잔치를 열 때 로빈이 한쪽 끝에, 푸우가 그 맞은편에 앉은 것도 둘의 위치를 상징적으로 보여 준다. 따라서 '왕과 대척되는 자'로서 푸우는 왕관을 쓰는 것이다. 크리스토퍼 로빈이 푸우에게 연필을 선물로 준 것은 "대관하는 자에게 위임되는 권력의 상징"37)이다. 연필은 포리스트에서 가장 큰 권력인 문자를 상징하기 때문이다.

카니발의 대관식에서는 이미 다가올 왕관박탈의 폐위 의도가 함축되어 있다.38) 푸우의 활약을 축하하는 잔치이지만, 푸우는 여전히 머리 나쁜 곰이다. 푸우가 친구를 위해 했던 일들, 이요의 꼬리를 찾아 주고, 아기돼지를 구해 주는 등의 일들은 뚜렷한 목적과 방법, 또는 푸우에게 특별히 뛰어난 능력이 있었던 것이 아니라 '우연히' 그렇게

---

37) 앞의 책, 163쪽.
38) 위의 책, 162쪽.

되었을 뿐이다. 푸우는 왕과 대척되는 자로서 뒤집혀진 세계를 부각시키기 위해 '왕관'을 쓴 것이며, 그 왕관은 박탈을 전제로 한다. 그렇기 때문에 푸우를 축하해 주기 위한, 마치 카니발의 대관식을 연상케 하는 잔치에서 크리스토퍼 로빈은 푸우에게 줄 축하 선물을 잃어버린다. 선물은 푸우가 좋은 일을 했다는 증표다. 즉 왕을 상징하는 왕관과 유사한 역할을 한다. 크리스토퍼 로빈이 푸우가 좋은 일을 했기 때문에 이 잔치를 열었다고 친구들에게 설명하는 모습 역시 푸우가 '왕'임을 선포하는 것으로 볼 수 있다. 그런데 크리스토퍼 로빈이 푸우에게 줄 선물을 잃어버렸다는 것은 대관과 탈관이 동시에 이루어지고 있는 카니발적 속성을 보여 준다. 또한 크리스토퍼 로빈에게서 받은 연필심의 굵기를 나타내는 'B', 'HB', 'BB'라는 기호를 푸우가 각각 곰(Bear), 쓸모 있는 곰(Helpful Bear), 용감한 곰(Brave Bear)으로 해석하는 것 역시 푸우의 대관이 불완전한 것임을 보여 준다. 선물을 받은 푸우에게 한 이요의 말도 유사한 맥락이다.

> 이요는 혼잣말을 하고 있었지.
> 에……. 글자를 쓴다고 하는 건 말이지, 연필 나부랭이들 말이야
> ……. 누가 나한테 묻는다면 쓸데없는 일, 바보 같은 짓이라고 말해 주겠어. 아무 쓸모도 없지.39)

머리 나쁜 곰에서 친구들의 인정을 받아, 포리스트에서 권력의 상징이라 할 수 있는 연필을 선물 받은 푸우의 위상은 연필심의 굵기를 나타내는 약자들을 자의적으로 해석함으로써, 또 문자의 가치를 부정하는 이요의 말을 통해 무너진다. 연필이라는 '왕관'은 본연의 쓰임새를 잃은 아무 쓸모도 없는 물건이 되어 버린 것이다. 특히 이요의 말이 설득력을 갖는 이유는 포리스트는 제대로 된 문자 지식의 습득 없이도 살 수 있는, 문자 사회 편입 이전 단계기 때문이다. 크리스토퍼 로빈 다음으로 많은 문자를 알고 있는 올빼미가 어설픈 문자 실력을 보인다든가, 다른 동물들을 무시하는 부정적 모습으로 표현되는 것에서도 알 수 있다. 작품의 결말에서도 카니발적 왕에 대한 탈관을 볼

---

39) 앨런 알렉산더 밀른, 조경숙 옮김, 앞의 책, 213쪽.

수 있다. 잔치를 끝내고 돌아가는 푸우는 예전과 다름없이 먹는 것을 좋아하는 모습을 보인다. 재치 있는 생각으로 친구들을 어려움에서 구해주었던 모습은 조금도 찾아볼 수 없고, 카니발적 왕이 되기 이전의 먹을 것을 좋아하는 곰의 모습으로 돌아오는데, 이 역시 '탈관'을 의미하는 것이다.

푸우의 대관과 탈관은 카니발 세계의 특성을 뚜렷하게 해 준다. 왕은 그 세계를 다스리며, 대표하는 인물이다. 그런데 현실에서는 '왕'과는 가장 거리가 먼 푸우가 대관하는 것은 카니발 세계이기 때문에 가능하다. 대관과 동시에 이루어지는 탈관은 권위의 왕이 아닌 장난기어린 '놀이'의 왕으로서 면모를 보여 준다. 이 역시도 뒤집혀진 세계이기 때문에 일어날 수 있는 일이다.

대관과 탈관의 바탕에 깔려 있는 교체와 변화는 카니발적 세계감각의 핵심이다. "대관식과 폐위식은 이중적이고 상호모순적인 의식이다. 그것은 교체와 재생의 필연성과, 동시에 그러한 행위의 창조성, 모든 체제와 질서 그리고 모든 권력과 위계의 유쾌한 상대성을 나타낸다."40)는 바흐친의 말은 현실 세계의 공식적 질서가 뒤집힘으로써 나타나는 '유쾌한 상대성'이 카니발적 세계감각의 중요한 요소임을 설명한 것이다. 따라서 푸우의 대관과 탈관을 통해 나타나는 유쾌한 상대성은 작품 속 카니발 세계의 중심축으로 볼 수 있다.

Ⅳ. 카니발의 끝, 현실로의 복귀

『푸우』의 각 장의 이야기 시작과 끝에는 아빠와 크리스토퍼 로빈의 대화가 나온다. 아빠가 아들에게 곰돌이 푸우 들의 이야기를 들려주는 형식인 것이다. 이러한 형식만 보았을 때는 이야기를 끝맺는 것은 크리스토퍼 로빈의 아빠다. 그러나 액자 형식을 취하고 있는 이 작품에서 이야기 속 이야기, 즉 카니발을 종결시키는 역할은 크리스토퍼 로빈의 몫이다.41)

---

40) 미하일 바흐젠, 김근식 옮김, 앞의 책, 165쪽.
41) 작품에서 카니발의 종결은 두 가지 형태가 있다. 하나는 각 에피소드

카니발은 일시성과 종결을 전제로 한다는 데서 의미가 있다. 일시적인 금기에서의 해방, 일탈이기 때문에 '카니발'이 허락되는 것이기 때문이다. 카니발은 '합법적' 일탈인 것이다. '푸우와 아기돼지가 우즐을 붙잡을 뻔한 이야기'에서 푸우와 아기돼지는 '우즐'42)이라는 동물을 잡기 위해, 그 발자국을 쫓는다. 이 발자국은 사실 푸우와 아기돼지의 발자국이지만 이들은 우즐이라는 동물의 발자국이라고 생각한다. 그런데 우즐이 어떤 동물인지는 잘 모른다. 발자국은 있는데, 자신들의 발자국이 아니라고 생각했기 때문에 상상 속 동물, 우즐을 생각해 낸 것이며, 잘 모르는 동물이기 때문에 더 무서움을 느낀다. 푸우와 아기돼지는 우즐을 잡기 위해 발자국을 쫓아 빙글빙글 돌며, 늘어나는 발자국을 보고 겁에 질린다. 그러나 나무 위에서 이 상황을 지켜 보는 크리스토퍼 로빈에게는 우스꽝스러운 장면일 뿐이다. 크리스토퍼 로빈은 그 발자국들은 우즐이 아니라 푸우와 아기돼지의 것이라는 사실을 이야기해 준다. 크리스토퍼 로빈의 현실적 사고는 푸우와 아기돼지의 '우즐 사냥'이라는 '카니발'을 종결시키는 것이다.

크리스토퍼 로빈이 카니발의 종결자가 될 수 있는 것은 그 누구보다 포리스트에서 문자를 가장 많이 알고 있기 때문이다. 크리스토퍼 로빈은 포리스트에서 가장 많은 문자를 알고 있기 때문에 똑똑하고, 똑똑하기 때문에 신뢰할 수 있는 인물로 그려진다. 동물들이 크리스토퍼 로빈에게 갖는 신뢰는 절대적이다. 이것은 곧 포리스트에서 크리스토퍼 로빈이 갖는 권력을 의미한다. 이 권력은 카니발을 종결시킬 수

를 하나의 작은 카니발, 또는 카니발의 연희로 보는 것이다. 이 경우는 카니발의 일시적 종결이다. 다른 하나는 작품 결말에서 크리스토퍼 로빈이 포리스트를 떠나는 것으로 카니발이 종결되는 것인데, 이 경우는 카니발의 완전한 종결이 된다. 여기서는 먼저 카니발의 일시적 종결을 다루고, 뒤에서 완전한 종결을 다룰 것이다.

42) 길벗어린이본에서는 우즐을 하늘다람쥐로 번역하고 있다. 앞서 나온 헤팔룸푸를 코끼리로 번역한 것과 같은 이유, 즉 아동 독자의 이해를 돕기 위한 것으로 볼 수 있다. 그러나 작가는 의도적으로 낯선 기표를 사용하여 기존의 언어 체계에서 벗어났을 때의 자유로움이라는 효과를 전달하고자 한 것으로 보인다. 따라서 이처럼 작가의 의도보다 '친절한' 번역이 중심이 될 경우, 작품의 특징이 제대로 전달되지 못한다는 단점이 있다. 이는 이 작품을 '전복성'보다 단순히 '문자'에 관한 텍스트로만 이해했을 때 생기는 문제기도 한다.

있는 강력한 힘이다. 이 힘은 '웃음'으로 표현되기도 한다.

　아기돼지는 항아리를 머리에 뒤집어 쓴 푸우를 보고 헤팔룸푸라고 생각하며 무서워한다. 항아리는 익숙한 물건이다. 하지만 그 항아리가 평소 쓰임새와는 다르게 푸우의 머리에 씌워진 모습은 그로테스크적이다. "익숙하고 편안하게 느끼던 것이 별안간 낯설고 섬뜩하게 다가올 때 느껴지는 갑작스러움과 당혹스러움은 그로테스크의 본질적 특징이다."43) 하지만 크리스토퍼 로빈은 헤팔룸푸가 아닌 항아리를 쓴 푸우라는 것을 알아챈다. 카니발 속에 있는 아기돼지가 느끼는 기이하고 무서운 장면에서 크리스토퍼 로빈에게는 "웃고 또 웃음이 터져 나올 만큼" 우스운 장면으로 전환된다. 크리스토퍼 로빈의 웃음은 카니발이 종료됐다는 하나의 신호다.

　그러나 크리스토퍼 로빈 역시 아동이기 때문에 미숙한 종결자로서의 모습을 보인다. 이러한 미숙함으로 인해 크리스토퍼 로빈이 갖는 문자에 바탕을 둔 권력이나 종결자로서의 힘이 약해지는 것은 아니다. 크리스토퍼 로빈은 여전히 포리스트에서는 가장 많은 문자를 알고 있는 똑똑한 인물이라는 것은 변함이 없다. 오히려 이러한 미숙성은 크리스토퍼 로빈 역시 카니발에 참여하는 행위자임을 증명해 준다. 이는 현실의 아이 크리스토퍼 로빈이 포리스트에서 다른 동물들과 어떻게 함께할 수 있는지에 대한 근거가 되기도 한다. "카니발은 본질적으로 개인보다는 집단에 의해 이루어지기 마련이다."44)는 말을 통해 집단성은 카니발의 주요한 특성임을 알 수 있다. 또한 카니발에 참여하는 집단 안에서는 "사회적·계급적 불평등이나 그 밖의 불평등과 연관된 모든 것이 제거"45)된다는 점에서 '자유와 평등'과 연관된다. 포리스트에서 크리스토퍼 로빈과 푸우, 다른 동물들은 함께 카니발에 참여하면서 통념의 세계와는 다르게 평등하고 자유롭게 지낼 수 있게 된다. 이처럼 종결자로서의 영향력을 갖고 있는 동시에 아동의 미숙함을 가지고 있는 크리스토퍼 로빈은 자연스럽게 포리스트의 다른 동물들과 함께

---

43) 볼프강 카이저, 이지애 옮김, 『미술과 문학에 나타난 그로테스크 』, 아모르문디, 2011, 303쪽.
44) 김욱동, 앞의 책, 262쪽.
45) 미하일 바흐찐, 김근식 옮김, 앞의 책, 163쪽.

카니발에 참여하는 데 성공한다. 작가는 크리스토퍼 로빈을 통하여 카니발의 일시성과 집단성이라는 특징을 보여주고 있다.

마지막 장, '크리스토퍼 로빈, 푸우를 위해 잔치를 열다'에서는 크리스토퍼 로빈으로 인한 카니발의 완전한 종결을 볼 수 있다. 잔치가 끝난 후에 크리스토퍼 로빈은 다른 동물들과 인사를 하고 헤어지는 장면이 나온다. 이 결말을 어떻게 보느냐에 따라『푸우』를 보는 관점이 극명하게 나뉘게 된다. 크리스토퍼 로빈이 포리스트를 떠난 까닭이 문자 세계로의 진입, 즉 성장을 위한 것이라면 교육적 관점의 근거가 될 수 있다. 그러나 작품 전반에서 크리스토퍼 로빈의 성장과 교육을 강조하거나, 문자의 세계, 상징계에 대한 긍정적 시각을 보내는 인물은 보이지 않는다. 상징계 언어를 서툴게 사용하며 오히려 허점을 보이는 올빼미 등을 그 예로 들 수 있다. 크리스토퍼 로빈이 결말에서 친구들과 헤어져 포리스트를 떠나는 것은 아이들이 '놀이'를 하다가 '때가 되어' 관두고 집으로 돌아가는 것과 유사하다. 따라서 크리스토퍼 로빈은 포리스트를 떠난 것은 성장을 위한 것이 아니라 카니발의 종결로 인한 일상으로의 복귀로 보아야 한다. 카니발이 끝났기 때문에, 크리스토퍼 로빈은 현실로 돌아와야 한다. 크리스토퍼 로빈이 카니발의 광장, 포리스트를 떠난다는 것은 이제 현실로 돌아가야 할 때가 왔음을, 즉 카니발의 완전한 종결을 나타낸다.

V. 아동문학의 카니발을 꿈꾸며

『푸우』는 작품 전반에서 카니발의 특성이 매우 잘 드러나 있다. 아버지가 크리스토퍼 로빈에게 들려주는 이야기로 카니발이 시작되는데, 이야기의 공간적 배경인 '포리스트'는 카니발의 광장을 문학적으로 형상화한 것이다. 누구라도 자유롭게 접촉하는 열린 공간인 '포리스트'에서 푸우와 친구들은 그들만의 즐거운 카니발을 펼친다.

『푸우』는 언어유희로 잘 알려진 작품이기도 하다. 그러나 이 작품에서 언어유희는 단순한 유희 이상의 의미를 넘어, 성인 또는 제도권의 언어 질서를 전복시키는 역할을 한다. 이때 창안적 철자와 같은 아동의 언어적 특징이 두드러지는데, 이를 통하여 공식 질서에 대한 '합법적' 전복을 꾀한다. 아동이 그들의 언어를 사용하는 것은 자연스러우며, 문자 사회로의 편입 이전에는 용인될 수 있는 행동이기 때문에, 현실에서 벗어났지만 합법적인 것이 된다.

'푸우'로 대변되는 카니발적 왕 역시 카니발의 특징을 잘 보여 준다. 푸우는 크리스토퍼 로빈의 자아라 할 수 있다. 포리스트에서 가장 많이 글자를 알고 있는 크리스토퍼 로빈이 '왕'이라면 '어리석고 미련퉁이'라고 불리는 푸우는 그 대척점에 서 있다. "왕과 대척되는 자로서 푸우가 카니발적 왕으로 대관을 함으로써, 뒤집어진 세계, 카니발 세계를 구현하고 있다.

『푸우』에 등장하는 일련의 사건들, 즉 카니발의 연희들은 크리스토퍼 로빈의 현실적 사고로 끝을 맺는다. 그리고 결말에서 크리스토퍼 로빈이 포리스트를 떠남으로써 카니발은 완전히 끝이 난다. 카니발은 일시성을 전제로 한다. 때가 되어 카니발은 끝이 나고 크리스토퍼 로빈은 현실의 세계로 돌아와야 하는 것이다.

『푸우』의 카니발적 특성만큼 중요한 것은 누구의 카니발이며, 왜 카니발이 필요했는가라는 물음이다. 그것이 결국 작품의 창작 의도인 주제와 상통하기 때문이다. 또한 카니발이 억압에서 벗어나고자 하는 욕망에서 기인한 것이기 때문에 카니발을 욕망하는 주체와 그 욕망을 작동시키는 기제와도 연관이 있다. 책의 첫 장에 나온 포리스트의 지도에는 크리스토퍼 로빈의 집은 MY HOUSE로, 다른 동물들의 집에는 각 동물들의 이름이 쓰여 있다. 즉 포리스트는 크리스토퍼 로빈이 주체가 된 카니발이 펼쳐지는 공간인 것이다. 푸우가 카니발적 왕의 위치를 차지하는 이유는 푸우가 크리스토퍼 로빈의 또 다른 자아로 존재하기 때문이다. 푸우는 크리스토퍼 로빈의 애정을 한 몸에 받는 유일한 대상이다. 크리스토퍼 로빈은 푸우에 대해 어리석지만 그럼에도 좋다는 표현을 여러 번 되풀이 한다.

크리스토퍼 로빈이 푸우에 대해 정확히 인지하고 있는 부분, 머리 나쁘고 미련퉁이라는 특징은 현실 세계에서 성인과 비교되는 크리스토퍼 로빈 자신의 모습인 것이다. 그렇기 때문에 크리스토퍼 로빈이 푸우에게 보이는 애정은 결크리스토퍼 로빈 자신에 대한 애정과 동일

한 것이다.46)

또한 크리스토퍼 로빈은 현실에서는 문자 지식이 부족하지만 포리스트에서는 가장 똑똑한 인물로 그려진다. 그리고 푸우를 통해 성인 사회에서 상대적으로 느끼게 되는 지적 열등감을 해소한다. 푸우는 머리가 나빠도 포리스트에서 사는 데 있어, 문제가 되지 않는다. 오히려 우연이라 할지라도 다른 친구들의 어려움을 해결해 주며 '카니발적 왕'의 자리를 차지한다. 푸우가 카니발적 왕이 되는 것은 사회적 인정을 받고 싶다는 크리스토퍼 로빈의 욕망으로 해석할 수 있다. 이러한 맥락에서 볼 때, 카니발적 왕으로의 대관은 푸우가 크리스토퍼 로빈의 미숙함을 상징하는 또 다른 자아기 때문에 가능한 것이다.

아동인 크리스토퍼 로빈에게 금지되고 금기시되는 일들은 많을 수밖에 없다. 특히 이 작품의 창작 동기이자 크리스토퍼 로빈에게 필요했던 카니발에 대해서는 작품 전반에서 등장하는 문자 또는 지식에서 단서를 찾을 수 있다. 작품 속에서 크리스토퍼 로빈은 자신의 지적 측면의 미숙함을 감추려 든다. 모르거나 알고 싶어 하는 것은 자신이 아니라 푸우라는 것을 여러 번 강조하기도 한다. 문자 습득에 미숙한 크리스토퍼 로빈에게 필요한 것은 문자에 의한 카니발이었던 것이다. 포리스트에서 크리스토퍼 로빈이 가장 문자를 많이 알고 똑똑한 인물로 그려지는 것도 하나의 카니발이다. 포리스트에서 문자의 권력을 갖게 됨으로써, 문자에 대한 열등감을 해소하게 되는 것이다. 카니발을 통해 크리스토퍼 로빈은 우월함과 푸우로 대변되는 열등함, 또한 어리석은 푸우의 대관과 탈관을 통해 카니발적 이중성과 유쾌한 상대성을 경험하며, 이는 카니발적 세계감각47)과 직결된다. 카니발적 세계감각

---

46) 『푸우』에서 "나도 생각나요. 하지만 푸우는 제대로 기억을 못해요. 그러니까 푸우는 자기한테 다시 한번 얘기해주면 좋겠대요. 이야기로 듣는 건 진짜 같은데 생각해내는 건 안 그렇거든요."(35쪽)처럼 크리스토퍼 로빈이 자신의 바람을 푸우를 통해 표현하는 데서도 크리스토퍼 로빈이 푸우를 또 다른 자아로 생각하고 있음을 알 수 있다. 이와 동시에 크리스토퍼 로빈이 푸우에게 자신의 열등함을 전가시키고 있다는 것도 함께 보여 준다. 즉 푸우는 크리스토퍼 로빈의 제도권 사회에서 미숙한 자아를 상징하고 있다.
47) 세계 감각이란 말은 "인간의 기분, 감정, 행동 속에 나타나고 있는 주변현실에 대한 인간의 태도"이다. - 역주. 미하일 바흐찐, 김근식 옮

은 생명력을 주는 강력한 변형력과 왕성한 활력을 소유하고 있다.48) 생명력과 활력이야말로 카니발의 진정한 의미이다. 카니발을 통해 축적된 생명력은 현실을 살아가게 하는 힘이 되기 때문이다.

"유쾌한 상대성이 지배하는 카니발의 세계는 일종의 치외법권적인 그 특유의 공간과 시간을 지니고 있다. 그것은 공식적 세계에 대항하여 그 자체의 세계를, 공식적 교회에 대항하여 그 자체의 교회를 건설"49)하는 것처럼 『푸우』는 카니발화된 아동문학이 성인의 질서에 대항한 '아이 그 자체의 세계'를 세울 수 있다는 가능성을 제시한다. 아이다움이 바탕이 되는 전복의 공간 포리스트에서 아동 그들만의 언어와 그들만의 왕으로, 또 이들을 통한 놀이의 삶으로 카니발 세계를 구현한다. 『푸우』는 아동문학이 카니발화를 이루는 한 방식을 보여준다. 또한 『푸우』가 아동문학의 고전으로 여전히 많은 이들에게 사랑받고 있다는 것은 아동문학의 카니발화는 지금도 주목해야 할 유효한 명제임을 시사하는 것이다.

김, 앞의 책, 141쪽.
48) 위의 책, 141쪽.
49) 김욱동, 『대화적 상상력』, 문학과지성사, 1999, 262쪽.

충북의 안데르센, 이영두를 말하다

Ⅰ. 프롤로그

　아동문학 작가 이영두는 1982년 동극집 『숲속의 아침』을 시작으로 작가 활동을 시작해 30권이 넘는 작품집을 꾸준히 집필해왔다. 가장 최근 작품 『누가 뭐래도 우리는 일등!』이 2020년 출간된 점을 고려한다면 근 사십 년을 꾸준히 아동문학 창작을 해온 셈이다. 그러나 비교적 잘 알려져 있지 않은 작가기도 하다. 그 이유는 무엇보다 아동문학 연구와 평론의 외연이 넓지 않기 때문일 것이다. 아동문학 연구의 경우에는 아직까지도 근대 시기에 머물러 있는 경우가 많다. 그만큼 그 시기의 연구 대상이 광범위하기도 하거니와 아동문학의 본격적 출발점을 섬세하게 고찰한 후, 순차적으로 연구 대상을 넓혀가겠다는 연구자의 의지가 반영되어 있기도 하다. 평론은 대체로 최근 작품들에 대해 논의하는 경우들이 많다. 시의적 측면, 시대와 사회적 맥락을 중요하게 여기기 때문이다. 현재의 시대상과 작품이 어떤 합을 맞추었느냐를 읽어내는 것이 평론의 중요한 일이기 때문이다. 여기서 연구와 평론의 간격이 매우 크다는 것을 알 수 있다.

　근대에 집중하는 아동문학 연구와 지금을 주목하는 평론 사이에는 필연적으로 공백이 생긴다. 특히 2000년 이전이 그러하다. 2000년 이후부터 아동문학 창작과 평론이 활발해졌는데 이는 오히려 그 이전의 작품들은 지워버리는 결과를 가져온다. 화려한 조명을 받는 작품들만이 우리의 뇌리에 남는 것과 유사하다. 그러나 중요한 것은 근대 시기를 걸쳐 지금의 아동문학으로 오기까지는 분명한 '맥락'이 있을 것이라는 사실이다. 그 맥락, 연결고리를 찾아내기 위해서는 1980, 90년대 아동문학에 대한 논의가 선행되어야 한다.

　무엇보다 근대 외 시기에 대한 연구가 진행되어야 대략이나마 우리 아동문학의 큰 그림을 그릴 수 있을 것이다. 이와 더불어 빠르게 소실되어가는 자료 보존의 필요성이다. 근래에는 자료들을 디지털화하지만

2000년 이전에는 종이 자료들이 더 많아 보존에 어려움이 많다. 따라서 자료 보존 차원에서도 이 시기 연구가 진행될 필요가 크다 하겠다. 전술한 내용들은 1980, 90년대 활발한 활동을 펼쳤던 작가 이영두가 잘 알려지지 않은 데 대한 답변이자 그의 작품을 고찰해야 하는 중요한 이유기도 하다.

이영두는 1980, 90년대 아동문학 논의의 공백을 채우는 데 적합한 인물이다. 1982년 아동문학 동극과 동화로 등단을 하고[50] 2000년 이전까지 18권의 아동문학 작품집을 출간했다. 해마다 한 권씩 집필한 셈이다. 저학년과 고학년 독자를 두루 아우르고 있으며, 동화와 아동소설, 동극, 옛이야기까지 창작 장르의 스펙트럼도 넓은 편으로 그 시기를 대표할 수 있다고 판단하였다. 또한 충북숲속아동문학회라는 향토아동문학회를 결성하고 운여하는 데 주도적인 역할을 했다. 이 역시 우리 아동문학의 역사라는 점에서 중요한 사건이라는 데 주목하였다. 따라서 이영두의 작품 세계를 살펴봄으로써 아동문학 논의의 공백 시기, 1980~90년대를 기억하는 데 유의미한 연구가 될 것으로 기대한다.

II. 생애 및 문학 특징

1. 충주, 제2의 고향이자 삶의 터전

아동문학가 이영두(李永斗)는 1945년 2월 5일 이사룡과 남옥례 사이에서 3남 1녀 중 장남으로 태어났다. 본적은 충남 서천군 마서면 송애리 641이었으나, 이후 충주 교현동으로 옮긴다. 고향에서 초등학교를 졸업한 이영두는 군산사범학교에 진학한다. 군산은 행정구역상 전라북도에 속한다. 그러나 뱃길로는 가까웠기 때문에 사천군 사람들은 군산으로 유학하는 경우가 많았다고 한다. 군산사범학교를 졸업한 후, 발령받은 첫 부임지가 충주였다. 그렇게 이영두와 충주의 오랜 인

---

50) 이영두는 1982년과 1990년에 희곡이, 2000년에는 소설이 당선된 바 있다. 2013년에는 소설 『잃어버린 세월』을 출간하기도 했다. 그러나 이 글에서는 아동문학에 초점을 맞추어 논의를 전개함을 밝혀 둔다.

연이 시작되었다.

　1963년 9월 24일 처음 발령받아 간 곳은 중원군 살미면에 있는 살미초등학교였다. 당시 살미초등학교는 신매리에 있었고 한 학년에 3반이 있었다. 이영두는 1학년 담임을 맡았는데, 그때가 9월 하순이어서 한창 운동회 연습중이었다. 학교숙직실에서 자고 밥은 식당에서 사먹는 생활을 했는데데 학교 숙직실에서 누에를 키우는 바람에 방의 온도가 높고 누에가 뽕잎을 갉아먹는 소리가 나 잠을 설쳤다고 한다. 그래서 나중에 학부형의 집에서 하숙을 했는데 쌀값만 받는 호의를 베풀어 주었다. 당시 따뜻한 인심을 보여 주는 일화다.

　1965년 3월 앙성초등학교로 발령이 난다. 이곳에서 1년 반 정도 학생들을 가르쳤고 1966년 8월 군대 영장이 나와 군에 입대한다. 1969년 재대한 후에는 수안보초등학교로 발령받는다. 당시 야동초등학교 교사이던 김운중 선생과 1970년 결혼을 해 충주시 지현동에 신혼살림을 차렸다. 슬하에 2남 2녀를 두었고 이후 오랫동안 교현동에서 거주하였다. 4층 옥상에 마련된 창작실은 이영두의 서재이자 도서관이었다고 한다.

　특히 이영두는 용원초등학교와 남한강초, 목계초, 탄금초, 노은초, 성남초 등 충주에 위치한 대부분의 초등학교에 근무를 했던 만큼 충주에 대한 애정도 남달랐던 것으로 보인다. 또한 자신의 작가로서의 이력도 십분 발휘했던 모습도 보인다. 남한강초등학교에서 충주 최초로 동시화전을 성황리에 개최했었고 가흥초등학교에서 교감으로 재직할 때 '이야기 길'을 운영하기도 했다. 이영두는 43년 여간 교직에 충실했다. 그러나 초등학교에서 아이들을 만나면서 자연스럽게 아동문학 작가로서의 길을 걷게 되었다. 그에게 교직과 아동문학 작가는 '아이'들을 만난다는 점에서 결코 다른 일이 아니었던 것이다. 2007년 성남초등학교(충북 충주시 염밭로 101)를 마지막으로 교직에서 물러났다. 하지만 그의 창작 활동은 퇴직 후에도 『곰배령 봉칠이』(2008)와 『누가 뭐래도 우리는 일등!』(2022)을 출간하는 등 계속되고 있다. '작품의 소재가 될 수 있는 중원 문화와 역사와 수려한 자연이 내 주변에 널려있기 때문에 내 창작 생활은 멈출 수 없다.'[51])는 작가의 말에서도 여전히 왕성한 창작의 원동력을 확인할 수 있다.

2. 동극에서 동화, 아동소설까지

이영두는 1963년 처음 교단에 선 후, 20여 년이 지난 1982년 1월에 희곡「돌바람」이『충청일보』신춘문예에 당선되었다.「성주골 아이들」(『아동문학평론』), 동화「철쭉골 메아리」(『아동문학평론』)로 등단한다. 당시『아동문학평론』에는 장르별로 2회 추천을 받으면 작가가 될 수 추천제도가 있었다. 이영두는 1982년에 동극「성주골 아이들」외 1편을 응모하여 이영준 동극작가의 추천을 받았다. 그리고 동화「철쭉골 메아리」외1 편이 정진채 동학작가의 추천을 받은 것이다. 희곡, 동극, 동화에서 작가로서의 역량을 인정받은 것이다. 비교적 늦은 나이에 등단을 한 경우인데 그만큼 문학에 대한 열정이 크고 강했음을 알 수 있다. 무엇보다 희곡과 동극이라는 장르로 등단을 했다는 것이 눈길을 끈다.

이영두는 스물아홉 권의 아동문학 작품집을 펴냈는데[52] 이 중 동극집은『숲속의 아침』(1982)[53]과『허수아비와 도깨비』(2006), 두 권이 전부다. 전체 작품 편수에 비하면 적은 숫자이지만 동극 작가가 거의 없다시피 한 점을 감안한다면 그 의미가 결코 작지 않다. 우리 아동문학의 본격적 출발점이라 볼 수 있는 잡지『어린이』(1923~1935)에는 꾸준하게 동극이 실렸다. 실제 공연을 염두에 두고 세부적인 지시문들이 함께 들어 있기도 했다. 동극은 문학 작품을 읽는 것에서 표현하는 것으로 경험을 확장하게 한다. 작품을 더욱 능동적으로 접할 수 있는 '살아 있는' 장르인 것이다.[54] 이러한 동극의 특성은 디지털 문화에 익숙한 세대들이 받아들이기는 어려워 보인다. 동극 창작이 미진한 이 유도 실제 공연을, 실제 공연을 그려내야 하는 부담감 때문일 수 있다.

---

51) 이영두,『누가 뭐래도 우리는 일등!』, 아동문예, 2022, 뒷표지 작가의 말.
52)『임금님이 된 학 총각』은 1986년 상서각에서 출판되었으나 1993년 아동교육문화에서 재출간되었다. 이 경우는 한 권으로 간주하였다.
53) 이 동극집을 출간할 때 충주 향군회관에서 출판기념회를 가졌다. 이를 계기로 지역 문인 등과의 교육의 폭이 충청 지역 전체로 넓어지게 되었다고 한다.
54) 다음 아동극에 정의에서도 아동의 주체적 역할을 확인할 수 있다. "아동을 독립된 인격체로 인식한 작가가 아동을 위해 만든 극이면서 동시에 아동이 직접 할 수 있도록 만든 극으로 정의하고…"(손증상,『한국근대아동극과 아동잡지』, 연극과인간, 2022, 17쪽.

동극 창작이 활발하게 이루어지기 어려운 상황 속에서도 애정을 갖고 지속적으로 창작하고 있다는 점에서 우리 아동문학의 한 전통을 이어가고 있다고 평가할 수 있을 것이다.

  작가는 희극과 동극에 관심을 갖는 이유를 직접적으로 밝히고 있지는 않으나, 동극이 아이들에게 주는 창의력과 표현력, 발표력의 향상과 같은 긍정적인 효과를 인식했던 것으로 보인다.

  상대적으로 보다 대중적 장르인 동화와 아동소설 창작에 더 매진한다. 동극 창작의 경험이 동화와 아동소설을 쓰는데 큰 도움이 되었던 것으로 보인다. 속도감 있는 사건 전개와 생생한 인물 표현 등이 그 대표적인 예이다.

  1983년에는 첫 동화집 『무지개 뜨는 교실』을 펴낸다. 여덟 편의 단편이 실려 있는데 「허수아비」처럼 향토적 색채가 느껴지는 작품부터 「고추잠자리」와 같이 동식물을 의인화한 작품까지 다양성이 두드러진다. 이 중 「고추잠자리」는 「누렁이의 탈출」과 함께 다른 작품집에도 여러 번 재수록되기도 해 특히 작가에게 의미 있는 글임을 추측할 수 있다. 짧은 분량이지만 아기잠자리가 고추잠자리가 되는 성장의 이야기를 흥미롭게 전달하고 있다. 『무지개 뜨는 교실』에 실려 있는 단편들의 다채로움은 넓은 스펙트럼을 갖고 있는 그의 작품 세계를 예고하는 것이다. 이 작품집에서 볼 수 있는 스스로 성장하는 아동과 자연의 아름다움, 장난꾸러기 아이, 순수한 마음 등은 이후 그의 스물일곱 권의 동화집과 두 권의 동극집에서 일관되게 나타나는 주요 테마들이다.

  오랜 시간 꾸준하게 작품집을 출간했다는 점에서 알 수 있듯이 이영두는 매우 성실한 작가다. 이는 단순히 작품의 숫자를 가리키는 것은 아니다. 고학년과 저학년, 동극과 동화, 동화와 아동소설 등 다양한 경계를 넘나들 수 있었던 것은 문학에 대한 애정 때문이다. 즉 그의 성실함은 이 애정이 바탕이 된 것이다. 당시 책을 내는 일이 쉽지 않았다고 한다. 처음 세 권의 작품집은 자비로 출판한 후, 출판기념회를 열어 그 비용을 일부 충당했다. 네 번째 작품집부터는 출판사의 제안으로 낼 수 있었지만, 원고료 대신 수백 권의 책을 받아 동료와 지역 문인, 지역 인사는 물론 전국 아동문학인들에게 보내 주었다. 즉 경제적인 이득이 크지 않았던 것이다. 그럼에도 그가 40여 년동안 꾸준히 작품을 집필할 수 있었던 이유는 글 쓰는 일이 정말 재미있었기 때문이다. 글을 쓸 때 가장 신이 났고, 자신의 책을 읽고 즐거워하는 독자가 있다는 사실에서 보람과 자부심을 느낄 수 있었다고 한다.55) 이런 그의 노력을 인정 받아 많은 문학상을 수상했다. 『고추잠자리』로 제7회 현대아동문학상(1985)과 『춤추는 도깨비를 찾아라』로 제6회 천등아동문학상 본상(2006)을 받았다. 2019년에는 제10회 아시아서석문학상 대상을 수상했다. 1995년 출간된 『이상한 옹달샘』은 교보문고 베스트셀러가 되기도 해 작품의 대중성도 확인할 수 있는 계기가 되었다.

3. 아동문학의 숲, 충북숲속아동문학회, 그리고 권오순의 구슬비

창작 활동 외에도 그가 아동문학의 외연을 넓히기 위해 애쓴 사실 역시 주목해야 한다. 아동문학사의 한 조각, 사건을 만들어냈기 때문이다. 먼저 '충북숲속아동문학회'의 결성이다. 1983년 이영두는 현대아동문학가협회로부터 충북 지역에 아동문학가 단체를 만들어 볼 것을 권유받았다. 동시에는 전병호, 동화에는 이영두가 중심이 되어 단체를 만들기 위해 노력했다. 기성 작가들을 만나고 글쓰기 교사들을 회원으로 가입시켜 1983년 2월 20일 충북아동문학회를 창립하게 되었다. 이때 이영두는 문학회 이름에 '숲속'을 넣자는 의견을 냈다. 충북에 숲이 많고 숲은 아이들을 꿈을 키워주기 때문이라는 이유였다.

충북숲속아동문학회의 초대 회장은 이영두가 맡았다. 먼저 아동문학에 관심이 많은 초등학교 교사들이 중심이 되고, 전문작가와 학부모로 확장시켜나가자는 계획을 세웠다. 또한 향토아동문학 창작과 보급에 힘쓰고자 했다. 이는 『충북숲속아동문학 회보』 창간호에서는 "향토 아동문학인으로서 향토를 외면하지 않고, 향토 아동문학 발전을 위해 발돋움하겠다는 우리의 순수한 결의를 밝혀둔다."고 밝힌 데서도 잘 드러난다. 하지만 향토 아동문학에 머무르는 것이 아니라 더 나아가 한국아동문학사의 한 축을 담당하는 것이 최종적인 충북숲속아동문학

---

55) 이영두의 회고와 관련해서는 다음 글을 참고하였다. 이영두, 『문단 40년사』, 정문사, 2022.

회의 목표였다.

충북숲속아동문학회는 동인지를 발행하여 더욱 활발하게 활동했다. 1984년 『해를 굴리는 아이들』로 시작해서 다음 해에는 『노란잎새 빨간잎새』를 펴냈다.

충북숲속아동문학 동인지는 2015년까지 매년 발행되어 총 31권에 이른다. 미등단 회원들에게는 등단할 수 있는 계기를 마련해 주고 등단 회원들에게는 꾸준히 창작할 수 있는 지면을 제공해줄 수 있었다.

작가들의 창작 활동을 독려하는 한편, 구슬비 백일장을 개최하여 아이들의 문예 활동을 장려하였다. 구슬비 문학상은 시인 권오순의 동시 「구슬비」에서 따온 것이다. 권오순은 황해도 해주 출생이다. 세 살 때 소아마비에 걸려학교에 가질 못했다. 대신 우리말과 글을 익히며 시를 썼다. 1933년 동시 「하늘과 바다」가 『어린이』에 추천되면서 신문과 잡지에 소년소설, 동시 등을 발표하기 시작했다. 권오순의 가장 유명한 작품이 바로 교과서에 수록되기도 했던 「구슬비」이다.

권오순과 이영두는 특별한 인연을 갖고 있었다. 충북숲속아동문학회를 창립할 때 권오순을 고문으로 모시려고 했다. 당시 권오순 프란치스코 재속수녀회 소속으로 제천시 백운면 천주교회에서 살고 있었다. 이영두는 당시 권오순이 작은 꽃밭을 가꾸는 모습을 보며 쓸쓸함과 고단함을 느꼈다고 회고한다.

충북숲속아동문학회 회원들은 행사 때마다 권오순을 찾아가 함께했다. 권오순 역시 충북숲속아동문학회 활동이 계기가 되어 작품 활동에 매진하여 제2의 전성기를 맞이했다. 1995년 7월 권오순이 세상을 떠날 때까지 충북숲속아동문학회와의 교류는 계속됐다. 그가 세상을 떠난 후 유품과 100만원이 충북숲속아동문학회에게 남겨졌다. 이때 권오순 노래비를 세우자는 의견이 나왔다. 노래비를 세울  장소는 충주댐공원으로 정해졌다. 무엇보다 1000만원이라는 비용을 준비하는 것이 문제였다. 충북숲속아동문학회 회원들과 전국 아동문학가, 언론계, 지역 인사 등 적극적인 지원이 이루어져 1997년 5월 10일 '권오순 구슬비 노래비'가 세워졌다.

이 노래비는 중요한 상징성을 띠고 있다. 우리나라의 대표적인 동요가 바로 「구슬비」이기 때문이다. 다음은 그 전문이다.

    송알송알 싸리잎에 은구슬
    조롱조롱 거미줄에 옥구슬
    대롱대롱 풀잎마다 총 총
    방긋웃는 꽃잎마다 송송송

비가 내리는 모습을 아이의 천진난만한 관점에서 풀어낸 노래다. 우리나라 대부분의 사람들이 알 만한 '국민동요'이기도 하다. '권오순 구슬비 노래비'는 탄금대 공원 안에 있는 권태응의 '감자꽃 노래비'와 함께 아동문학의 중요한 유산을 충주가 간직하고 있음을 보여 준다.

Ⅲ. 작품세계 및 특징

1. 충주를 담다

이영두의 작품의 특징 중 하나는 바로 '충주'다. 교직생활을 충주에서 시작하면서 충주의 제2의 고향이 되었다. 이는 자연스럽게 배경과 소재 역할을 하는데, 그의 작품 대부분에서 '공설시장'과 '소탱이고개'[56], '호암연못'과 같은 크고 작은 충주의 지명들이 자주 발견되는 이유기도 하다. 「고향의 노래를 지킨 도둑」은 충주시 앙성면에 위치한 '학바위'가 고향을 상징하는 소재로 나온다. 웅기는 서울 사람이 개구리를 사다가 술안주로 판다는 소문을 듣는다. 웅기와 친구들은 돈을 벌기 위해 개구리를 잡으러 다닌다. 하지만 웅기의 마음 한 편에는 왜 친구인 개구리를 먹을까라는 의문이 든다. 그리고 이사를 간 금숙이의 편지 내용을 떠올린다.

> '웅기야, 나는 하루도 내 고향 솔매마을과 학바위 시냇가를 잊어버린 적이 없단다. 부산에서 생각하니 솔매마을이 그렇게 아름다운 내 고향인 줄 몰랐어. 초여름이면 다랑논 논두렁, 뙈기밭 밭두렁 따라 개구리 노래 소리가 얼마나 정다웠니? 그리고 학바위 시냇가에 우리들과 개구리들 중 누가 더 노래 잘 하나 시합했던 생각나니? 몸은 도회지에 있어도, 내 웃음과 노래는 부산으로 가져 오지 않고 학바위 시냇가에 놓아 두고 왔단다. 너희들이 개구리들과 노래 시합할 때 응원하려구 말야. 내년 초여름에도 또 시합하겠지?'

금숙이는 부산으로 이사를 갔지만 학바위 시냇가를 잊은 적이 없고, 그곳에 자신의 웃음과 노래를 두고 왔다고 한다. 아이들과 개구리가 노래 시합을 하던 추억도 학바위에 얽힌 것이다. 금숙이에게 학바위는 곧 고향인 것이다. 웅기는 금숙이의 편지를 읽고 서울에 팔기 위해 잡아둔 친구들의 개구리를 모두 놓아준다. 그들 역시 고향의 일부이기 때문이다.

친구들은 개구리를 놓아 준 '범인'이 웅기라는 것을 알고 난 후에도

---

56) 충청북도 충주시의 소태면 구룡리 솔밭말과 화룡골에서 외촌을 연결하는 고개.

화를 내거나 탓하지 않는다. 웅기가 '고향의 노래'를 지키기 위해서 한 행동임을 알았던 것이다. 그리고 학바위를 향해 함께 달려가는 웅기와 친구들의 모습에서 어떤 일이 있어도 따뜻하게 감싸주는 고향의 소중함을 느낄 수 있다.

충주호 역시 작품의 주요 소재로 자주 등장한다. 충주호는 충주댐 건설로 생긴 충주, 단양, 제천, 세 지역에 걸쳐 있는 호수다. 1989년 출간된 『꽃불』은 충주호가 주요 배경이다. 이 작품은 주인공 덕배 아버지의 죽음부터 시작한다. 아동문학에 나오는 부모는 대체로 아동을 보호하거나 지지하는 역할을 한다. 그런데 부모의 부재부터 시작하는 『꽃불』은 성인의 도움 없이 오롯이 자기 힘으로 성장하는 주체적인 아동을 그리고 있다는 점에서 주목할 만하다. 이는 이영두 작품의 전반에서 일관적으로 드러나는 때로는 어른을 놀릴지언정 의존하지 않고 씩씩하게 상황을 헤쳐나가는 아동의 모습이기도 하다. 부모를 잃고 홀로된 덕배 곁을 지키는 것은 충주호와 같은 자연이다. 충주호 위에 밝은 보름달이 떴을 때 친구가 되어 준 꽃사슴과 만났고, 생계를 위해 마을 심부름을 하고 친구들한테는 따돌림을 당하면서도 충주호에 떠 있는 하늘을 보며 자신을 다독였다. 충주호는 그들 인식의 기준이 되기도 한다. 덕배는 친구 주실이 사이에 '충주호 만큼이나 깊은 오해'가 있었다는 설명과 '덕배 가슴이 충주호만큼이나 넓어진 것 같다'는 아이들의 말에서도 잘 나타난다. 『꽃불』에서 충주호는 우리가 잊고 살아가는 중요한 진리를 떠올리게 한다. 인간은 자연과 함께 살아가며 자연을 통해 삶은 더욱 풍요로워진다는 사실을 말이다.

『내가 왜 꼴찌야?』에서는 「충주호의 아름다움」이라는 장을 통해 충주의 명소와 역사에 대해 소개하고 있다. 주요 인물인 '꼴찌 삼총사'인 정상이와 길동이, 동만이는 충주 탄금대에서 출발해 충주댐 공원으로 간다.

> 충주댐은 우리나라 최대의 다목적 댐으로 높이가 97.5m 길이, 길이 464m의 동양 최대급 콘크리트 댐이다.
> 면적이 96만 제곱킬로미터로 우리나라 최대를 자랑하고 있으나 저수량에 있어서는 강원도에 있는 소양감 댐에 뒤지고 있는 충주호!

> 짐작한 대로 아름다웠다. 가면 갈수록 신비스럽다. 황홀했다.
> 국립공원 월악영봉이 다가오는가 하면 한벽루, 금남루 등 중요 문화재를 한곳에 모은 청풍 문화재 단지가 언덕에서 손짓을 하기도 한다.
> 충주호의 경치는 기암괴석과 소나무가 어우러져 빚어낸 옥순봉과 그 주변에서 절정을 이룬다.57)

충주댐의 규모와 전경, 주변 풍경까지 구체적으로 서술하고 있는 이 장면에서 충주호에 대한 작가의 찬사를 느낄 수 있다. 정상이 역시 충주호의 멋진 풍경을 보고 동화의 나라 같다고 한다. 엄마의 욕심으로 공부만 해야 했던 정상이에게 충주호와 같은 자연은 통제와 억압이라는 현실에서 벗어난 해방의 공간이다. 이 작품에서는 충주호 외에도 무주 구천동과 문경새재와 같은 빼어난 우리나라의 명소들이 등장하는 것 역시 아이들이 자유롭게 누릴 수 있는 자연을 보여주고자 한 것이다.

> 그 꼭대기에서부터 비단폭을 풀어놓은 듯 한 줄기 쭉 뻗어내린 계곡이 그 유명한 무주 구천동인 것이다.
> 한 폭의 신비스런 동양화라고 표현하면 별 탈이 없을 것 같다.
> 정상이와 미나는 어느새 무주 구천동의 산새들이 되어 버리고 만다. 두 팔 날개를 팔랑팔랑 흔들어대며 여기저기 쏘다녔다.58)

무주로 가는 길에 만난 또래 친구 미나 역시 정상이와 다르지 않은 상황이다. 여러 학원을 다니면서 '똑똑한 아이' 되는 연습만을 해 온 것이다. 정상이와 미나는 무주 구천동의 풍광 속에서 자유롭게 나는 산새처럼 뛰어논다. 자연에 동화된 듯한 모습을 보이는 것이다. 이렇게 아름답고 넓은 세상이 있다는 것을 몰랐다는 미나의 말에서 도시에서는 느낄 수 없는 자연을 보여 주고 싶어하는 작가의 의도를 읽을 수 있다.

이영두의 작품의 특징을 '짙은 향토색'59)으로 제시하기도 한다. 전

---

57) 이영두, 『내가 왜 꼴찌야?』, 신아출판사, 1999, 200~201쪽.
58) 위의 책, 80쪽.

술한 바와 같이 충주의 여러 장소들이 작품의 주요 배경으로 등장한 것과 관계가 깊다. 그러나 이는 표면적인 것이다. 그에게 충주의 장소들은 도회적인 것과 대조되는 향토적인 것을 넘어서 자연 그 자체를 상징하고 있기 때문이다. 또한 이 자연은 해방의 공간이자 아이들이 주인이 되는 공간이다. 그의 작품에서 충주는 언제나 우리를 따뜻하게 품어주는 고향이자, 아이들이 진정한 행복을 느낄 수 있는 자연으로 나타난다. 그런 점에서 '충주'는 이영두 작품 세계의 지향점을 상징적으로 보여준다 하겠다.

또한 작가가 오랫동안 충주에 거주하면서 직접 경험한 충주의 역사가 그려져 있기도 하다. 「용궁이 된 할아버지 고향」은 충주댐 수몰지구에 대해 다루고 있다. 충주댐 건설은 분명 긍정적 측면이 크다. 그러나 그 안에는 우리가 기억해야 할 사람들의 이야기가 존재한다. 이 작품에는 노랑나비와 민들레, 할아버지와 미아가 등장한다. 앞 부분에서는 노랑나비와 민들레의 대화를 통해 댐 건설로 고향을 잃어버린 이들의 슬픔을 표현한다.

> 노랑나비 한 마리가 호수의 물자락을 따라 고향땅 무릉골을 찾아왔습니다. 그러나 노랑나비는 그곳이 제 고향 무릉골인지는 아직은 모릅니다. 아무리 두리번거려도 낯익은 곳을 찾지 못했기 때문입니다. 굴참나무 가지 끝에 앉아 넓은 호수를 바라봅니다.
> '아, 이렇게 넓은 호수가 되다니……'
> 노랑나비는 슬펐습니다.
> '그렇지만 꼭 찾아야지, 고향에서 살려고 왔는데……'60)

노랑나비는 고향을 찾아온다. 물에 잠긴 것을 알고 슬퍼하지만 고향을 찾고야 말겠다는 결심을 한다. 고향은 단지 생활을 영위하는 장소가 아니기 때문이다. 고향은 태어나서 자란 곳이라는 사전적 의미를 갖고 있다. 즉 최초의 정체성이 형성된 지극히 개인적이고 본질적이며 정서적이라는 특징을 갖고 있다. 고향에 중요한 의미를 부여하는 이유

---

59) 이영두 엮음, 『아름다운 동심 속에서』, 석기시대, 2006, 30쪽.
60) 이영두, 『한여름밤의 개구리 소동』, 아동교육문화, 1991, 180쪽.

도 여기에 있다.

작품 시작에 등장하는 노랑나비는 물에 잠긴 고향을 뒤로 하고 떠날 수밖에 없었던 사람들의 은유이다. 또한 사람뿐 아니라 동식물도 삶의 터전을 잃게 되었다는 것을 보여 주는 설정으로 볼 수 있다.

노랑나비는 홀로 남아 고향을 지키고 있는 민들레를 만난다. 이때 민들레는 호수를 보며 "노랑나비야, 저 호수의 푸른 물은 고향을 떠나 사는 사람들의 눈물이 모인 것일 거야……."라고 말한다. 고향을 떠난 사람들의 아픔을 문학적으로 표현한 이 민들레의 말은 사실이기도 하다. 그들이 고향을 '잃어버림'으로써 댐과 호수가 만들어졌기 때문이다. 그러나 노랑나비와 민들레는 슬퍼하지만은 않는다. 민들레는 "눈물을 뿌리며 떠나간 사람들의 고향을 나 혼자만이라도 지켜 주고 싶"다고 한다. 노랑나비가 고향을 떠나야만 했던 사람들의 은유라면 민들레는 고향에 대한 그리움을 간직하고 사는 이들을 나타낸다. 민들레는 이곳을 지키다보면 고향이 그리워 찾아오는 사람들을 만날 수 있을 것이라는 기대도 한다. 이야기의 주체는 자연스럽게 그리운 고향에 온 '빨간 양철 지붕집 할아버지'에게로 넘어간다.

할아버지는 손녀 미아와 고향을 찾아온다. 하지만 미아는 집도 사람도 없는 할아버지의 고향이 시시하다며 투정을 부린다. 물속에 할아버지의 고향이 있다는 말도 믿지를 않는다. 할아버지는 미아에게 댐이 생기기 전 마을 모습을 설명하며 그리운 기억들을 떠올린다. 고향이 사라졌다는 상실감은 할아버지를 더욱 외롭게 만든다. 그런데 미아의 질문에 답을 하면서 고향을 잃은 슬픔을 스스로 치유해 나가는 모습을 보인다.

"할아버지, 그럼 저 물 속에는 그런 것이 없을까?"
"왜, 있지. 있구말구……."
할아버지 말 속에는 또 외로움이 스며 들고 있었습니다.
"나무들은 물나무가 되었을 것이구, 길가엔 예쁜 물꽃들이 피었을 게야. 물자동차도 다닐 거구? 또 교회의 종소리는 물종소리가 되어 물속을 울리겠지?"[61]

---

61) 이영두, 『한여름밤의 개구리 소동』, 아동교육문화, 1991, 187쪽.

볼 수도, 갈 수도 없는 고향이지만 물 속에서 예전 그대로 모습을 간직하고 있을 것이라는 말에서 '내 것'으로 소유하지 않아도 존재할 수 있다는 한층 승화된 인식을 알 수 있다. 할아버지의 고향을 '아름다운 용궁'이라고 표현하는 미아의 말 역시 물속에 잠긴 고향, 고향에 대한 상실감을 동화적 상상력을 통해 치유하고 있음을 보여 준다. 결말에서 이루어지는 할아버지와 민들레꽃, 노랑나비와의 재회는 이러한 희망의 정서를 강조한다.

이와 같이 「용궁이 된 할아버지 고향」은 충주댐 이면에 있는 사람들의 이야기, 그 역사를 생생하게 전달하고 있다. 그리고 그들의 아픔과 상처를 보듬어 주고자 하는 작가의 따뜻한 시선도 느낄 수 있다. 이는 충주라는 작가 자신의 삶의 터전에 대한 애정에서 기인한 것이다.

2. '개구쟁이다운 동심', 주체적인 아동

충주와 함께 이영두의 작품에서 일관되게 강조되는 것은 '동심'이다. 충주가 표현적 측면의 중심이라면 동심은 작품의 내용적 측면을 규정한다. 동심은 아동문학을 정의하는 데 있어 핵심요소로 이야기되어 왔다. 그만큼 동심에 대해서는 다양한 논의가 있어왔다. 윤석중은 "인간의 양심"으로, 석용원은 "인간의 원초적인 마음의 상태"[62]로, 이원수는 "천진무구한 것, 죄 없는 것, 세파에 더러워지지 않는 마음"[63]으로, 그리고 이오덕은 "순수한 인간정신이며, 끊임없이 자라나는 선의 마음의 바탕이며, 온 민족의 어린이와 어른의 마음 바다로 확대해 갈 수 있는 정심(正心)이며, 문학에서 가장 효과적으로 키워갈 수 있는 인간 본성"[64]으로 설명했다.

이러한 의견들은 대체로 동심을 인간 마음의 원형, 순수하고 바른 마음으로 이야기하고 있다는 공통점이 있다. 그러나 이영두가 주목하는 동심은 이와는 다소 다른 특징을 보인다.

---

62) 윤석중, 『윤석중전집(24)』, 웅진, 1988, 131쪽.
63) 이원수, 『원수아동문학전집: 아동문학입문(28)』, 웅진, 1988, 319쪽.
64) 이오덕, 『어린이를 지키는 문학』, 백산서당, 1989, 151쪽.

우리 아이들에겐 개구쟁이다운 동심이 살아 있어야 한다. 아름다운 동심을 간직해야 한다. 그래야만 어렸을 때부터 세상을 아름답게 바라볼 수가 있다. 세상을 아름답게 바라볼 수 있는 아이들만이 21세기를 아름답게 창조할 수 있는 능력을 갖게 될 것이다.
그러기 위해서는 아름다운 꿈, 아름다운 생각을 항상 마음속에 지녀야 한다.[65]

'동심'은 그의 작품 서문에서 빠지지 않고 등장한다. 이때 개구쟁이 동심이라고 표현한 것이 인상적이다. 앞서 살펴본 것처럼 동심은 일반적으로 순진무구함 등으로 이해한다. 그러나 이영두는 개구쟁이처럼 장난스럽고 활기찬 동심을 이야기한다. 그는 "개구쟁들이야말로 위대한 존재들"[66]이며 "씩씩하고 건강하게 자라는 개구쟁이들이 있는 이상, 우리들 주변은 항상 풋풋한 웃음과 희망이 넘쳐흐를 것"[67]이라고 개구쟁이 동심관에 대해 설명하고 있다. 43년의 교직생활을 하며 경험한 현실적 아동의 모습이 들어 있음을 알 수 있다. 이러한 동심관은 그가 그려내는 아동의 이미지에도 고스란히 반영된다.

30여 편이 넘는 그의 작품에서 공통적으로 어른에게 의존하지 않고 씩씩하게 자신의 길을 나아가는 아동 인물이 나온다. 『곰배령 봉칠이』[68] 역시 주체적인 아동, 봉칠이가 주인공으로 등장한다. 작품 시작에서 봉칠이는 사고로 아버지를 잃는다. 이는 『꽃불』이 덕배 아버지의 죽음으로 이야기가 전개되는 것과 비슷한 맥락이다. 부모, 특히 아버지의 부재는 직접적인 경제적 타격을 가져온다. 아동이지만 외면할 수 없는 상황이 된 것이다. 봉칠이 역시 홀로 고생하는 엄마를 보며 아무 일도 하지 못하는 자신에게 화가 난다. 그리고 곰배령을 '탈출'해 원

---

65) 이영두, 『아우라지 아리랑』, 상서각, 2003, 4~5쪽.
66) 이영두, 『돈키호테들의 결투』, 상서각, 1989, 3쪽.
67) 위의 책, 3쪽.
68) 이 글에서는 우선적으로 2000년 이전 작품을 분석 대상으로 선정하였다. 이때 『곰배령 봉칠이』는 2013년에 나온 작품임에도 분석 대상에 포함시킨 이유는 주체적인 아동상을 간명하게 드러내고 있는 봉칠이를 살펴보는 것이 보다 효율적으로 논의할 수 있다고 판단했기 때문이다. 또한 이러한 아동상은 이영두 작품에서 지속적으로 나오고 있기 때문에 다른 시기에 집필한 작품이나 인물상에는 그 변화가 거의 없다고 보았다.

주로 향한다. 버스를 타면 쉽게 갈 수 있지만 공부도 관두고 아픈 엄마를 두고 가는 불효를 대신 비는 마음에서 순전히 걸어서만 가기로 한다. 일부러 험한 길을 선택하는 봉칠이에게서 씩씩하고 활기찬 '개구쟁이' 동심을 볼 수 있다. 작가가 특히 개구쟁이 동심을 강조한 이유는 봉칠이 사연이 방송으로 나가는 장면에서 잘 드러난다.

> "오늘의 주인공 봉칠이는 구두닦이 해 번 돈으로 엄마에게 혈압 당뇨약을 사드리고, 펜션 주인이 되게 할 목적으로 곰배령 골짜기를 탈출, 오로지 원주까지 가출신고로 검문에 걸려 되돌아갈까 봐 애견과 함께 온갖 고생 하며 28일간을, 순전히 걸어서만 왔다 하니, 요즈음 우리 사회에 정신적으로나 육체적으로나 나약하기만 한 어린이들에게 그 집념과 끈질김을 보여준 감동적인 드라마가 아닐 수 없습니다!"[69]

작가는 교육 현장에서 직접 아이들을 보면서 해가 갈수록 의존적이 되어 가는 아이들에 대한 걱정이 컸다. '연필을 자신의 손으로 깎을 수 있는 아이가 얼마나 될까'라는 말로 그런 우려를 표현하기도 했다. 원주까지 걸어간다는 다소 무모해 보이고 비현실적인 설정은 역설적으로 아이들이 씩씩하게 자라기를 바라는 작가의 바람이 크다는 의미가 된다. 어떤 역경이 있어도 좌절하지 않고, 또 어른의 힘을 빌리지 않고 혼자 헤쳐나가려는 아동을 그리고 싶었던 것이다. 그에게 개구쟁이 동심을 가진 아동이야말로 '아동다운 아동'이기도 했다.

「작전 끝」의 주인공 우길이는 개구쟁이를 넘어 "학교나 마을에서 '개망나니'로 통"[70]한다. 하루라도 개구쟁이짓을 하지 않으면 잠이 오지 않을 정도로 장난이 심하다. 이런 우길이는 당시 대체로 착하고 순종적인 아동이 많이 등장했던 아동문학 작품들을 고려한다면 매우 개성적인 인물이다. 더욱이 이 우길이가 또래들과 장난을 치는 것이 아니라 어른의 일을 좌지우지하는 인물로 나온다는 점도 주목할 만하다. 우길이는 자기 누나와 담임 선생님의 사이가 나빠지자 이 둘을 다

---

69) 이영두, 『곰배령 봉칠이』, 아동문예, 2013, 148쪽.
70) 이영두, 『방귀쟁이 임금님』, 아동교육문화, 1998, 18쪽.

시 만나게 하기 위한 작전을 짠다. 이 작품의 제목이 작전인 이유이다. 우길이는 누나와 담임 선생님이 서로에게 질투를 느끼게끔 부추긴다. 그리고 거짓말을 해 이 둘을 만나게 한다. 화해를 하고 서로 안는 모습을 본 우길이는 "작전 끝!"이라고 외쳐 누나와 담임 선생님을 당황하게 한다. 마지막에 자신이 중매를 했으니, "술 석 잔 값 내놓으세요!"라고 능청스럽게 말하는 우길이에게서 성인과 아동의 위치가 뒤바뀌는 관계의 전복을 확인할 수 있다.

이야기를 주도적으로 이끌어가고 작품 속 주요 갈등인 누나와 담임 선생님의 문제를 해결한 사람은 우길이다. 작가가 이러한 역할을 우길이에게 맡긴 이유는 그만큼 아동의 주체성을 중요하게 생각했기 때문이다. 그 과정에서 이루어지는 아동과 성인의 위치 전복, 이를 통해 유발되는 웃음과 유쾌함은 이영두 작품의 중요한 특징으로 자리한다. 그 바탕에는 개구쟁이다운 동심이 있는 것이다.

「한여름밤의 개구리 소동」에서는 이러한 개구쟁이 원달이, 천길이, 만동이가 나온다. 이들은 도깨비 삼총사로 불리는데 저질러 놓은 일들을 보면 그 속에는 미움이 아닌 웃음이 들어 있다는 서술에서 장난스럽고 밝은 '아이다운 아이' 이미지와 이에 대한 작가의 각별한 애정을 느낄 수 있다.

이러한 개구쟁이 아동은 다른 작품에서도 많이 나오지만 「한여름밤의 개구리 소동」에서는 그 특성이 강화되어 나타난다. 이 작품은 두 개의 장으로 나뉜다. 1장에서는 도깨비 삼총사가 만든 함정에 차영이 삼촌들이 빠지는 일이 중심 사건이다. 차영이 때문에 담임선생님이 알게 되고 도깨비 삼총사는 벌을 받게 된다. 하지만 이들은 결코 기죽지 않는다.

> 과연 도깨비들은 도깨비들이었다. 언제 싸리가지로 맞았냐, 언제 꾸지람을 들었냐 하고 해죽거렸다.
> "야, 도깨비 체명상 이대로 넘기기엔 너무 심심하잖아?"
> 변소 청소를 다 마친 천길이가 꽤 근질거리는가보다.
> …
> 이내 세 사람은 이마를 맞댔다. 뭐라고 수군댔는지 서로 낄낄거리며 고개를 들었다.[71)]

도깨비 삼총사는 또 다른 장난을 칠지 궁리를 한다. 차영이와 삼촌들에게 '복수'를 할 계획을 세운 것이다. 2장에서는 이들이 계획한 장난의 전모가 드러난다. 차영이 가방에서 개구리를 넣어 둔 것이다. 갑자기 개구리들이 튀어나오자 차영이네 저녁 밥상은 엉망이 된다. 고추장 종지에 빠진 개구리는 큰삼촌 대머리 위로 뛰어오르고, 김치 사발에 발을 담근 개구리는 차영이 원피스를 엉망으로 만든다. 화가 나서 도깨비 삼총사를 잡으러 가려는 큰삼촌에게 차영이 아버지는 다음과 같이 이야기한다.

"그래, 씩씩하고 건강하게 자라는 개구쟁이들이 있는 이상, 마을은 살아 있고 웃음이 있는 게야. 걔들이 없어 봐, 얼마나 삭막하고 마을이 죽어 있을까……. 그저 애들은 개구쟁이로 커야 해. 개구쟁이들에겐 꿈이 아름다워! 웃음이 있어! 용기도 있고……."72)

작가가 개구쟁이 동심을 강조하는 이유가 차영이 아버지 말 속에 고스란히 담겨 있다. 건강하게 자라는 개구쟁이들에게는 꿈과 웃음, 용기가 있다. 그들은 살아 있는 아동이기 때문이다. 단편임에도 도깨비 삼총사가 두 번에 걸쳐 장난을 친 사건을 다루었다는 점에서 개구쟁이의 면모를 한층 강화해서 보여 주고 있다. 또한 2장에서는 도깨비 삼총사가 직접 등장하지 않고 그들의 장난이 전면에 배치되어 인물이 아닌 장난과 말썽 등이 '주인공'이라는 느낌을 준다. 그만큼 개구쟁이에 방점을 둔 것이다.

또한 이들의 장난을 오히려 긍정적으로 해석하는 차영이 아버지와 같은 어른의 등장은 개구쟁이 동심에 더욱 힘을 실어준다. 도깨비 삼총사라는 별명 역시 이와 유사한 의미를 담고 있다. 도깨비 삼총사들은 장난을 치고는 시치미를 뗀다. 도리어 억울하다고 생떼를 써서 말을 꺼내는 사람이 당하는 일이 많아서 붙여진 별명이다. 즉 이들의 말썽을 말릴 사람은 아무도 없는 것이다. 작가는 도깨비 삼총사가 그 누구의 눈치도 보지 않고 마음껏 장난을 칠 판을 만들어 준 것이다.

---

71) 이영두, 『한여름밤의 개구리 소동』, 17쪽.
72) 위의 책, 24쪽.

『내가 왜 꼴찌야?』는 어른에게 빼앗긴 개구쟁이 동심을 찾아가는 과정을 그린 작품이다. 정상이는 엄마의 통제 아래 생활하고 있다. 살려달라고 정상이의 애원을 들은 아빠는 엄마 몰래 정상이를 제주행 비행기에 태운다. 그리고 꼴찌 아들에서 1등 아들이 되어 돌아오라고 한다. 그런 면에서 이 작품은 정상이가 개구쟁이 동심을 회복해 가는 과정이자 부모의 그늘 아래서 벗어나 자기 삶의 주인공이 되는 성장 서사기도 하다. 이때 꼴찌와 1등도 이를 단적으로 보여 준다. 아빠가 이야기하는 꼴찌란 어른에게 의존하는 삶을, 1등은 주도적인 삶을 의미하기 때문이다. 제주도에서 서울까지의 여정을 통해 커가는 정상이의 모습은 단연 이 작품의 중심이다. 특히 이 작품을 비롯해 이영두의 많은 작품에서는 아이들이 여행하는 이야기가 많이 나온다. 편하게 차를 타고 하는 여행이 아니라 걸어서 가는 힘든 길이다. 도시에서는 느끼지 못했던 자연의 아름다움을 접하고, 예상치 못한 일들을 하나하나 해결해가면서 갖게 되는 기쁨은 남다를 수밖에 없다. 정상이 역시 우연히 만난 또래 친구들과 길을 가면서 그러한 즐거움을 맛본다.

> 동만이가 달을 바라보며 속삭이듯 말한다.
> "정말 난 이런 곳이 있다는 것은 꿈에도 생각 못했어."
> 그러자 길동이도 큰소리로 맞받았다.
> "그러니까 꼴찌였지?"
> "그래, 난 우리 집에서만 1등이었지 밖에서는 늘 꼴찌였어."
> 동만이는 이내 풀이 죽고 만다.
> 길동이가 내친 김에 한마디 더 거든다.
> "정상이 넌?"
> "내가 왜 꼴찌야? 제주도에서 여기까지 오면서 꼴찌 허물을 벗어버린 지 오래야. 〈후략〉"[73]

정상이는 자신이 꼴찌 허물을 벗어버렸다고 자신 있게 말한다. 오롯이 혼자 힘으로 여행을 하면서 얻게 된 자신감이 바탕이 된 것이다. 여행에서 만난 많은 사람들과 자연은 넓은 시야를 갖게 해 주었고, 고

---

73) 이영두, 『내가 왜 꼴찌야?』, 신아출판사, 1999, 165~166쪽.

난과 역경은 문제를 해결하는 힘을 키워주었다. 그렇게 정상이는 한층 성장을 하게 된다. 정상이 아버지의 표현대로 "나팔꽃 줄기 같이 나약한 아이가 아니라, 해바라기 꽃대궁처럼 싱싱한 모습"74), 생명력 넘치는 아이인 것이다.

3. 과학 문명을 비판하다

작가 이영두가 자유롭게 뛰어노는 아이들에 집중한 것은 현실은 그렇지 못하다는 반증이기도 하다. 공부만 중요하게 생각해 아이들을 나약하고 의존적으로 만드는 상황에 대한 비판의 결과물이 개구쟁이 동심으로 볼 수 있다. 이처럼 이영두 작가의 또 다른 특징으로 비판적인 관점을 들 수 있다.

「누렁이의 탈출」은 1989년 나온 작품이지만 현재 동물을 둘러싸고 펼쳐지는 논의들과 견주어봐도 시간의 흐름이 느껴지지 않을 정도로 세련되었다는 인상을 준다. 누렁이는 개장수에게 팔려가 목숨을 잃을 위기에 처한다. 덕배 아빠가 누렁이를 예뻐하는 덕배 몰래 팔아넘긴 것이다. 누렁이가 만난 재롱이 역시 상황은 다르지 않다. 재롱이는 할아버지와 할머니는 잘 돌보아주었지만 그 아들이 자신을 팔았다는 이야기를 들려준다. 고추잠자리에게 보신탕이 되기 전에 탈출하라는 이야기를 듣는다.

누렁이는 독사에게 물릴 뻔한 덕배를 구해 준 적이 있었다. 생명의 은인인 셈이다. 그리고 무엇보다 누렁이는 덕배를 무척 보고 싶어했다. 재롱이는 할아버지와 할머니에게 자식과 같은 존재였다. 이들이 탈출해야 할 이유는 분명했다. 누렁이와 재롱이는 "입에서 붉은 피"를 흘리면서도 철망 아래 나무를 뜯어내기 시작한다.

> 재롱이가 마지막 힘을 모아 못을 하나 뽑아내느라 오만상을 찌푸리며 몸부림을 치고 있었습니다. 누렁이는 그 모습이 안쓰럽고 비참하여 그냥은 쳐다볼 수가 없었습니다. 드디어 재롱이는 못을 뽑아내고 말았습니다.75)

---

74) 이영두, 『내가 왜 꼴찌야?』, 261쪽.
75) 이영두, 『이상한 옹달샘』, 책동네, 1995, 124쪽.

누렁이와 재롱이가 나무를 뜯어내기 위해 흘린 피는 인간으로 인해 겪는 동물의 고통을 상징적으로 보여 준다. 그러나 이 둘은 결국 탈출에 성공함으로써, 스스로 위기를 극복하고 보고 싶은 이들을 찾아간다. 이때 재롱이가 누렁이에게 던진 "행복하게 사세요. 그리고 은혜를 모르는 사람들을 일깨워 주세요."라는 말을 주목해 볼 필요가 있다.

도움을 준 사람에게 고마움을 표하고 은혜를 갚는 것은 당연한 인간의 도리다. 그러나 이 당연한 도리가 '돈' 앞에서는 지켜지지 않는다. 이들의 잘못을 보여 준 데서 더 나아가 누렁이에게 은혜를 모르는 사람들을 일깨워 주도록 해 더욱 강도 높은 비판을 가하고 있다. 물리적인 힘 등에서 강자인 인간을 상대적으로 약자인 누렁이가 깨우쳐주는 관계의 전복이 이루어졌기 때문이다. 이 작품은 글자 크기, 분량 등을 고려했을 때 저학년 아동을 독자로 설정한 것으로 보인다. 따라서 이러한 비판적 이야기를 담기에는 어려움과 부담이 있을 수 있다. 하지만 작가는 누렁이와 재롱이의 사연을 통해 어렵지 않게 인간 중심 사회에 대한 비판을 접할 수 있다.

이와 유사하게 비판적 관점이 들어 있는 작품으로 「달아난 메아리」가 있다. 개발로 인해 훼손된 자연의 문제점을 메아리를 통해 전달하고 있다. 주인공 덕배는 고속도로가 생기는 것을 좋아한다. 외롭기 때문이다. 고속도로가 생겨서 많은 사람들이 지나다니면 외롭지 않을 것이라고 기대한 것이다. 그런데 개발이 되고, 수많은 차와 사람들이 다니지만 그들이 자신의 친구가 아니라는 것을 깨닫는다. 그래서 덕배는 계속 외로울 수밖에 없다. 소리쳐 메아리를 불러 보지만 메아리는 들리지 않는다. 덕배를 반겨 주던 다람쥐와 토끼들 보이지 않는다. 맑고 시원한 바람도 없고 "기름 냄새 풍기는 잿빛 연기만 온 산에 가득할 뿐"76)이다.

이 작품도 저학년 아동을 대상으로 했음에도 문명 비판적 내용, 다소 비극적인 결말을 다루고 있다는 점에서 인상적이다. 대체로 저학년 대상의 작품들은 긍정적인 내용과 행복한 결말을 제시하는 경우가 많기 때문이다. 물론 메아리와 동물들이 사라졌다는 결말을 통해 자연의

---

76) 이영두, 『누렁이의 탈출』, 아동교육문화, 1989, 78쪽.

소중함을 역설적으로 강조하는 것이기도 하다.
  그러나 전술한 것처럼 낮은 연령의 아동에게 전달하기에는 쉽지 않은 내용이기도 하다. 여기서 이영두 작가의 또 다른 특징을 알 수 있다. 아동에게 전달할 내용과 그렇지 않은 내용을 구분하지 않았다는 것이다. 즉 우리가 알아야 할 불편한 진실은 아동 독자에게도 마찬가지로 적용된다고 생각한 것으로 보인다. 하지만 대상 연령에 맞는 표현 기법 등은 섬세하게 고민한 흔적이 나타난다. 저학년 대상 작품에는 의인화와 상징성이 두드러지는 것이 그 예이다. 이는 아동 독자를 가르쳐야 하는 교화의 대상이 아닌 성인과 다르지 않은 동등한 존재로 인식하고 있다는 점에서도 의미가 크다.
  이영두 작가의 거침 없는 문명 비판을 보여 주는 대표적 작품은 『암행어사 도깨비』[77]다. 이야기 시작에서는 도깨비 그리는 것을 좋아하는 봉돌이가 나온다. 봉돌이는 도깨비 그림을 그리고 이렇게 선언한다.

> "너희들은 오늘 밤 12시 정각, 이 세상에 태어난다! 너, 대장 도깨비가 바로 암행어사 도깨비다! 그리고 졸랑이와 난쟁이는 암행어사 도깨비를 도와 주는 졸개들이다! 가시 방망이는 나쁜 일에, 요술 방망이는 좋은 일에 쓰도록 하여라! 이 세상의 더럽고 아니꼬운 일은 가시 방망이로 싹 쓸어 버려라! 착하고 좋은 일에는 그 요술 방망이로 웃음과 행복을 듬뿍 주어 밝은 세상을 만들어라! 내 말 명심해, 알겠지?"[78]

  이 도깨비들은 12시가 되자 정말 그림 속에서 튀어나온다. 암행어사 도깨비 일행은 나쁜 일을 저지르는 사람들을 찾아 혼을 내 준다. 유괴범 부부와 쓰레기를 함부로 버리는 아이, 폐수를 몰래 흘려버리는 사장 등을 찾아가 잘못을 깨닫게 해 준다. 도깨비들의 모습도 흥미롭게 그려진다. 대장 도깨비 머리에는 안테나가, 가슴에는 컴퓨터가 장착되어 있다. 다른 도깨비들의 요술방망이에는 컴퓨터가 달려 있다.

---

77) 이 작품은 1996년에 1권이, 2008년에 2권이 출간되었다. 1권과 2권 모두 같은 등장인물이 나오는 시리즈이다. 이 글에서는 1권을 중심으로 살펴보았다.
78) 이영두, 『암행어사 도깨비 1』, 아동문예, 1996, 16쪽.

그야말로 최첨단 도깨비들이다. 이들은 요술과 컴퓨터를 사용해 문제들을 해결해간다.

짧은 에피소드들로 이루어져 있어 독자는 흥미롭게 암행어사 도깨비 이야기를 따라갈 수 있다. 대장 도깨비는 물론 다른 두 도깨비, 난쟁이와 촐랑이의 캐릭터도 뚜렷하다. 인물의 성격은 그 자체로 사건의 개연성에 기여한다. 이영두 작가는 특히 이 캐릭터를 형상화하는데 능숙하다. 그의 작품에 등장하는 인물들은 전형적이며 평면적이라는 특징을 갖고 있다. 그렇기 때문에 인물과 사건의 밀접성이 떨어질 수가 있는 우려도 존재한다. 작가는 이러한 우려를 또렷한 인물의 형상화로 불식시킨다. 또한 생생하게 묘사되는 도깨비는 작품을 더욱 매력적으로 느끼게 도와준다.

『암행어사 도깨비』에 나오는 주요 사건은 인간의 잘못을 깨우쳐주는 데 있다. 그런데 특별히 도깨비를 등장시킨 것은 단순한 흥미 요소 때문만은 아니다. 그 이유는 마지막 장 「돌아가는 길」에서 확인할 수 있다. 도깨비를 믿지 않았던 박순경과 학교 아저씨와 도깨비들은 함께 어우러져 춤을 장면이 나온다.

> 그 바람에 학교 아저씨도 옷을 벗어 던진다. 팬티 바람으로 도깨비들의 춤판에 끼여들고 만다.
> 하늘의 별들도 모두 내려왔다. 숲속의 동물들도 나와 끼여들었다. 그리고 춤과 노래로 한데 어우러진다.
> 그야말로 인간과 도깨비들, 그리고 하늘의 별들, 자연의 동물들 간에 우정과 사랑이 교류되는 멋지고 행복한 한마당이 펼쳐져 간다.[79]

글 서두에서 작가는 "도깨비는 우리 인간의 영원한 벗이라는 것을 상기시키기 위해 탄생시켰다."[80]고 밝히고 있다. 인간은 실상이며 도깨비는 허상인데 이 둘은 떼려야 뗄 수 없는 특별한 관계임에 주목한 것은 작가의 탁월한 안목이라 판단된다. 과학문명의 시대에서는 이성과 합리성, 능률성이 중요하다. 그러나 이는 한편에 치우친 것으로 인

---

79) 위의 책, 225쪽.
80) 위의 책, 6쪽.

간에게는 이성만큼 감성이, 합리성만큼 환상성이 중요하다. 이 두 영역이 균형을 이루었을 때 인간은 비로소 안정감을 찾을 수 있다. 디지털 시대에 들어섰을 때 '신화의 귀환'이라는 말이 있을 정도로 톨킨의 『반지의 전쟁』과 C.S.루이스의 『나니아 연대기』 등 많은 판타지 작품이 인기를 얻었던 사실이 이를 증명한다. 이 작품은 타파해야 할 미신으로 여겨지는 도깨비를 다시 불러낸다. 그리고 이성과 합리만을 중시하는 이 문명사회에 필요한 것이 무엇인지를 우리에게 알려 주고 있는 것이다.

V. 에필로그

1980년대와 90년대는 국내 창작물이 본격적으로 출간되기 시작한 때다. 번역 동화가 대부분이었던 시절을 지나 우리 아이들에게 우리의 동화를 읽히자는 사회적 분위기가 팽배했던 시기이기도 하다. 2000년대 이후 아동문학의 질적 변화가 이루어졌다면 2000년대 이전에는 국내 창작동화를 집필하고자 하는 노력 자체가 긍정적으로 여겨졌다. 비교적 많은 작품들이 나왔지만 아직까지 그 연구는 미진한 편이다. 이 글에서는 1980~90년대에 왕성한 창작 활동을 펼쳤던 이영두의 생애와 작품 세계를 살펴봄으로써 아동문학사의 공백 기간을 채워 보고자 하였다.

1963년 교직 생활을 충주에서 시작하면서 충주는 그의 제2의 고향이자 삶의 터전, 문학 활동의 바탕이 되었다. 문학에 대한 그의 열정은 아이들과 함께하면서 자연스럽게 아동문학 창작으로 이어졌다. 그의 작품 세계를 규명하는 세 개의 테마는 충주와 개구쟁이 동심, 곧 주체적인 아동, 과학 문명 비판이다. 이 테마들은 다른 범주인 것 같지만 결국 하나로 통한다. 충주는 아름다운 자연의 실제이자 비유다. 개구쟁이 동심 또는 주체적인 아동은 인위적인 통제가 가해지지 않은 자연의 아동이다. 과학 문명 비판 역시 과학기술 자체를 부정적으로 보는 것이 아니라 인간은 과학기술로만 살 수 없음을 강조한다. 즉 이 세 테마는 '자연'으로 귀결된다. 이영두는 이 묵직한 테마들을 개성있는 캐릭터와 흥미로운 이야기 구성으로 엮어내며 작가로서의 역량을 유감없이 발휘한다. 오랜 시간 창작 활동을 하면서 테마들을 일관되게 지켜내고 있다는 점도 주목할 만하다. 충북숲속아동문학회 활동을 주도하면서 향토 아동문학 영역을 발전시켰다는 것도 아동문학 역사의 한 부분이다. 오랜 시간의 궤적을 견디어낼 때 한 개인은 역사가 될 수 있다. 이를 견딜 수 있는 바탕은 바로 성실함과 애정이다. 그런 면에서 이영두라는 작가는 아동문학에 대한 성실함과 애정으로 충주, 더 나아가 우리 아동문학의 역사를 고스란히 보여 준다는 점에서 그 의의를 찾을 수 있다.

에듀컨텐츠·휴피아
CH Educontents Huepia

아동문학과 함께 성장하기

2023년 6월 25일 초판 1쇄 인쇄
2023년 6월 30일 초판 1쇄 발행

저　　자 | 이 미 정 ◆ 著

발 행 처 | 도서출판 에듀컨텐츠휴피아
발 행 인 | 李 相 烈
등록번호 | 제2017-000042호 (2002년 1월 9일 신고등록)
주　　소 | 서울 광진구 자양로 28길 98, 동양빌딩
전　　화 | (02) 443-6366
팩　　스 | (02) 443-6376
e-mail　 | iknowledge@naver.com
web　　 | http://cafe.naver.com/eduhuepia
만든사람들 | 기획・김수아 / 책임편집・이진훈 김예빈 하지수 최은진
　　　　　　디자인・유충현 / 영업・이순우

I S B N | 978-89-6356-401-2 (93370)

정　　가 | 16,000원

ⓒ 2023, 이미정, 도서출판 에듀컨텐츠휴피아

이 책은 저작권법에 따라 보호받는 저작물이므로 무단전재와 무단복제를 금지하며, 책 내용의 전부 또는 일부를 이용하려면 반드시 저작권자 및 도서출판 에듀컨텐츠휴피아의 서면 동의를 받아야 합니다.

"이 저서는 2021년도 건국대학교 교내연구비 지원에 의한 결과임"